Herden, Herles, Jochimsen, Schmidt

Der aufhaltsame Abstieg

Das Buch

Namhafte Fernsehjournalisten setzen sich hier mit einer Entwicklung ihres Mediums auseinander, die sowohl das Publikum wie auch ein Großteil der Macher nicht gutheißen. Die Kommerzialisierung, die Oberflächlichkeit, der Verlust an Glaubwürdigkeit, die Disziplinierung und Bevormundung von Journalisten werden mit persönlichen Erfahrungen und Beobachtungen überzeugend belegt.

Die Autoren

Lutz Herden und Michael Schmidt arbeiteten beim Fernsehen der DDR, Luc Jochimsen bei der ARD und Wolfgang Herles beim ZDF. Als leitende Fernsehjournalisten waren sie an unterschiedlichen Stellen Zeuge der Übernahme des Ost- durch das Westfernsehen, das sich damals bereits in der Krise befand. Alle vier sind unverändert publizistisch tätig und verfolgen kritisch die Entwicklung des öffentlich-rechtlichen Fernsehens. Die Weichen dafür, darin stimmen sie überein, wurden 1989/90 falsch gestellt.

Lutz Herden, Wolfgang Herles,
Luc Jochimsen, Michael Schmidt

Der aufhaltsame Abstieg des öffentlich-rechtlichen Fernsehens

Berichte von Beteiligten

Mit einem Vorwort von Daniela Dahn

edition ost

Inhalt

Parolen in der Berliner Innenstadt, 30. Juni 2022. Sie wurden noch am selben Tag übermalt, der Staatsschutz ermittelte

Vorwort

*Von Daniela Dahn**

Angesichts des schwindenden Vertrauens in die Leitmedien, speziell ins Fernsehen, gab es in letzter Zeit nicht wenige medienkritische Bücher – meist mehr oder weniger abstrakte Analysen über die Homogenität des Zeitgeistes, der gespeist ist von einer journalistischen Deutungselite, deren Vertreter gern bei der Mehrheit der Gruppe bleiben. In vorauseilender Selbstzensur befangen, zu selektiver Blindheit neigend, dafür eifrig in der Diffamierung Andersdenkender, wurde zurecht eine Selbstgleichschaltung der Leitmedien durch diese »Qualitätsjournalisten« beklagt.

Das Besondere des vorliegenden Buches ist, dass die analytische Schärfe auf den ganz persönlichen Erfahrungen der Autorinnen und Autoren beruht, die ausführlich geschildert werden. Alle haben zu unterschiedlichen Zeiten selbst in leitender Funktion beim Fernsehen gearbeitet. Die Beiträge ergänzen sich durch die Vielfalt ihrer Aspekte.

Dabei ist ein Schwerpunkt daran zu erinnern, welche hoffnungsvollen Aufbrüche für ein zuschauernahes Fernsehen es in der Wendezeit gab, wie sehr die revolutionären Ansätze der Bürgerbewegung zu einer Akzeptanz durch Veränderung des DDR-Fernsehens führten, die erstmalig von Beliebtheit sprechen ließ. Die

Sehbeteiligung war höher als die von *ARD* und *ZDF* – undenkbar zuvor. Doch so viel Selbstbestimmung war nicht vorgesehen. Die restaurative Walze der westlichen Abwickler machte die angestoßene Demokratisierung zunichte.

Was damals geschah, war ein Testfeld, wieweit man mit den Anpassungszwängen gegenüber Journalisten gehen kann. Zunächst im Osten. Die Druckwelle ergriff wenig später auch den Westen.

Es war die Zeit, in der zwielichtige Gestalten ihre unverhofft gewonnene Macht in Orgien persönlicher Herabwürdigung auslebten. So der aus Bayern eingeflogene Rudolf Mühlfenzl, nunmehr Rundfunkbeauftragter der Bundesregierung für die neuen Bundesländer. Sein despotisches Wirken unter den Angestellten des DDR-Rundfunks ist legendär: Wochenlang erreichten besonders die leitenden Mitarbeiter aller Redaktionen – auch der nur bedingt politischen wie Sport, Musik oder Hörspiel –, Schreiben über ihre Entlassung, die zu begründen nicht für nötig befunden wurde. Wer bis zum Herbst 1990 diesem Los entgangen war, dem wurde großzügig erlaubt, sich für eine Neueinstellung zu bewerben.

All diese Bewerber wurden eines Tages vor eine angegebene Tür im 1. Stock von Block A bestellt. Sie wurden einzeln aufgerufen, gelangten über ein Vorzimmer in einen leeren Raum, in dessen Mitte ein Tisch stand, darauf ein Telefon. Der Hörer lag daneben, in den man seinen Namen sprechen sollte. Die Stimme, die sie hören würden, sollte die des Herrn Mühlfenzl sein.

Diese Stimme würde nur einen Satz sagen: Entweder »Sie werden übernommen« oder »Sie werden nicht übernommen«. Dann hatte man den Raum zu verlassen und der Nächste wurde aufgerufen …

»Als wir verstummten« heißt folgerichtig der Beitrag von Lutz Herden, der diese Zeit zunächst als Redakteur der Nachrichtenredaktion des *DDR-Fernsehens*, ab 1990 als deren Leiter erlebte. Er schildert detailreich die »Radikalreform«, die das Programm in kürzester Zeit veränderte. Doch der sogenannte Einigungsvertrag, indem man sich darauf einigte, dass der Osten künftig nichts mehr zu sagen haben würde, sah die Auflösung aller DDR-Sender vor. Und das, obwohl 88 Prozent der Zuschauer dagegen waren. Herden betont, dass diese Abschaltung ein einmaliger Vorgang in der europäischen Fernsehgeschichte war, geeignet, dem Osten den kulturellen Besitzstand zu nehmen, ja diesen vorsätzlich zu zerstören. Angesichts der heutigen Krise des öffentlich-rechtlichen Fernsehens ist es ihm wichtig daran zu erinnern, mit welch ignoranter Missachtung der Wünsche der Beitragszahler der moralische und inhaltliche Abstieg der heutigen Sender begann.

Luc Jochimsen schildert zunächst dieselbe Zeit aus der Perspektive des *NDR*. Auch dort begannen sich in den Redaktionen festgefahrene Gewohnheiten aufzulösen. Als Redakteurin der Sendung *Panorama* hatte sie oft genug erleben müssen, wie Leiter nach zu kritischen Beiträgen entlassen wurden. Nun gab es die Hoffnung, dass der politische Druck nachlassen und der Spielraum für Meinungsfreiheit sich erweitern würde – auch hier wie im Osten Hofberichterstattung adé. So jedenfalls die Annahme.

Die Kommerzsender hatten ein Millionenpublikum durch Programmverflachung abgezogen, der Demokratisierungsdruck aus dem Osten begann überzugreifen und sich gegen das Infotainment zu wehren. Doch mit dem Golfkrieg begann schon der »embedded journalism« von den Konfliktherden dieser Welt.

Nachdem Luc Jochimsen in einem Tagesthemen-Kommentar die »Herren an der Macht« aufgefordert hatte, doch das Waffenstillstandsangebot Jugoslawiens zu akzeptieren und die Nato-Bombardierungen auszusetzen, war die Chance für die Chefredakteurin Fernsehen des *Hessischen Rundfunks* vorbei, in der *ARD* den Krieg weiter zu kommentieren.

Die Praxis der Ausgrenzung abweichender Meinungen – heute traurige Normalität – ist damals hoffähig geworden. Sie fügte sich ein in die US-Bemühungen jener Zeit, die Kontrolle des »Weltbildschirmes« zu übernehmen. Ein eigenständiger Weg, wie der der BBC, ist in Deutschland nicht erwünscht, so Luc Jochimsen.

Die »Mechanismen des Niedergangs journalistischer Kultur« beschreibt Wolfgang Herles aus eigenem Erleben im *ZDF*. Wer streitet, ist hierzulande schnell umstritten – so seine Erfahrung in dem von ihm geleiteten Magazin »Bonn direkt«.

Auch nach Herles' Beobachtung begann die Krise des Journalismus mit der unerwünschten Kritik an der westlich dominierten Beitrittspolitik, die sich letztlich auf einen Anschluss der DDR reduzierte. Von den Journalisten wurden »klare Bekenntnisse« zu diesem Kurs erwartet, was eine »Aufforderung zur Selbstzensur« gleichkam. So geriet Herlesr mit der Staatsnähe der öffentlich-rechtlichen Medien in Konflikt, der schließlich zum Rauswurf aus dieser Redaktion führte.

Die Staatsnähe entsteht nach seiner Einschätzung dadurch, dass Parteien über die Posten von Intendanten, Programmdirektoren und Chefredakteure entscheiden, deren Parteinähe Bedingung ihrer Karriere ist. Anweisungen »von oben« sind nicht nötig, wenn die Vertreter der Obrigkeit unten die Linie selbst vorgeben. Herles spricht von Komplizenschaft, aber Politiker, nicht Medien, setzen die Agenda, so sein Fazit. Und die lassen sich die Schönfärberei der eigenen Leistungen gern gefallen. Am Erfolg der AfD im Osten hätten die Medien einen gehörigen Anteil, meint Herles.

Michael Schmidt hat bis heute Einblicke in den *NDR* – bis 2019 als Redaktionsleiter und Chefreporter, seit vorigem Jahr als Mitglied des Landesrundfunkrates von Mecklenburg-Vorpommern. Er hat wie Lutz Herden als junger Redakteur die letzten Jahre des DDR-Fernsehens noch miterlebt und damit den Beginn der Westside Story, die auch für ihn mit der Dienstanweisung 08 des berüchtigten Herrn Mühlfenzl begann. Darin hatte der einstige Wehrmachtsoffizier und nunmehrige Rundfunkbeauftragter der Bundesregierung von allen Mitarbeitern Auskünfte gefordert über den Wehrdienst in der NVA, zu Mitgliedschaften und Funktionen in Parteien und Organisationen sowie natürlich über das Verhältnis zur Stasi. Niemand sah

Anlass, bei dieser Gelegenheit auch nach Kontakten deutscher Journalisten etwa zum BND zu fragen. Zum einen war das ja ein demokratischer Geheimdienst und zum anderen wurden alle vom *NDR* Übernommenen erstmal nur auf Probe eingestellt. Ein bewährtes Mittel der Disziplinierung.

Letztlich bekamen nur zehn Prozent der Journalisten von DDR-Sendern einen neuen Arbeitsplatz in der westlichen Rundfunklandschaft.

Doch schon nach einem Jahr war auch für sie die erhoffte Freiheit vorbei. Klischees und Vorurteile hatten unter den Westchefs freie Bahn. Die Einseitigkeit der Berichterstattung erfuhr während der Pandemie 2020-2023 eine nie gekannte Dimension, übertroffen nur von der kriegstreiberischen Nachrichtengebung im Ukraine-Krieg, hinter der alle anderen Weltprobleme kaum noch Erwähnung finden. Sich auch angesichts der Vorgeschichte dieses Krieges für einen schnellen Waffenstillstand einzusetzen sei verpönter denn je, so Schmidt.

Nach einer Studie des »Institutes für Publizistik« vom Dezember 2022 waren sich 93 Prozent der Leitmedien, einschließlich *ARD-Tagessschau*, *ZDF heute* und *RTL Aktuell* einig, dass Putin der alleinige Verantwortliche für den Krieg in der Ukraine sei.

Nachrichten heißen so, weil man sich nach richten soll. Viele Zuschauer halten sich aber nicht mehr in erwünschtem Maße daran, sehen die Berichterstattung kritisch, ohne Einfluss auf Veränderung zu haben. Wie konnte das geschehen?

Im Gegensatz zu Literatur- und Theater-Kritik ist Kritik der viel einflussreicheren Medien nicht vorgesehen. Dabei gehört zur Pressefreiheit auch die Freiheit zur Kritik an der Presse. Doch Mängel am eigenen Produkt zu offenbaren, gehört offenbar nicht zum Geschäftsmodell. In ihrem Buch »Die vierte Gewalt« kreieren Richard David Precht und Harald Welzer aufs Trefflichste den zeitgemäßen kategorischen Imperativ des Gewerbes: »Schreibe stets so, dass deine Meinung auch die anderer Journalisten sein könnte.« Sie beharren darauf, dass die »Selbstangleichung der Leitmedien« keiner »Steuerung von oben« unterliegt, sondern normaler Bestandteil sozialer Prozesse ist, zu denen ein starkes Eingebundensein in das Elitenmilieu genauso gehören wie Gruppendenken und Opportunismus. Ziel sei, vom politischen Journalisten immer mehr zum politischen Aktivisten zu werden.

Das ist weitgehend einleuchtend.

Was aber nicht hinreichend erklärt wird ist der Umstand, weshalb die angeblich ausschließliche Selbstgleichschaltung mit absoluter Gewissheit immer im sicheren Hafen der Staats- und Nato-Nähe landet. Ganz so von vornehmer Zurückhaltung ist das Agieren der Politiker dann doch nicht geprägt. Die Autoren des vorliegenden Bandes beschreiben die mal feinen Methoden der Einflussnahme, die ein andermal auch vordergründig und von plumper Direktheit sein können.

In jedem Fall sind sie struktureller Natur.

So sollen Kontrollorgane der Zuschauer die Rundfunkräte sein. Dass sich deren kritischer Einfluss in

Grenzen hält, liegt nicht nur daran, dass sie – im Gegensatz zu den skandalös überbezahlten Chefs der Sender –, ihre zeitaufwändige Arbeit ehrenamtlich erbringen müssen, also meist Rentner sind. Ihr mangelnder Widerspruch liegt auch an der Zusammensetzung der Räte, die vom jeweiligen Rundfunkstaatsvertrag der Länder bestimmt wird. Die Zuschauer haben keinen Einfluss darauf, obwohl die Räte einen Querschnitt der Bevölkerung abbilden sollen.

Das Bundesverfassungsgericht mahnte bereits 2014 das Gebot der Vielfaltsicherung bei der Besetzung an, das selten erfüllt wird.

Interessant gegen Ende des Buches der Hinweis auf die konservative Zusammensetzung des 2022 gewählten Landesrundfunkrates in Mecklenburg-Vorpommern. Entsendende Organisationen sind der Bauernverband, aber keine einzige Gewerkschaft des DGB, nur des Beamtenbundes. Die Nordkirche ist vertreten – aber nicht die gerade im Norden große Mehrheit der Atheisten und Agnostiker. Der Landessportbund muss nicht nur die Körperkultur, sondern sämtliche Kunst und Kultur repräsentieren. Der Haus- und Grundeigentümer-Verband hat mitzureden, aber kein Vertreter des Mieterbundes kann widersprechen. Auch kein Genossenschaftler den Unternehmerverbänden. Gleich zwei Sozialdemokraten sollen alle Parteien abdecken. Die Vereinigung der Opfer des Stalinismus soll offenbar alle bürgerrechtlichen Belange ansprechen. Dem Heimatverband steht keine internationalistische Vereinigung gegenüber. Nicht vertreten sind soziale Bewegungen, die Friedensbewegung oder Vertreter der »Letzten Generation«, also die Öko-Bewegung … Da muss man sich über das Programm nicht wundern.

Stellvertretend für alle Nichtvertretenen will dieses Buch ein sachlicher, aber unmissverständlicher Beitrag zur öffentlichen Kontrolle des durch Beiträge finanzierten Fernsehens sein. Warum gedeiht im Land der Dichter und Denker ein öffentlich-rechtliches Fernsehen, das die von Kant beklagte, selbstverschuldete Unmündigkeit fortschreibt? Offenbar hat die politische Klasse kein Interesse an wissenden, selbstbestimmten Bürgern. Staatliche Maßnahmen sollen nicht in Zweifel gezogen werden. Die Deutungshoheit über die Meinung von Mehrheiten ist, erst recht im digitalen Zeitalter, ausschlaggebend für den Machterhalt.

»Indoktrination«, so Noam Chomsky, »ist keineswegs inkompatibel mit Demokratie.« Sie sei vielmehr ein Wesenszug von ihr. »Ohne Knüppel, ohne Kontrolle durch Gewalt, muss man das Denken kontrollieren.«

Dabei gehört gelegentliche Abweichung im Rahmen des nicht wirklich Störenden durchaus als willkommener Beleg der Meinungsfreiheit. Die Existenz solch positiver Ausnahmen, zu denen zunehmend Mut gehört, soll ausdrücklich gewürdigt werden. Meist auf der Mitternachtsschiene finden sich, sei es auf *3sat*, *ARTE* oder *Phönix*, gelegentlich hervorragende Filme und Reportagen. Und verglichen mit Sendern etwa in Italien, Frankreich oder erst recht in den USA ist das deutsche Fernsehen informativer und analytischer. Aber ist das ein Trost?

Glaubt man etwa, den grundgesetzlichen Bildungsauftrag mit der Dominanz von Gewalt in Krimis, Thrillern oder Horrorfilmen und mit affirmativen Nachrichten abzudecken?

Wie der wissenschaftliche Dienst des Bundestages schon 2006 feststellte, ist das, was Rundfunk und Fernsehen unter Bildung verstehen »weitgehend ungeklärt« und der Kulturbegriff der Sender »unscharf«. Dabei hat ein verfassungsrechtliches Gutachten des Medienrechtlers Hubertus Gersdorf bestätigt, dass die Politik berechtigt wäre, striktere Vorgaben im Sinne des Bildungsauftrages zu machen. Sie darf zwar nicht konkret-inhaltlich eingreifen, aber könnte durchaus konkretisieren, dass der Schwerpunkt der Sendetätigkeit bei Information, Bildung und Beratung zu liegen hat. Und eben nicht bei einfältiger Unterhaltung.

Das Gutachten hat ergeben, dass in einer zufällig ausgewählten Programmwoche Anfang 2018 im *ZDF* in der besten Sendezeit zwischen 19 und 23 Uhr insgesamt 555 Minuten Krimis und nur 75 Minuten Dokumentationen gelaufen sind. *ZDFinfo*, ein Dokumentations-Wiederholungskanal, kann dabei keine Ausrede sein, denn es geht ums Hauptprogramm, das immer noch die meisten Zuschauer hat.

Aber wer sind diese Zuschauer noch?

Das Durchschnittsalter des *ARD*-Publikums lag 2016 bei 60 Jahren. Die 14- bis 19-Jährigen machten gerade einmal acht Prozent der Zuschauer des Senders aus. Der Versuch von *ARD* und *ZDF*, mit dem »Online-Content-Netzwerk« *funk.net* ein Angebot für Jugendliche zu schaffen, mag ein richtiger Versuch sein – ein Durchbruch ist es nicht.

Die auch für kommerzielle Social-Media-Plattformen wie *Youtube, Facebook, Twitter* oder *Instagram* produzierten Beiträge sind ebenfalls von Unterhaltungsformaten dominiert. Bildung im engeren Sinne decken die öffentlich-rechtlichen Sender nicht ab. Während des digitalen Unterrichts im Corona-Lockdown zeigte sich, dass weder didaktisch professionelle Wissensvermittlung des Schulstoffes in Reserve liegt noch evaluiertes Material für die Lehrerbildung. Ein Mangel, der sozial Benachteiligte besonders traf.

Die beitragsfinanzierten Sender haben das sogenannte »Content Management« eingeführt. Zu dem gehört, dass die Redakteure und Autoren ihr »Material« in einen Pool eingeben müssen, wodurch sie die Kontrolle darüber weitgehend verlieren. Der Beitrag wird ohne Zutun des Urhebers verändert, gekürzt, ergänzt, neu zusammengesetzt.

Substanzielle, analytische Sendeformate wurden zugunsten seichter, leicht verdaulicher und kurzer Formate ausgetauscht.

Mit den privaten Rundfunkanstalten setzte sich auch im öffentlich-rechtlichen Rundfunk unnötigerweise die marktgerechte Quote als wichtigste Bemessungsgrundlage für »Qualität« durch. Auch in den Redaktionsstuben für die Belieferung der »sozialen« Medien werden allein die »Likes« gezählt. Softwareprogramme werten die Reaktionen von Zuschauern, Radiohörern oder Lesern aus. Was die höchste Quote oder die meisten Klicks erfährt, wird automatisch und in Varianten wiederholt. Längst werden Nachrichten so mit Hilfe von Algorithmen erstellt.

Der präzisierende Rundfunkstaatsvertrag erteilt stattdessen den öffentlich-rechtlichen Sendern den Auftrag, einen »Prozess freier, individueller und öffentlicher Meinungsbildung« zu bewirken. »Sie haben Beiträge insbesondere zur Kultur anzubieten.« Außerdem soll ein »umfassender Überblick« über das internationale, nationale und regionale Geschehen gegeben werden, um der internationalen Verständigung und dem gesellschaftlichen Zusammenhalt zu dienen.

Doch gegenüber diesem Anspruch werden simpelste journalistische Grundsätze immer wieder missachtet. Etwa der, dass im Konfliktfall beide Seiten gehört werden müssen. Die Regeln unseres Feindbildjournalismus besagen vielmehr, dass die Gegenseite unter keinen Umständen Gehör verdient, da sie a priori nur Propaganda verbreitet.

Sensationen oder das Schüren von Empörung durch Populismus haben ihren Marktwert bekommen. Einerseits erleben wir eine Faktenarmut, eine Postfaktizität, in der Vorurteile stärker und beständiger sind als politisches Wissen. Wir nähern uns Hannah Arendts Warnung: »Die idealen Untertanen totalitärer Herrschaft sind Menschen, für die die Unterscheidung zwischen Fakten und Fiktion und zwischen wahr und falsch nicht mehr existieren.« Sogenannte Faktenchecks werden selbst zunehmend zu Faktenlecks, die Instrumente der Manipulation sind.

Andererseits ist Empörung ein notwendiger Schritt zu Emanzipation und Veränderung – man denke nur an die aufrüttelnde Schrift »Empört Euch!« des damals 93-jährigen französischen Widerstandskämpfers und UN-Diplomaten Stéphane Hessel. Sein Aufruf zu politischem Widerstand war durch die Integrität seiner Biografie und die Überzeugungskraft seiner Argumente auch in Deutschland ein beachtlicher Erfolg. Doch es gibt einen Unterschied zwischen informierter Entrüstung über Ausbeutung, Kriegseinsätze, Machtgier oder die Manipulation durch die Medien – und der populistisch geschürten Empörung ohne moralische Wertmaßstäbe.

Fast alle Programmbeschwerden des Bürgerportals der Medienanstalten oder der Publikumskonferenz über Falschdarstellungen werden von den öffentlichen Sendeanstalten selbstgerecht zurückgewiesen oder nicht beantwortet. Die Medien sind arm an Einsicht, dafür aber reich an Diffamierung ihrer Kritiker. Kritische Stimmen, auch die auf den alternativen Webseiten, werden seit einiger Zeit gern rechts verortet, ohne dies im Detail zu belegen. Medienanstalten sind außerdem dazu übergegangen, konkurrierende Plattformen wegen angeblicher Verletzung der journalistischen Sorgfaltspflicht zu verklagen – während sie selbst vor solchen Verfahren sicher sind.

Angst und Vorsicht von Journalisten sind gewachsen. Redakteure haben ein feines Echolot in den Apparat, von dem ihre Karriere abhängt. »Schwierige« oder unbequeme Themen werden erst gar nicht vorgeschlagen. Wissenschaftler aus Münster und Hamburg haben 1536 Journalisten befragt und bestätigt bekommen, dass viele die innere Pressefreiheit als gefährdet ansehen und sich immer weniger von ihrer Arbeit ernähren können.

»Die erste Freiheit der Presse besteht darin, kein Gewerbe zu sein«, hatte Karl Marx 1842 in der *Rheinischen Zeitung* geschrieben und ergänzt: »Deine Freiheit ist nicht meine Freiheit, ruft die Presse dem Gewerbe zu.«

Die Freiheit des Gewerbes hat längst gesiegt – Journalismus ist ein Geschäftsmodell. Die privatrechtliche Logik hat auch die Öffentlich-Rechtlichen ergriffen.

Erinnert sei an das Urteil des BVG vom März 2014, in dem der *ZDF*-Staatsvertrag wegen des überproportionalen staatlichen Einflusses in den Aufsichtsorganen als verfassungswidrig erklärt wurde. Doch *SWR*-Intendant und *ARD*-Vorsitzender Kai Gniffke bekannte, dass es der Kern seines Auftrages sei, die offizielle Politik abzubilden.

Nein, Kern des Auftrages ist es, durch unabhängige und unparteiische Berichterstattung die Voraussetzungen für eigene Urteilsbildung zu liefern. Denn eine solche Fähigkeit zu erlangen, ist der eigentliche Kern von Freiheit.

Diese Freiheit wird durch die Autoren des Buches verteidigt. Womöglich regt es weitere Zeitzeugen aus dem Medienbereich an, ihre Erfahrungen einzubringen, so dass der Band eine Fortsetzung finden könnte. Denn die Programmmacher und erst recht die Zuschauer werden kaum gefragt, wenn es um Reformideen geht. Das zeigt auch die Debatte um den aus Leitungsgremien zusammengesetzten Zukunftsrat, der die von Affären und Missständen ausgelöste Krise des beitragsfinanzierten Fernsehens nun richten soll.

Auch wenn in diesem Buch davon ausgegangen wird, dass die öffentlich-rechtlichen Sender ihren Programmauftrag nicht erfüllen, ist es kein Plädoyer zu ihrer Abschaffung, sondern im Gegenteil eine nachdrückliche Abmahnung im Namen der eigentlich anhänglichen Zuschauer.

* *Daniela Dahn, Jahrgang 1949, Journalistikstudium an der Karl-Marx-Universität, von 1973 bis 1981 beim Fernsehen der DDR tätig, seither freie Autorin, 1989 Mitbegründerin des »Demokratischen Aufbruch«, Mitherausgeberin der kulturpolitischen Zweiwochenzeitschrift »Ossietzky«, stellvertretende Vorsitzende des Willy-Brandt-Kreises. Autorin verschiedener Publikationen, zuletzt erschien »Im Krieg verlieren auch die Sieger. Nur der Frieden kann gewonnen werden«.*

Als wir verstummten

*Von Lutz Herden**

Es hat sich eingebürgert, dass Konfliktbefunde vom Augenblick zehren, der scheinbar ohne Vorleben ist. Der desolate Zustand des öffentlich-rechtlichen Mediensystems der Bundesrepublik, dessen Existenz ernsthaft in Frage steht, ist jedoch weder eine Folge personeller Entgleisungen, wie sie der im Vorjahr zurückgetretenen Intendantin Patricia Schlesinger des *Rundfunks Berlin-Brandenburg* (RBB) angelastet werden, noch eines lange schwelenden Streits über die letzte Gebührenerhöhung. Die Ursachen liegen tiefer.

Sie führen nicht nur, aber auch zurück in die Jahre 1990/91. Mit dem Ende der DDR mussten Fernsehen und Hörfunk im Osten reorganisiert werden, wofür eine historisch einmalige Vorleistung erbracht war. Sie bestand in einer Demokratisierung der DDR-Medien, die – von ideologisch motivierter Vormundschaft befreit – ihre Programme innerhalb kurzer Zeit atemberaubend erneuerten.

Im Westen Deutschlands wurde das nur allzu gern als »revolutionärer Umschwung« gefeiert. Die vom *ZDF* veranstalteten 23. Mainzer Tage der Fernsehkritik standen im Frühjahr 1990 unter dem Leitgedanken »Revolutionäre Öffentlichkeit. Das Fernsehen und die Demokratisierung im Osten«.

Der damalige *ZDF*-Intendant Dieter Stolte sah im Eröffnungsreferat Grund zu der Frage, ob das Fernsehen mehr denn je als »vierte Gewalt« wirke. Wenn ja, ob und wie man dem gewachsen sei.

Es gab Grund zu der Annahme: Auf die mediale Demokratisierung im Osten folgt die im Westen. Das Naheliegende und Mindeste, was man erwarten konnte. Selten erschien die Situation günstiger, unübersehbare Mängel im öffentlich-rechtlichen System der Alt-BRD zu überwinden. Allein dem übermäßigen Einfluss der Parteien in Leitungsebenen und Aufsichtsgremien der *ARD*-Anstalten wie im *ZDF* musste Einhalt geboten werden. Es konnte nach dem, was im Osten passiert war – der vollzogenen Wende bei laufendem Sendebetrieb – kein Tabu sein, auf zeitgemäße Erneuerung im Westen zu drängen.

Was geschah, war allerdings das genaue Gegenteil. Es fanden sich teils groteske Zustände konserviert. Allein bei der Gründung und dem Aufbau des *Mitteldeutschen Rundfunks* (MDR) übertraf die Dominanz parteipolitischer Interessen alles, was bis dahin üblich war.

Im Prinzip hatte sich bereits mit dem Jahr 1990 das Ansinnen erledigt, dass die Medienwende im Osten sowie die daraus folgende Neuordnung seiner Rundfunklandschaft eine Anstoß sein konnte für eine Medienreform West. Sie seinerzeit nie ernsthaft erwogen, sondern als Zumutung, gar Provokation verworfen zu haben, erweist sich im Nachhinein als Versäumnis sondergleichen, vergegenwärtigt man sich den jetzigen Zustand des öffentlich-rechtlichen Systems. Die Zweifel an seiner Finanzierbarkeit, Zukunftsfähigkeit und Legitimation sind beachtlich.

Ausschlaggebend für den Umgang mit Hörfunk und Fernsehen im Beitrittsgebiet war der Wille zu politischer Flurbereinigung und Landnahme des Kalibers Raubrittertum, u. a. durch die Neuverteilung der Fernsehfrequenzen. Es galt jene apodiktische Maxime, die Universitäten, Schulen, Theatern, Museen, Verlagen oder sonstigen Kulturinstituten gleichermaßen zum Verhängnis wurde. Der Westen drang in den Osten vor, und nichts durfte bleiben, wie es war. Erst recht die Medieneinheit wurde nach den Vorgaben der in Bonn regierenden Koalition aus CDU/CSU und FDP unter dem Kanzler Helmut Kohl vollstreckt. Wozu gab es das Vehikel Einigungsvertrag? Darin sah Artikel 36 die Auflösung des »Rundfunks der DDR« und des »Deutschen Fernsehfunk« bzw. deren Überführung »in Anstalten des öffentlichen Rechts einzelner oder mehrerer Länder« spätestens bis zum 31. Dezember 1991 vor.

Absatz 6 räumte zwar die Möglichkeit ein, den *DFF* als Fünf- oder Sechsländeranstalt unter föderaler Verantwortung aufrechtzuerhalten, doch war in den dafür maßgebenden sechs ostdeutschen Landesregierungen (Berlin einbezogen) weder die Bereitschaft vorhanden, noch erschien das Zugeständnis opportun, auf Neugründungen zu verzichten.

Der *Deutsche Fernsehfunk* war als Archiv, Immobilie und Materialdepot gefragt, nicht als leistungsfähige und ökonomisch funktionierende Anstalt. Eines vor allem ließ sich dank Artikel 36 rechtlich so gut wie unanfechtbar über die Bühne bringen: der erwünschte Personalaustausch.

Wer zu Alternativen neigte und die Stirn besaß, diese ernsthaft ins Gespräch zu bringen, musste sich den denunziatorischen Vorwurf gefallen lassen, ein gescheitertes Gesellschaftssystem rehabilitieren zu wollen. Um nur ein Beispiel anzuführen: Als sich im Frühjahr 1990 im Osten eine zunehmende Kommerzialisierung von Kunst und Kultur abzeichnete, entstand der »Schutzverbund Künstler der DDR«, an dem auch Autoren, Dramaturgen und Regisseure des *Deutschen Fernsehfunks* beteiligt waren. Den zwischen Bonn und Ostberlin seinerzeit ausgehandelten ersten Staatsvertrag zu einer Wirtschafts-, Währungs- und Sozialunion solle man durch die vertragliche Verankerung einer »Kulturunion« ergänzen, so deren Forderung. Der Status von Fernsehautoren, freien Regisseuren und Dramaturgen im Westen wäre davon nicht unberührt geblieben. Man konnte ihnen schwerlich vorenthalten, was den Kollegen im Osten zuerkannt worden wäre. Nur blieb die »Kulturunion« ein frommer Wunsch. Es bestand keinerlei Interesse, etwa das vorbildliche DDR-Urheberrecht mit einer gesamtdeutschen Relevanz auszustatten – um nur ein Motiv der Verweigerung zu nennen.

Natürlich kann man über das, was im öffentlich-rechtlichen Mediensystem an reformerischer Inventur machbar gewesen wäre, im Nachhinein nur spekulieren. Eines aber hätte sich zweifelsfrei angeboten: Über den Zuschnitt vorhandener *ARD*-Anstalten im Westen wie der 1991 entstehenden im Osten nachzudenken, um nach wirtschaftlichen, programmlichen und personellen Synergieeffekten Ausschau zu halten. Der damalige *ARD*-Vorsitzende Hartwig Kelm meinte später in einem Interview, dass es eine »Grundidee« hätte sein können, »größere Einheiten zusammenzuschließen. In den alten Bundesländern waren der *Westdeutsche Rundfunk* (WDR), der *Bayrische Rundfunk* (BR) und der *Norddeutsche Rundfunk* (NDR) schon hinreichend groß, vielleicht sogar übermächtig groß. Es war folglich nicht notwendig, dass der *NDR* sich auch noch Mecklenburg holt«.

Der NDR tat freilich genau das. Womit das 1990/91 erwogene Modell hinfällig war, dem Osten – wenn schon der *Deutsche Fernsehfunk* liquidiert wurde – zwei Dreiländeranstalten zu geben: eine Nordschiene NORA, getragen von Mecklenburg-Vorpommern, Berlin und Brandenburg, und als Südschiene den *MDR* als gemeinsame Anstalt Sachsen-Anhalts, Thüringens und Sachsens. Weil das Projekt NORA entfiel – der *Ostdeutsche Rundfunk Brandenburg* (ORB) und der *Sender Freies Berlin* (SFB) bis zu ihrer Fusion 2003 als finanziell klamme Einländeranstalten am Tropf des *ARD*-Finanzausgleichs ein kümmerliches Dasein fristeten (was sie als *RBB* weiter tun) – war kein Anlass mehr vorhanden, ernsthaft über neue Mehrländeranstalten im Altbundesgebiet nachzudenken. Allein Baden-Württemberg und Rheinland-Pfalz konnten sich 1997/98 darauf einigen, dass der *Süddeutsche Rundfunk* (SR) und der *Südwestfunk* (SWF) zum *Südwestrundfunk* (SWR) fusionierten.

Die medienpolitischen Weichenstellungen 1990/91 wurden in der Regel mit dem Label »alternativlose Entscheidung« versehen, ohne dass eine demokratische Debatte darüber – womöglich mit offenem Ausgang – überhaupt in Betracht kam. Es galt keineswegs als sittenwidrig, politische Pfründe zu sichern. Schon die Wahl Rudolf Mühlfenzls – CSU-Mitglied, in den 1970er Jahren Chefredakteur beim *Bayerischen Rundfunk* und Wunschkandidat Helmut Kohls für das Amt des mit Artikel 36 vorgesehenen Rundfunkbeauftragten im Osten – geriet zum anrüchigen, weil fast konspirativen Vorgang.

Mühlfenzl wurde am 15. Oktober 1990 in der Berliner Außenstelle des Bonner Kanzleramtes von »kommissarischen Landessprechern« quasi auf Zuruf bestimmt. Dieses Gremium war durch die einen Tag zuvor gewählten Landtage der fünf Ostländer nicht legitimiert, geschweige denn bereit, andere Bewerber in Erwägung zu ziehen. Ein Verstoß gegen das demokratische Minimum war die Abwesenheit von Gesandten der SPD. Manfred Stolpe, designierter brandenburgischer Ministerpräsident, fand das »als Arroganz der Macht zum Kotzen«.

Leider kam die fragwürdige Bestellung Mühlfenzls auch deshalb zustande, weil es die letzte DDR-Volkskammer unterließ – besser: mit ihrer CDU- und SPD-Mehrheit unterlassen wollte –, im September 1990 einen eigenen ostdeutschen Rundfunkbeauftragten zu wählen. Die SPD konnte danach lamentieren, soviel sie wollte – einmal im Amt ließ sich Rudolf Mühlfenzl nicht darin beirren, seinen Auftrag kompromisslos zu erfüllen und den Artikel 36 als »mein Gebetsbuch« zu hofieren.

Sein Stab, der im ehemaligen DDR-Hörfunk an der Ostberliner Nalepastraße Quartier nahm, trug Züge einer klassischen Seilschaft. Dazu zählten Volkram Gebel (CDU), alsbald Gründungsbeauftragter des *Mitteldeutschen Rundfunks* (MDR), Helmut Haunreiter (CSU), Beauftragter für Berlin, Rolf Markner (CDU), später MDR-Verwaltungsdirektor, dazu Ferdi Breidbach (CDU) als Umschulungsbeauftragter oder Matthias Gehler als Pressesprecher, ebenfalls CDU.

Dieses Personal, ganz und gar aus einer politischen Ecke, führte vor, dass bei CDU/CSU nicht lange gefackelt wird, wenn Medien als gesellschaftliche Macht akkumuliert werden kann. Dies setzte sich fort, als am 31. Mai 1991 für Sachsen, Thüringen und Sachsen-Anhalt der *Mitteldeutsche Rundfunk* (MDR) als Dreiländeranstalt auf die Schiene gesetzt und mehr Machtgebilde als Fernsehsender war. Den Ausschlag gab auch in diesem Fall das rekrutierte Spitzenpersonal. Als Intendant implementiert wurde Udo Reiter, zwar parteilos, aber Mitglied der CSU-Medienkommission und bestens vernetzt mit dem Tross hinter Mühlfenzl. Ihm winkte, wie der *Stern* am 26. September 1991 berichtete, ein Jahresgehalt von 360.000 DM, womit er deutlich über den 198.000 DM lag, die etwa dem Ministerpräsidenten Stolpe als Salär zugedacht waren.

Fernsehdirektor am anfänglichen *MDR*-Hauptsitz in Dresden wurde Henning Röhl, Ex-*ARD-Aktuell*-Chefredakteur. Ulrike Wolf, wegen ihrer CDU-Affinität als *NDR*-Chefredakteurin ohne weitere Aufstiegsperspektive, übernahm als Direktorin das Funkhaus in Dresden, Ralf Reck, bis dato Fernsehdirektor in Hamburg, das in Magdeburg.

Was sie einte, waren CDU-Nähe oder CDU-Parteibuch und die Aussicht auf Jahreseinkommen um die 240.000 DM, was einer neuen Anstalt wie dem *MDR* Ausgaben bescherte, die sich im Gesamtetat nicht lumpen ließen. Da früher oder später die Versorgungsansprüche der dann pensionierten Medienkommissare zu Buche schlugen, waren Gebührenanhebungen eine stets willkommene Geldquelle.

Als Udo Reiter 2011 als Intendant abdankte und der Coup misslang, Bernd Hilder, bis dahin Chefredakteur der *Leipziger Volkszeitung* und ebenfalls der CDU verbunden, als Nachfolger zu installieren, wurde schließlich mit der Justiziarin Karola Wille nach zwanzig Jahren *MDR* erstmals eine Ostdeutsche damit betraut, den Sender zu führen. Aufschlussreich, wie sich Reiter verabschiedete: »Flapsig gesagt, ist die Besatzungszeit mit dieser Stabsübergabe endgültig vorbei.«

Die Staats- und Parteinähe der *MDR*-Begründer war so unverschämt offensichtlich, dass nicht nur die SPD einen Verstoß »gegen die politische Hygiene« reklamierte, sondern sich auch *ARD*-Anstalten wie der *Hessische Rundfunk* (HR) peinlich berührt zeigten. Chefredakteur Wilhelm von Sternburg schrieb im Juli 1991:

»Wer heute Texte von Kurt Tucholsky oder Carl von Ossietzky, Paul Sethe oder Dieter Gütt liest, der weiß, dass es in Deutschland nur noch wenig Sender und Sendeplätze gibt, die solch kritisch-demokratischem Geist Veröffentlichungschancen bieten. Jedenfalls dann, wenn es um die aktuelle Tagespolitik geht, um Fragen, die die Machtinteressen der Politik unmittelbar berühren.«

Wenn hier rekapituliert wird, was sich 1990/91 abgespielt hat, dann in der Gewissheit, dass in jeder Vergangenheit immer auch Zukunft begraben liegt. Auf den öffentlich-rechtlichen Rundfunk bezogen, heißt das: Anfang der 1990er Jahre wurde dafür Sorge getragen, in den vorhandenen ARD-Anstalten hingebungsvoll den Status quo zu pflegen und dies auf die Arbeitsweise der neuen Ostanstalten zu übertragen. Als Gewähr dafür galt die Praxis, in Dresden, Leipzig, Erfurt, Schwerin und Potsdam-Babelsberg geradezu flächendeckend westdeutsches Leitungspersonal zu etablieren, seien es Intendanten, Landesfunkhaus-, Programm- und Verwaltungsdirektoren.

Diesem Schub der Eroberer hatte das Ostfernsehen in Berlin-Adlershof für immer und ewig zu weichen. Dabei wurde kein peripherer Akteur abserviert, der hinreichend geschichts- und gesichtslos war, um ohne großes Aufsehen entsorgt zu werden. Als der *Deutsche Fernsehfunk* Ende 1952 auf einem vorzugsweise mit Baracken bestückten Gelände einen Sendebetrieb auf Probe wagte, bedeutete das Rang fünf unter den Fernsehpionieren des Kontinents. Es wurde in Adlershof kein umgebautes Filmgelände mit seinen Studios genutzt, sondern ein mit den Jahren wachsendes modernes Fernsehzentrum auf die grüne Wiese gesetzt. Schon 1954 ging das Experimentierstadium in einen regulären Sendebetrieb über. Die Anstalt hatte von ihrem Equipment her, dem Programmvolumen und der Personalstärke Standards zu bieten, die sich international sehen lassen konnten.

Insofern war das, was 1991 mit der Abwicklung und Abschaltung geschah, ein einmaliger Vorgang, den es so in der europäischen Fernsehgeschichte noch nie gegeben hatte. Ein politisch motivierter Platzverweis, bei dem jeder Versuch der Gegenwehr nicht einmal im Ansatz auf kulturvolle Behandlung rechnen durfte. Das Ostfernsehen wie eine Schraubenfabrik dichtzumachen, das bedeutete, dem Osten kulturellen Besitzstand zu nehmen, ja, diesen vorsätzlich zu zerstören. Womit klar gegen den in Artikel 35 des Einigungsvertrag verankerten Grundsatz verstoßen wurde: »Die kulturelle Substanz in dem in Artikel 3 genannten Gebiet (*gemeint ist die DDR – L.H.*) darf keinen Schaden nehmen.«

Was Schaden nahm und verlorenging, kam nicht nur dem Osten, sondern gleichsam einer wiedervereinigten Kulturnation abhanden, aber leider nie zu Bewusstsein. Umso mehr erscheint es als geboten, an diese Zeit des Kahlschlags zu erinnern, nicht um einer nostalgischen Versuchung zu erliegen oder weinerlicher Erbepflege Genüge zu tun. Die heutige Misere eines medialen Systems, das an sich selbst scheitert und innerlich zu zerbrechen droht, ist auch dem Triumphalismus und der Siegermentalität geschuldet, die 1990/91 die Stilllegung von Sendern und Programmen im Osten auf die Spitze trieben.

Um ermessen zu können, was unter den Pflug der Liquidatoren kam, bietet sich eine Rückkehr in den Herbst 1989 an, als in Hörfunk und Fernsehen der DDR etwas begann, was jäh, aber nicht unerwartet enden sollte.

Ein Apfel fiel vom Stamm

An einer Säule neben dem Haupteingang zum *Deutschen Fernsehfunk* (DFF) im Südosten Berlins trotzt Ende 1989 ein wilder Aushang Regen und Wind. Er verkündet Selbstbehauptung folgenden Wortlauts: »Der ›Schwarze Kanal‹ ist verschwunden, zwei Kanäle sollen bleiben.« Das artikulierte Verlangen birgt die Anspielung auf einen denkwürdigen Vorgang.

Am 30. Oktober 1989, kurz nach 21.00 Uhr, ist die Sendung »Der schwarze Kanal« zum letzten Mal ausgestrahlt worden. Dass ausgerechnet »der Kanal« geschlossen und versiegelt wird, resultiert aus einer spektakulären »Medienwende«, wie sie die DDR im Herbst 1989 erfasst, verblüfft und verändert. Dass mit dem »Schwarzen Kanal« ein ideologisches Flaggschiff des Senders strandet, ist den Brüchen und Umbrüchen dieser Wochen zu verdanken. Sie sind dafür geschaffen, die »Wende« voranzutreiben – wenn nicht unumkehrbar zu machen. Das »Ostfernsehen« mit seinem Produktions- und Sendezentrum in Berlin-Adlershof gerät in einem Taumel der Selbstreinigung und des kreativen Umbaus. Die alte Ordnung ist paralysiert oder verschwindet. Innerhalb weniger Tage nach dem Sturz Erich Honeckers am 18. Oktober 1989 ist eine ganze Fernsehanstalt plötzlich sich selbst überlassen und muss sich selbst die Nächste sein, um überleben zu können. Was sie daraus macht, ist bemerkenswert, ihr Programm schon Weihnachten 1989 kaum mehr wiederzuerkennen. Der *DFF* erfindet sich nicht neu, aber erneuert sich unentwegt.

Doch der Reihe nach.

Bis sich alles wandelt und wendet, lässt das »Fernsehen der DDR«, wie der *Deutsche Fernsehfunk* seit 1972 heißt, dem DDR-Volk eine mediale Versorgung angedeihen, die von ihrer weltanschaulichen Grundierung her dem Wertekanon des Sozialismus verpflichtet ist. Das DDR-Fernsehen steht im geistigen und ideologischen Wettbewerb mit dem »Westfernsehen« (vorzugsweise *ARD* und *ZDF*), das – bis auf Sachsen und die Lausitz – in der DDR empfangen werden kann, auf Einfluss bedacht ist und Wirkung hinterlässt. Entsprechend müssen die beiden Adlershofer Kanäle mit Vollprogrammen ihr Leistungsvermögen immerfort ausschöpfen. Es gibt über den Tag verteilte News-Achsen, publizistische Magazine, ein Unterhaltungs- und Bildungsprogramm, eine eigene Fernsehdramatik, ambitionierte Literaturverfilmungen (in Co-Produktion mit der DEFA) und einem respektablen Filmstock. Das besondere Augenmerk der Leitung, genannt Staatliches

Komitee für Fernsehen, gilt der Nachrichtensendung »Aktuelle Kamera« wie dem Kinder- und Jugendfernsehen. Viel Sendezeit beanspruchen der Sport sowie ein Strang populärer Ratgeber-Sendungen. Pro Woche wird ein Sendevolumen von 180 bis 190 Stunden abgeliefert. Niemand könnte das ersetzen, sollte es plötzlich entfallen. Auch keine Revolution.

Dem »Massenmedium Fernsehen« gilt – nicht von Anfang an, aber mit den späten Jahren der DDR immer unerbittlicher – die rege Zuwendung der Abteilung Agitation im SED-Zentralkomitee, zuweilen von Parteichef Erich Honecker persönlich, der die »Aktuelle Kamera« nicht nur als visuellen Vorabdruck des SED-Zentralorgans *Neues Deutschland* betrachtet, sondern ebenso als Sprachrohr informeller Verlautbarungen. Hier werden – verpackt in Meldungen und Kommentaren – Positionen der DDR-Führung zu brisanten weltpolitischen, häufig deutschlandpolitischen Themen angedeutet oder unverblümt kundgetan.

Diese Verschränkung von Machtausübung und Mediensystem verschwindet nach dem Honecker-Abgang mit geradezu atemberaubender Geschwindigkeit, natürlich keineswegs spurlos, aber auffallend bedingungslos. Wenn in den Augen vieler DDR-Bürger etwas schwer diskreditiert ist, dann sind es Hörfunk und Fernsehen, die sich ihnen als Erzieher aufdrängen. Eine Zuschauer-Aversion, die Fernsehsender systemübergreifend ereilt und heute eine der Ursachen dafür ist, dass dem öffentlich-rechtlichen System ein, wie es scheint, irreparabler Akzeptanzverlust zuteil wird.

In einer DDR, die dem Herbst ’89 mit all seinen Stürmen entgegendriftet, nimmt die Differenz zwischen medialer Suggestion und real erlebter Wirklichkeit zuweilen paradoxe Züge an. Sie wird vom Ärgernis zum Abgrund. Das schürt eine brisante Stimmung aus Unmut und Unbehagen, der jeder Anflug von Versöhnung abgeht, je weniger dagegen getan wird.

Unverzüglich, nachdrücklich und spürbar etwas dagegen tun soll Hans Bentzien, der Ende November 1989 vom neuen Ministerpräsidenten Hans Modrow zum Generalintendanten für Adlershof berufen wird. In einem Interview, das ich mit Bentzien Ende 1991 führte – kurz bevor der Sender das Zeitliche segnete – erinnerte der sich. »Als mich Modrow anrief, habe ich ihm gesagt, es kommt darauf an, was du willst. Dieses Fernsehen muss sich lösen aus der staatlichen Bevormundung, es muss allen Leuten die dort arbeiten, die Gelegenheit geben zu zeigen, dass sie gute Journalisten, Kameraleute, Schnittmeister, Schauspieler und so weiter sind. Und der Sender muss die Möglichkeit haben, aus freien Stücken diese Umwälzung aktiv mitzugestalten. Und da hat er gesagt : Mach das.«

Die Vita Bentziens spricht Bände. Anfang der 1960er Jahre DDR-Kulturminister, stürzte er 1965/66 über das Kahlschlag-Plenum des SED-Zentralkomitees, das eine ganze Jahresproduktion der DEFA unter Verschluss nahm, und wurde zum Verlagsleiter degradiert. Bis ihn 1977 der Ruf ereilte, Chef der Adlershofer Fernsehdramatik zu werden. Da er in Gegenwartsfilmen Wert auf Gegenwart legte, rutschte Bentzien wieder ab und durfte sich als Redakteur für Geschichtsreportagen bewähren – bis Hans Modrow ihn anrief.

Das Fernsehgelände, die Redaktionen und Studios in Adlershof bleiben im Herbst '89 weitgehend unbehelligt, werden weder gestürmt noch besetzt. Unter dem Druck und Eindruck der Ereignisse bricht sich Bahn, was im Sender selbst an Reformwillen längst vorhanden ist und nun oft über Nacht abgerufen werden kann. Mir ist heute noch gegenwärtig, wie sich das damals anfühlte. Der Boden schien zu wanken und ständig Putz von der Decke zu rieseln, ohne dass stützende Mauern der Erschütterung nachgaben. Im Unterbewusstsein marodierte die Frage, sollte man besser in den Keller gehen oder das Weite suchen, um durchzuatmen, aufzuatmen, überhaupt zu atmen?

Man saß im Zentrum eines Bebens und schaute von außen zu, was es anrichtete. Im Moment von Krise und Katharsis war man Betroffener und Beobachter zugleich. Was für Ablenkung sorgte, war der Umstand, dass ich mich als Redaktionsleiter und Moderator um das neue Nachrichtenmagazin »Ak zwo« zu kümmern hatte. Wir bezogen die Räume des »Schwarzen Kanals«, als sollte sich erfüllen, was der Anschlag auf grauem Beton draußen vor der Tür verkündete. »Der ›Schwarze Kanal‹ ist verschwunden, zwei Kanäle sollen bleiben.«

Am 30. Oktober ging die »Ak zwo« erstmals auf Sendung und wurde fortan von Montag bis Freitag jeweils 22.00 Uhr im II. Programm des *Deutschen Fernsehfunks* ausgestrahlt, der inzwischen wieder so hieß. Das Konzept für ein auf Journalismus setzendes, nicht auf Kommuniqués versessenes Nachrichtenjournal hatten wir als Ertrag mancher Vor-Wende-Debatte in der Schublade. Es dauerte keine Woche, die Sendung aus der Taufe zu heben. Nach der Grenzöffnung vom 9. November sollte der Kulturkanal *3sat* die »Ak zwo« übernehmen, um damit sein Abendprogramm zu beschließen.

Dieser Aufschlag bei den Aktualitäten, vor allem jedoch der vom Jugendmagazin »Elf 99« angestoßene Sendereigen, von dem noch die Rede sein wird, waren neben vielem anderen Ausdruck eines antizyklischen Phänomens, das mittlerweile längst vergessen ist, dennoch gewürdigt gehört. Ein Fernsehfunk im Wandel lieferte 1989/90 ein Kontrastprogramm, gemessen an dem, was sich ringsherum abspielte. Den Abschwung des Staates flankierte ein Aufschwung des Fernsehens. Dessen Programm durchlief eine Radikalreform, wie es die in diesem Tempo und mit solcher Qualität seit dem Sendestart am 21. Dezember 1952 nicht gegeben hatte.

Zwischen dem 31. Oktober 1989 und dem 1. Juli 1990, dem Tag des Währungswechsels in der noch existierenden DDR, wurden für das erste und zweite *DFF*-Programm 39 neue Formate entworfen, produziert und angeboten, darunter das »Donnerstags-Gespräch« als Live-Debatte zwischen Prominenten und Zuschauern über eine zwischen Reform und Restauration pendelnde Noch-DDR-Gesellschaft, das innenpolitische Magazin »Controvers« und die Kultursendung »Kaos«. Zum geschätzten Refugium für Reportagen wurde die Reihe »Klartext«, es gab nun ein Umweltmagazin »Ozon« und ein Frauenjournal »Ungeschminkt«.

Der Publizist Günter Gaus erhielt Anfang 1990 ein Angebot der DFF-Generalintendanz und wechselte mit seinem Gesprächsformat »Zur Person, Porträts in Frage und Antwort« nach Adlershof.

Wachsender Zuspruch im Sendegebiet honorierte diese Selbstertüchtigung. Der DFF-Zuschauerforschung ließ sich das ebenso entnehmen wie den Analysen der Nürnberger Gesellschaft für Konsumforschung (GfK). Nach deren Angaben lag der Marktanteil von *DFF 1* und *DFF 2* in Ostdeutschland Anfang Dezember 1990 bei 34 Prozent und damit über den Werten der *ARD* (25 Prozent), des *ZDF* (20) und von *Sat.1* (12). Bei einer Umfrage der Meinungsforscher von INFAS im Mai 1990 plädierten 88,1 Prozent der Ostdeutschen für den Erhalt des *DFF* als eines eigenen Ostkanals.

Parallel zur Programminventur kam es in Adlershof wie im DDR-Hörfunk zum Wechsel beim Leitungspersonal, von der Intendanz über die Abteilungen bis zu den Redaktionen. Es waren überwiegend die Belegschaften, die darüber in geheimer Wahl entschieden, beflügelt durch die Erfahrung, nunmehr selbstbestimmt handeln zu können. Zum Schlüsselmoment des Auf- und Umbruchs wurde die im *DFF* intern erstrittene Live-Übertragung der Kundgebung auf dem Ostberliner Alexanderplatz am 4. November 1989 mit den Auftritten von Christa Wolf, Christoph Hein, Gregor Gysi, Friedrich Schorlemmer, Heiner Müller, Markus Wolf und anderen. Fünf Tage vor dem Mauerfall war das Meeting der 500.000 ein erster und zugleich letzter Versuch, derart öffentlich zu verhandeln, was aus der

DDR werden sollte, ohne sich der Gewissheit ihres Untergangs auszusetzen. Fünf Tage später ging die neue Allgegenwart des Ostfernsehens soweit, die erwähnten unumkehrbaren Tatsachen zu schaffen. Als am frühen Abend des 9. November 1989 eine Pressekonferenz von Politbüromitglied Günter Schabowski live übernommen wurde, folgte auf die versehentliche oder vorsätzlich versehentliche Ankündigung eines neuen Reisegesetzes die bekannte Sturzflut von Ereignissen.

Am 5. Februar 1990 schließlich besiegelte ein einstimmig gefasster »Medienbeschluss der Volkskammer« für Hörfunk und Fernsehen der DDR die nunmehr geltende Unabhängigkeit von Regierung und Parteien. Ein Staatsfunk hatte zugunsten von Staatsferne ausgesorgt. Der Apfel fiel vom Stamm. Wie weit, würde sich weisen.

Als ich Hans Bentzien Jahre später als Moderator einer Podiumsdiskussion über deutsch-deutsche Medienrealitäten fragte, wie er als Generalintendant auf den Umbruch im *DFF* Einfluss genommen habe, lautete seine Antwort: Gegenüber den Mitarbeitern in Adlershof seien ihm drei Essentials wichtig gewesen – Verfassungstreue, Loyalität gegenüber dem Sender und Kompetenz. »Ich übernahm ein Fernsehen, das zum Tanz auf dem Vulkan angetreten war.«

Und, wäre zu ergänzen, sich dem Gebot verschrieben hatte, ausgewogen und authentisch zu berichten, als sei das Motto des DEFA-Augenzeugen von 1946 auferstanden: »Sie sehen selbst. Sie hören selbst. Urteilen Sie selbst.«

Man könnte an dieser Stelle einwenden, Adlershof schaltete auf Überparteilichkeit, Objektivität und Öffnung um, als die Würfel gefallen waren, die SED hoffnungslos in die Defensive geriet, die Macher nichts mehr zu befürchten hatten. Die vermeintliche Zivilcourage sei wohlfeiler Gratismut gewesen. Eine Anekdote, überschrieben mit »Gewerkschaftschef und Politbüro-Mitglied Harry Tisch im Elf 99-Talk«, belehrt eines Besseren.

Tisch war noch im Amt, als er am Nachmittag des 27. Oktober 1989 ins Studio kam, um mit jungen Gewerkschaftern aus den Ostberliner Betrieben »Elektrokohle« und »Werk für Fernsehelektronik« darüber zu debattieren, weshalb der Freie Deutsche Gewerkschaftsbund (FDGB) in der DDR an Autorität und Ansehen verloren hat, warum gewählte Vertrauensleute zu Wettbewerbsagitatoren geworden sind. Die Elf 99-Redakteure hatten dazu viele Briefe erhalten, weshalb sie Tisch in die Sendung baten. Der konnte schlecht mauern, wenn der neue SED-Generalsekretär Egon Krenz auf Dialog setzte.

War die Diskussion mit Tisch zunächst als Live-Sendung geplant, die als Teil des Jugendnachmittags von *Elf 99* am 27. Oktober laufen sollte, wurde daraus unversehens eine Aufzeichnung mit der Aussicht auf Ausstrahlung am nächsten Tag. Die Entscheidung fiel offenbar kurzfristig und ging auf das zu diesem Zeitpunkt noch existierende »Staatliche Komitee« oder die Elf 99-Chefredaktion zurück. Moderator Jan Carpentier wurde davon wie alle anderen Beteiligten im Studio überrascht, musste es aber akzeptieren. Tisch stand von Anfang an unter Druck und redete sich in den politischen Untergang. Er wich konkreten Fragen aus, räumte jedoch ein: »So ernst, wie sich die Lage darstellt, ist sie nicht eingeschätzt worden.«

Zum Schluss sagten ihm die Gewerkschafter fast resignativ, nicht mit energischem Unterton, eher als gutmeinende Berater, es sei wohl das Beste, er trete möglichst schnell zurück.

Tisch trieb es zu einer wenig überraschenden Reaktion: Er werde seine Demission anbieten, kommenden Montag, am 30. Oktober, tage der Bundesvorstand des FDGB. Dann werde man sehen.

Ende des Gesprächs, Ende der Aufzeichnung. Carpentier moderierte ab.

Ruf aus der Regie: Alle bleiben auf ihren Plätzen, es müssen Zwischenschnitte produziert werden. Ein Zeichen dafür, dass die Aufzeichnung womöglich geschnitten, also nicht komplett gesendet werden soll. Heraus mit der für Harry Tisch kompromittierenden Unkenntnis der Lage in den Gewerkschaftsgruppen der Basis? Oder sollte die angekündigte Demission weichen?

Jan Carpentier forderte seinerseits alle Beteiligten auf, das Studio nicht zu verlassen, bis verbindlich feststehe, dass dieses Gespräch nicht irgendwann, sondern am morgigen Samstag, den 28. Oktober, ohne jede Kürzung gesendet würde.

Harry Tisch, merklich angeschlagen, wollte die Entscheidung nicht abwarten. Ihm dürfte klar gewesen sein, dass seine weitere Anwesenheit keine Gewähr dafür bot, dass der Mitschnitt in seinem Sinne geändert werde. Er suchte mit seinen Personenschützern entnervt das Weite.

15.45 Uhr hatte die Aufzeichnung begonnen, es war kurz nach 17.30 Uhr, als sich Carpentier und die Gewerkschafter weigerten, das Studio zu verlassen, solange Gewissheit ausstandt. Dann meldete sich die Regie: Alles bleibe so, wie es ist.

Mit Unterstützung der Studiobesatzung, von Kameramännern, Beleuchtern, Tonassistenten, Aufnahmeleitern, hatte sich die Elf 99-Basis gegen die Leitung durchgesetzt. Nur als die Sendefreigabe für den nächsten Tag unterschrieben werden sollte, war der dazu allein berechtigte Chefredakteur verschwunden. Wieder Unruhe und Protest im Studio, bis, aus welchen Gründen auch immer, jemand aus dem Staatlichen Komitee auftauchte und alles regelte.

Drei Tage später trat Harry Tisch als FDGB-Vorsitzender zurück.

Adlershof gibt nicht auf

Als im Herbst 1989 zunächst nur der »Schwarze Kanal« abgeschaltet wurde, rumorte in Adlershof bei allem Wendefieber und -furor unterschwellig ein Bewusstsein dafür, mit dem eigenen Staat könnte unversehens das eigene Fernsehen untergehen. Als brachiale Konsequenz stand der Verlust von etwa 10.000 Arbeitsplätzen im Raum (in diese Rechnung einbezogen war das Personal der Studiotechnik Fernsehen, welches der Deutschen Post unterstand). Verlorene Akzeptanz zurückzugewinnen und wieder Legitimation aufzubauen unter den Zuschauern, tat allemal not.

Wer den »Kanal« schloss, der signalisierte schon einmal, die Zeichen der Zeit verstanden zu haben. Der war unterwegs zu Reue und Rehabilitation. Immerhin zählte der »Schwarze Kanal« zu den etabliertesten Sendungen der Anstalt. Im März 1960 erstmals ausgestrahlt, folgte sie von der Machtart her dem Prinzip, durch selektives Ton- und Bild-Zitat aus Nachrichten, Magazinen und Reportagen von *ARD* und *ZDF*, Segmente der bundesrepublikanischen Wirklichkeit abzubilden, die Mängel bis hin zu Gebrechen offenbaren – Arbeitslosigkeit, Altnazis, Mietwucher, Wohnungsnot, Berufsverbote, Korruption, Bildungsbarrieren, Rauschgiftopfer und so weiter. Kurzum, der »Kanal« betrieb Systemkritik. Das West- sollte sich im Ostfernsehen mit seinen eigenen Mitteln schlagen.

Seit es 1960 erstmals ablegte, ging das ideologische Flaggschiff 1.518 mal auf Feindfahrt. Jeden Montag Punkt 20.00 Uhr sorgten Ufa-Schinken für das Vorprogramm, um Publikum zu horten. Hatten Zarah Leander, Marika Rökk und Hans Albers ausgespielt, sprang im Kanal-Vorspann der mit schwarz-weiß-roter Schärpe umwickelte Bundesadler als gerupfter Pleitegeier auf die Fernsehantennen. Dazu wurde – verfremdet, aber unverkennbar – das großdeutsche »Von der Maas bis an die Memel« eingespielt, bevor der Macher und Moderator seinen ersten Auftritt hatte. Karl-Eduard von

Schnitzler deutet den gerade gesehenen Ausschnitt aus »Tagesschau«, »Kennzeichen D« oder Gerhard Löwenthals »ZDF-Magazin« als Beweis für Inhumanität, soziale Kälte, Verfall und Dekadenz auf der anderen Seite des Eisernen Vorhangs. Der Conferencier im kalten Medienkrieg brachte mit einem häufig als holzschnittartig empfundenen Blick nach drüben Zuschauer auf die Palme, die nach dem Ufa-Aperitif mehr zufällig am Empfänger ausgehalten hatten. Sie legten wert darauf, das Haar in fremder Suppe selbst zu finden, wozu es ihnen nach dem 3. Oktober 1990 (oder auch zuvor) nicht an Gelegenheit fehlen sollte. Am 30. Oktober 1989 jedoch wurde die Reißleine gezogen. Karl-Eduard von Schnitzler musste, gedrängt durch eine auf Läuterung und Selbsterhalt bedachte Belegschaft, nach vier Minuten und 23 Sekunden Sendezeit abmustern.

»Der ›Schwarze Kanal‹ ist verschwunden, zwei Kanäle sollen bleiben.« Die Dame *DFF* wollte nicht vom Brett, auch wenn dem König die Endlichkeit seines Daseins vor Augen stand. Der Staat DDR, dem dieses Fernsehen neben manch anderem sein ökonomisches Rückgrat verdankte, rüstete – an sich selbst müde geworden – unverkennbar zum Abschied.

Einiges sprach dafür, dass Adlershof verwaist und schutzlos, aber alles andere als lebensmüde zurückblieb. Das Ostfernsehen war mit sich und seiner inneren Einkehr noch nicht fertig, da wurde es schon wieder zum Getriebenen. Diesmal nicht autoritärer Obrigkeiten, sondern des intonierten Rufs nach »Deutschland, einig Vaterland«. Um auf den Punkt zu bringen, was das für den *Deutschen Fernsehfunk* bedeutete, bietet sich die Umkehrung eines Hölderlin-Verses an: Wo aber Rettendes ist, wächst die Gefahr auch.

Über ihren Medienpolitiker Bernd Neumann wurde die CDU-West nicht müde, unablässig zu verkünden, dass es sich beim Fernsehen aus Adlershof um eine Altlast des SED-Regimes handle, die dringend entsorgt werde müsse. Ein Verdikt, das zur materiellen Gewalt wurde, als sich die nach der Volkskammerwahl vom 18. März 1990 gebildete DDR-Regierung unter Lothar de Maizière (CDU-Ost) unter Bonner Fuchtel und im Sog eines beschleunigten Anschlusses der DDR wiederfand.

Ungeachtet dessen wurde in Adlershof nicht kapituliert. Vielmehr kristallisierten sich Überlebensstrategien heraus, um in einer gesamtdeutschen Fernsehlandschaft Fuß zu fassen.

Generalintendant Hans Bentzien – im Amt noch bis Juni 1990, bis ihn Ministerpräsident de Maizière absetzte – plädierte für einen dritten öffentlich-rechtlichen Fernsehkanal im fusionierten Deutschland neben *ARD* und *ZDF*. Ihm schwebte – in Anspielung auf den *WDR* – ein *Ostdeutscher Rundfunk* (ODR) vor. Oder ein Kanal »O 3«, getragen von den ostdeutschen Ländern. Bentzien hatte einen Werbevertrag mit der französischen Firma IP (Information et Publicité) unterschrieben, der den *DFF* finanziell entlastete, zu Investitionen befähigte und bis Jahresende 1991 band.

Auf die in Artikel 36 des Einigungsvertrages gesetzten Fristen hatte das Einfluss. Eine Vertragsstrafe riskieren wollte niemand, abgesehen davon, dass neue Sender ohnehin nicht vor dem 31. Dezember 1991 ihrer »Programmgewährleistungspflicht« würden nachkommen können.

Bentziens Nachfolger Michael Albrecht, im Amt von Juni 1990 bis Dezember 1991, ein Kameramann mit Sympathien für die DDR-Bürgerrechtsbewegung, versuchte eine Neuordnung des Fernsehens Ost durch die am 1. Juli 1990 gegründeten Landessender als Vorläufer eines föderalen Rundfunksystems im Osten. Dabei sollte das Fernsehzentrum in Adlershof als Produktions- und Serviceeinrichtung erhalten bleiben.

Die eine wie andere Agenda war aller Ehren wert, aber zum Scheitern verurteilt. Der Einigungsvertrag bot mit Artikel 36 genügend Handhabe, die aus der DDR kommenden Sendeanstalten von Fernsehen und Hörfunk restlos abzuwickeln, sprich: zu liquidieren.

Bei einem Streitgespräch auf dem Podium der damals noch existierenden Akademie der Künste Ost zwischen Tagesthemen-Moderator Hanns Joachim Friedrichs und Michael Albrecht Ende Juni 1991 ließ Letzter eine Bemerkung fallen, die mich aufhorchen ließ. Sie sei hier aus der Erinnerung zitiert.

Der *DFF*-Intendant resümierte, er sei bei den entscheidenden Verhandlungen zum Einigungsvertrag, als es um die Zukunft von Hörfunk und Fernsehen ging, den DDR-Unterhändlern bis nach Bonn nachgereist, um zu verhindern, dass dem Osten das gleiche ordnungspolitische Prinzip übergestülpt werden würde, wie es im Westen galt. Er meinte damit augenscheinlich auch, dass die Neuordnung von Fernsehen und Hörfunk ausschließlich als eine Sache der neuen Bundesländer betrieben wurde, die sich Mitte 1990 gerade erst zu formieren begannen, damit schwer beschäftigt waren und der Versuchung erliegen konnten, sich an vermeintlichen Erfolgen beim Umbau des Rundfunks schadlos zu halten.

Einen anderen Vorschlag zur Neuordnung unterbreitet der Publizist Günter Gaus, der zunächst zu den 18 Mitgliedern eines Rundfunkbeirates zählt, der laut Artikel 36, Absatz 4, ein Beratungs- und Mitwirkungsrecht gegenüber dem Rundfunkbeauftragen geltend machen konnte. Als Gaus im Juni 1991 dieses Gremium aus Protest gegen die Gebaren der CDU verließ, sich unablässig Machtenklaven im neuen Mediengefüge des Beitrittsgebietes zu sichern, hinterließ er seine Agenda für die mediale Neuordnung im Osten. Danach sollte jedes der fünf neuen Länder eine eigene, moderne Rundfunkanstalt erhalten und einen unkündbaren Staatsvertrag unterschreiben, um gemeinsame Produktionsstätten zu betreiben. So sollten die Kapazitäten und Arbeitsplätze in Adlershof gesichert werden. Zu diesem Vorschlag gehörte weiter die Option, dass diese fünf neuen Anstalten gemeinsam ein drittes Programm ausstrahlten. Zudem könnte es, so Gaus, die *ARD*-Alt als Vorbild begreifen, würden sämtliche Verwaltungsaufgaben von einer Einrichtung dieser fünf Anstalten erledigt werden.

Nur leider war es nach der Wiedervereinigung nicht üblich, dass die Alt-BRD von den neuen Bundesländern irgendetwas übernahm, was die anders machten.

Tränen-Party auf dem Turm

Bald nach seiner Amtsübernahme Ende Oktober 1990 forcierte Rudolf Mühlfenzl bei *DFF* und Hörfunk den Personalabbau. Tausende erhielten zum Jahresende die Kündigung, um allein in Adlershof die Zahl der Mitarbeiter auf unter 7.500 zu drücken. Gleichzeitig wurde eine Dienstanweisung erlassen, die es jedem unter Androhung sofortigen Rauswurfs untersagte, sich öffentlich über den eigenen Sender, denkbare Perspektiven oder eine mit Nachdruck betriebene Abwicklung zu äußern.

Parallel dazu wurden im Osten die Fernsehfrequenzen neu verteilt. Um dies gebührend zu zelebrieren, war für den 15. Dezember 1990 auf dem Ostberliner Fernsehturm eine »Umschaltparty« anberaumt worden, zu der auch ich geladen war, um in der respektablen Höhe von 370 Metern durch ein Kaltes Büfett und einen stets wechselnden Panoramablick für den Untergang des eigenen Programms entschädigt zu werden. Die Kuppel bewegte sich pro Stunde einmal um den Turm. Das hieß, wer sich die »Umschaltparty« antun wollte oder musste und das über Stunden hinweg, konnte fünf bis sechs Runden über Berlins vorweihnachtlich angehauchter Glitzercity drehen.

Selbstredend war der Schauplatz mit Bedacht gewählt. Der Fernsehturm taugte zum Hochstand über den Jagdgründen der deutsch-deutschen Medienwelt, die zur Schau stellte, was alles an Trophäen anfiel. Verteilt wurden diese wie üblich: Was der Westen wollte, das nahm er sich. So war es zweieinhalb Monate nach dem Untergang der DDR am 3. Oktober auch mit ihrer Fernsehherrlichkeit vorbei. Die Verteilung der Claims wurde zur Bescherung. Wofür der Einigungsvertrag genügend Handhabe bot, sodass Rudolf Mühlfenzl als Generalexekutor aus dem Vollen schöpfen und *ARD* wie *ZDF* mit zusätzlichen Sendefrequenzen, mit Einfluss, Jobs, Mehreinnahmen aus dem Gebührenaufkommen und der Werbung beglücken konnte.

Die *ARD* erhielt den Kanal zugesprochen, auf dem bis zu diesem 15. Dezember und damit 38 Jahre lang das Erste Programm des *Deutschen Fernsehfunks* ausgestrahlt worden war. Dessen Frequenz zu kassieren verhieß, mindestens 50 Prozent des Ostfernsehens eliminiert zu haben. Der Coup sicherte der *ARD* eine mehr als flächendeckende Präsenz im Osten. In der westlichen und mittleren DDR, wo das Programm schon immer zu empfangen war, konnte man es nun auf zwei Kanälen (!) sehen. Die bisher Unterversorgten im Lausitzer und sächsischen Revier fanden sich fortan »grundversorgt«.

Gegenüber dem *ZDF*, das im Vorfeld des Frequenz-Geschachers lauthals über Wettbewerbsverzerrungen klagte, hatte sich Mühlfenzl bereits am Tag vor der ersten gesamtdeutschen Bundestagswahl am 2. Dezember 1990 spendabel gezeigt. Die Anstalt konnte von diesem Tage an auf einer dritten, bis dato nicht genutzten Frequenz im Osten senden, sodass dem Mainzer Fernsehen Omnipräsenz von Graal-Müritz bis Zittau garantiert war. Was übrigblieb – die Frequenz von *DFF 2*, des zweiten Programms aus Adlershof –, wurde bei einer Gnadenfrist von maximal einem Jahr eine »DFF-Länderkette« zuerkannt, wie Mühlfenzl in Anspielung auf das föderale Naturell öffentlichen-rechtlichen Fernsehens West die Resteverwertung Ost nennen ließ.

Weil derartige Fischzüge eine gesamtdeutsche Optik brauchten, fand sich die »Turmparty« mit Personal aus dem *DFF* angereichert. Frei nach dem Motto: als Brüder und Schwestern wollen wir feiern, dass euch die Totenglocken läuten.

Bis es soweit war, durfte dank der großzügig in der Turmkuppel aufgereihten Monitore das laufende *ARD*-Programm bestaunt werden. Kurz vor dem Umschaltmoment fragte eine aufgeräumt plappernde *ARD*-Reporterin im »Kindchen, nun nimm es um Gotteswillen nicht so schwer«-Sound, wie denn gerade »die Stimmung« im Adlershofer Sendezentrum so ausfalle. Fühle man sich tieftraurig oder sei man »auch ein klein wenig froh« oder gar »todfroh«, wie sich Rudolf Mühlfenzl auszudrücken pflegte.

Die schwatzhaft Arglose geriet in Studio V an die letzte Programmansagerin für das Erste im *DFF*. Was sei das für ein Moment, wenn man gleich abgeschaltet werde, kurzes Bildrauschen, Schwarzblende – und dann peng, Schluss! Arbeitsamt oder Weiterbeschäftigung!

Der Kollegin versagte die Stimme, offenbar setzte ihr die Anspruchslosigkeit der Frage mehr zu, als sie verkraften konnte. Sie weinte, konnte nichts mehr sagen und wurde ausgeblendet.

Trotz des Crevetten-Cocktails, der Spargel-Spitzen und tranchierten Spanferkel in Aspik am Kalten Büffet weinten ein paar Adlershofer Partygäste mit. Aber was sollte man machen, die deutsche Fernseheinheit verlangte Opfer, sie konnte nicht wählerisch sein, sie durfte es nicht. Und bekam man nicht mehr, als man selbst gab?

Um 19.58 Uhr war es so weit: Die ARD »geht drauf«, der DFF war im Bruchteil einer Sekunde ein ganzes Programm los, die stürzende Tiefe des nächtlichen Fernsehturms wirkte plötzlich recht aufdringlich.

Nachdem es passiert war, wandelte die reich beschenkte *ARD*-Prominenz in würdevoll gespielter Teilnahmslosigkeit zwischen den Tischen auf dem Turm dahin, schwankende West-Ost-Brücken wurden selten betreten. Einsturzgefahr! Welch traumhafter Deal, allein für den *Sender Freies Berlin*, bis dato in zuverlässig provinzieller Manier kaum mehr als ein Stadtteilsender für Charlottenburg/Westend, aber über jeden Zweifel erhaben dank der Meriten aus dem Kalten Krieg. Der *SFB* würde zum Landessender Berlin aufsteigen und ganz Ostberlin als Gebührenzahler hinzugewinnen.

Was für die *ARD* noch wichtiger gewesen sein dürfte: Man konnte die Landesanstalten West mit ihren verkrusteten Proporz-Apparaten konservieren. *WDR, NDR, BR* oder *SDR* waren als Aufbaupaten Ost gefragt. Wer sollte es wagen, während einer wahrlich »historischen Transformation« deren Reformstau zu beklagen und dadurch womöglich die Ziele der »Herbstrevolution« zu verraten?

Die Dritten Programme im Westen wie die anstehenden Neugründungen im Osten, die Dreiländeranstalt *MDR* und der Brandenburger Miniatursender *ORB* – sie alle waren auf Vollzeit geeicht. Von der Grund- zur Überversorgung, koste es, was es wolle. Notfalls würde man als öffentlich-rechtliches System steigenden Finanzbedarf geltend machen, den Gebühren auf die Sprünge helfen und sich auf den Verfassungsauftrag berufen. Wer da nicht zur Wünschelrute griff und nach Finanzquellen suchte, der war selber schuld. Wen interessierte es schon, dass allein durch die *DFF*-Abwicklung Studiokapazitäten, Kameralager, Übertragungstechnik und sonstiges Equipment im Wert von geschätzt zwei Milliarden DM der Verschrottung entgegensahen?

Weil es den ideologisch dekontaminierten Neustart im Osten geben sollte, wurden Funkhäuser und Fernsehateliers nebst der gebotenen technischen Ausstattung auf die grüne Wiese gesetzt. Was mehr als 1,5 Milliarden DM an Investitionen verschlingten würde, anfallende Personal- und Produktionskosten nicht mitgerechnet.

Kurz vor Mitternacht plätscherte die »Turm- und Tränenparty« dahin wie der Wildbach am »Forellenhof«, dem einstigen *ARD*-Straßenfeger für die Schmachtfolklore der Vorruheständler am Sonntagnachmittag. *DFF*-Intendant Albrecht setzte sich zu den eigenen Leuten, um Trost und Zuversicht zu verbreiten. Das Fernsehen im Osten habe mit diesem Abend mehr gewonnen als verloren, man sei keine Fernsehkolonie, sondern Kooperationspartner, meinte er.

So viel gut gemeinte oder blinde Verklärung rief im Gedächtnis die Rubrik Erfahrenes und Erlebtes auf den

Plan. Im Februar 1990 redeten die *ARD-aktuell*-Chefredakteure Henning Röhl und Heiko Engelkes bei einem Besuch in Adlershof tatsächlich einer fairen, vorurteilsfreien Kooperation das Wort. Postwendend war *DFF*-Nachrichtenchef Klaus Schickhelm zur »Tagesschau« nach Hamburg gereist, wo die 20-Uhr-Sendung gar mit einem 45-Sekunden-Clip davon Notiz nahm und zeigte, wie Schickhelm auf dem Allerheiligsten – dem Sprecherplatz von Dagmar Berghoff – sitzen durfte.

Auf eine vielversprechende Annäherung folgte das mehr als eindeutige Abkanzeln, als mit der heraufziehenden Einheit die Zerschlagung von Hörfunk und Fernsehen der DDR als beschlossene Sache galt. Kein Jahr nach seinem Adlershof-Trip beeilte sich Röhl, die dortige Aktuell-Redaktion als »Verrat an den Zielen der Herbstrevolution von 1989« zu schmähen, obwohl sie mit der »Aktuellen Kamera« von einst und deren längst abgelöster Chefredaktion nichts mehr zu tun hatte.

Als die »Umschalt-Party« ausgestanden war, hatte auch der Fernsehturm überstanden, was ihm zugemutet worden war. In den nächsten Jahren sollte ringsherum die große Flurbereinigung einsetzen und die City Ost Stück für Stück verschwinden – das Palasthotel, das Außenministerium, das Restaurant »Ahornblatt« am Spittelmarkt, der Palast der Republik, das Haus der Gesundheit, das Stadion der Weltjugend. Aus, vorbei, nie wieder. Selbst der Fernsehturm verschwand jahrelang von allen Postkarten und Bildbänden.

Ferdi und die Filterzigarette

Eine eindrucksvolle Episode für das teils kafkaeske Gebaren des Rundfunkbeauftragten und seines Stabes war im Juni 1991 der Rauswurf des stellvertretenden Hörfunk-Intendanten Jörg Hildebrandt. Eine zeitgenössische Variante der zeitlosen Erfahrung, dass »Revolutionen« – ob sie den Namen nun verdienen oder nicht – ihrer Protagonisten irgendwann überdrüssig werden und sie fressen, als seien es deren nichtsnutzige Kinder.

Der »Fall Hildebrandt« eignet sich zum Anschauungsunterricht, um vorzuführen, wie die Abwickler West mit dem Personal Ost verfuhren, das mit dem Herbst 1989 in Erscheinung trat und Verantwortung übernahm, aber mittlerweile zum Störfaktor geworden war, dessen man sich gern entledigte. Besonders dann, wenn der Betreffende weiter auf Werte setzte, ohne die es den Umbruch in der DDR nicht gegeben hätte.

Der Verlagslektor Jörg Hildebrandt hatte im Frühherbst 1989 zusammen mit dem Kirchenhistoriker Wolfgang Ullmann die Bürgerrechtsorganisation »Demokratie jetzt!« gegründet. Bis dahin war er der Evangelischen Kirche zugetan, aber zu keiner Zeit Sympathisant oder Mitglied der CDU-Ost gewesen, jener willigen Blockpartei, die der SED stets zu Diensten war. Ende 1989 trieb Hildebrandt die Demokratisierung in den DDR-Medien voran und empfahl sich für die Leitung eines erneuerten Hörfunks.

Am 21. Mai 1991 war das alles Schall und Rauch, nichts zählte mehr, nichts ging mehr – Rudolf Mühlfenzl feuerte den in Ungnade Gefallenen fristlos. Hildebrandt hatte »zum dritten Mal in schwerwiegender Weise gegen seine dienstvertragliche Treuepflicht verstoßen«, stand im Kündigungsschreiben. Als einer, dem Anstand und Gewissen etwas bedeuteten, hatte sich Hildebrandt wiederholt gegen »Dienstanweisungen« verwahrt, die es Mitarbeitern des *DFF* wie des Hörfunks untersagten, sich öffentlich über ihre Anstalten zu äußern. Als Errungenschaft des »Wendeherbstes« gefeiert, war das Recht auf innerbetriebliche Meinungsfreiheit und demokratische Kontrolle von Führungspersonal unter Mühlfenzl als Anmaßung verschrieen. Wer sich darauf berief, landete schnell auf der Straße.

Jörg Hildebrandt blieb diese Erfahrung nicht erspart, als er an der Seriosität eines Umschulungsprogramms zweifelte, für das der Rundfunkbeauftragte nicht nur Gelder der Bundesanstalt für Arbeit ausgeben wollte, sondern einen CDU-Spezi wie den Ex-Bundestagsabgeordneten Ferdi Breidbach anheuerte, inzwischen PR-Manager des Tabakkonzerns Philip Morris. Der schritt forsch zur Tat, um sich bei einer Pressekonferenz in der Nalepastraße der Leuchtkraft eines Overheadprojektors, eines lindgrünen Glitzer-Sakkos wie der Botschaft anzuvertrauen: Masken- und Kostümbildner, Cutterinnen, Redakteure, Kameraleute oder Tonmeister der todgeweihten Medienhäuser Ost dürften auf ein erfülltes Dasein als Versicherungsvertreter, Reisekaufleute, Versicherungsagenten, Steuerberater oder Öffentlichkeitsarbeiter hoffen.

Zur Schmach von Abwicklung und drohender Arbeitslosigkeit gesellte sich also auch noch Hohn. »Damit wir alle gedanklich auf einem Level sind«, verkündete Breidbach zwischen zwei Zügen an einer Philip Morris Light American, das Beste für die »kritische Masse« der über 50-Jährigen herausholen zu wollen, aus denen sich »leider keine PR-Junior-Berater« mehr machen ließen. Zunächst seien Basics vonnöten, »die Vermittlung fremdsprachlicher Begriffe wie ›Recherche‹ und ›Rhetorik‹« zum Beispiel.

Der Landschaftspfleger West in der Bildungsbrache Ost mochte die Frage nicht, weshalb sich bei solch fescher Agenda bis dahin nur achtzig Ex-Mitarbeiter von Hörfunk und Fernsehen für seine »riesige Schule« mit Klassen à 25 erwärmt hatten. Dabei konnte Breidbach ideologisch vernagelten Ostjournalisten beibringen, was ein mit der Wirtschaft verwachsener Medienmacher brauchte, um als Lobbyist zu reüssieren. »Schnellkurse« von lediglich zwei Monaten Dauer sollte es für die Umschüler geben, was Skepsis und Misstrauen erst recht wachsen ließen.

Breidbach musste einräumen, es handle sich »um einen bedauerlichen Tippfehler«, sechs Monate seien gemeint. Wie ein solcher »Tippfehler« zum offiziellen Sprachgebrauch der Mühlfenzl-Entourage werden und in deren Informationsbulletins auftauchen konnte, blieb für immer ungeklärt.

In einem Brief an den Personalrat des Hörfunks vom 30. April 1991 nannte Jörg Hildebrandt das Umschulungsprogramm »eine vordergründige, nur auf öffentliche Beruhigung bedachte Maßnahme«. Dem »extra für diese Aufgabe angeforderten Berater Breidbach« fehle es an Fachwissen, stattdessen beabsichtige er, »persönlichen Gewinn zu erzielen«.

Im Stab Mühlfenzl, dem Bunkerneurosen mitten in Ostberlin nicht fremd waren, lagen prompt die Nerven blank, zumal die Personalräte des *DFF* beklagten, dass Breidbach mit ihrer Betriebsakademie weder kooperieren noch Verträge mit bereits tätigen Bildungsträgern verlängern wollte. Womit offenbar wurde, wie gerechtfertigt Hildebrandts Einwände und Einsprüche waren.

Dennoch musste er seinen Platz räumen, es galt, ein Exempel zu statuieren.

Scherbengericht zum Schluss

Was würde bleiben vom Fernsehen an der Peripherie Ostberlins, wenn es nicht mehr sendete? Ich fragte das Mitte Dezember 1991 den letzten, nunmehr scheidenden Intendanten Michael Albrecht in einem Interview, das für die zweistündige Chronik »Ostfernsehen« geführt wurde.

Den Rückblick als Bilanz und Bestandsaufnahme nahm die »Länderkette« am 29. und 30. Dezember 1991 ins Programm, damit Adlershof nicht allzu sang- und klanglose abdankte.

Dieses Fernsehen sei schon so etwas wie eine »Ideologiefabrik« gewesen, aber eben nicht nur das, meinte Albrecht, der sein Büro in wenigen Tagen für immer räumen musste. »Es wurde hier in Adlershof sehr viel Programm produziert. Es sind kulturelle Werte geschaffen worden, in Form von Filmen und Fernsehspielen, von Sendungen und Programmen. Ja, was wird davon bleiben? Auf jeden Fall ein großes Archiv – das ist, glaube ich, so etwas wie der Schmelztiegel der Leute, die hier irgendwann einmal gearbeitet haben. In diesem Archiv gibt es tolle Sendungen, die man immer wieder gern sehen wird. Und es gibt viel Böses, was man auch deutlich sagen muss. Wenn man ein klein wenig Abstand hat, vielleicht schon in zwei oder drei Jahren, wenn der Blick wieder etwas klarer sein wird, lässt sich das vermutlich erst richtig begreifen.«

Was Albrecht hoffte, erfüllte sich nicht. Dem *DFF* wurde auch posthum keinerlei Gerechtigkeit zuteil. Totgeschwiegene sind länger tot. Es sei denn, der Rückgriff auf Fernsehspiele, Unterhaltungskonserven und beliebte *DFF*-Serien wie »Polizeiruf 110«, »Zur See« oder »Rentner haben niemals Zeit«, mit denen Dritte Programme der *ARD* gratis ihre Sendezeit füllen, sind ein Eingeständnis.

Das letzte Live-Programm aus Adlershof ging am Abend des 31. Dezember 1991 über den Sender. Den Tag über entluden sich im einzig noch betriebenen Sendekomplex S 5A Frust und Empörung. Ein Sturm der Wut tobte durch die Gebäude von Nachrichtenredaktion und -studio. Die leeren Spulen Dutzender Videobänder knallten wie Bowlingkugeln an Türen und Wände oder gingen auf riskante Schussfahrt durchs Treppenhaus. Bandsalat lag herum. Man konnte hindurchwaten, lief aber Gefahr, sich in den Video-Lianen am Boden zu verfangen. Wie ausgeweidet lagen Teile des Archivs, des historischen Gedächtnisses einer Nachrichtensendung, herum, die jahrzehntelang als »Aktuelle Kamera« und seit 1990 als »Aktuell«, ausgestrahlt worden waren.

Als sich die Aufregung am frühen Abend etwas gelegt hatte, konnte auch die Nachrichtenabteilung ihren Abwicklungsschrott vorweisen, wie er sich sonst auf dem Fernsehgelände türmte – ausgeweidete Übertragungswagen, die Reste von Studio-und Büroinventar und Berge von Filmbüchsen. Wer hatte in S 5A randaliert? Waren es Techniker, Cutter, Dispatcher, zumeist jüngere Kollegen um die 30? Oder erboste Redakteure? Warum dieses Scherbengericht, das anmutete wie ein Tritt ins eigene Spiegelbild?

Vom Aufstand in den Fluren blieben auch die Wände nicht verschont. Was da in schwarzer und grellroter Farbe gepinselt stand, las sich als »AUS« und »RAUS« und »AUSVERKAUF«. Die Brust wurde eng vom Wort, das man nicht sagte. Locker die Arme vor Tatenzwang.

Ich gehörte hierher, hatte bis zum Schluss das »Spätjournal« moderiert und war gekommen, um wie alle, die sich das nicht ersparen wollten, Abschied zu nehmen von einem Dasein in Adlershof, das mehr war als ein Arbeitsleben.

Gut dreißig Jahre danach sind die Eindrücke jener Stunden zu flüchtigen Reminiszenzen geschmolzen, fast vergessen, zuverlässig verdrängt. Dem Gedächtnis auf die Sprünge zu helfen, kann heißen, einem Flash bedrängender Szenen ausgesetzt zu sein. Einmal aufgetaucht, sinken sie nicht so schnell wieder hinab ins Gewahrsam des schwer Auffindbaren.

Besser, man hält sich an die Tatsachen:

Am 31. Dezember 1991 waren die Abendnachrichten von 19.30 Uhr die letzte Livesendung des *Deutschen Fernsehfunks*, 19.55 Uhr folgte noch der Sport mit der Vorschau auf das Neujahrsskispringen in Garmisch-Partenkirchen, zum Schluss das Wetter. Was bis Mitternacht, bis zur Abschaltung, gesendet wurde, waren Aufzeichnungen. Das Neujahrsprogramm des Berliner Kabaretts »Die Distel«, dazwischen viel Tanz auf der Revuetreppe, passend zum letzten Tanz in Adlershof, und das Silvestervergnügen aus der Rostocker Hafenbar. Hatte Kuddeldaddeldu um Mitternacht ausgesorgt, dann auch das Ostfernsehen.

Rudolf Mühlfenzl ließ sich an jenem verregneten Silverstertag, als dem *DFF* die Stunde schlug, mit einer Filmklappe im Schoß fotografieren. Darauf stand: »DFF – die Letzte«.

Der Generalgouverneur für die Abwicklung des Ostfunks und der Ostfunker saß für dieses bemerkenswerte Motiv nicht an seinem Schreibtisch, sondern vor einer Monitorwand. Die Optik pendelte zwischen einem Anflug von Selbstironie und dem heftigen Geltungsbedürfnis des beuteverwöhnten Waidmanns. Während seiner fümfzehn Amtsmonate hatte sich Mühlfenzl zuweilen barmendem Selbstmitleid überlassen. Die Drecksarbeit eines Vollstreckers müsse er übernehmen, sich unablässig Feinde machen, Ächtung und Schmach ertragen. Nun aber war alles überstanden und das Werk vollbracht. Die allerletzte Klappe im Schoß bezeugt Tapferkeit vor dem Feind. Dem erlegten Wild einen Fuß auf den noch warmen Leib – das ist der Jäger Brauch. Und konnte sich nicht sehen lassen, was zur Strecke gebracht worden war, ein wenig grobschlächtig zwar, aber gründlich?

39 Jahre und zehn Tage, seit dem 21. Dezember 1952 wurde in Adlershof, später ebenso den Filialen Johannisthal (Fernsehspiel) und Grünau (Unterhaltung) Programm produziert. Dank des Werbevertrages mit der französischen Firma IP durfte das Ostfernsehen den verschollenen Staat um mehr als ein Jahr überleben. An den magischen vierzig Jahren fehlten elf Monate, als der Eiserne Vorhang fiel. Bis es soweit war, herrschte an Gnadengesuchen kein Mangel. Als eine Empfehlung galt der frappierende Akzeptanzsprung seit Herbst 1989. Die »Aktuelle Kamera« verzeichnet Einschaltquoten um die 30 bis 35 Prozent, mit dem Spitzenwert 62,6 am 8. Dezember 1989, als in der Nacht zuvor ein Sonderkongress der SED die Partei in SED-PDS umbenannte und Gregor Gysi zum neuen Vorsitzenden wählte. War die Zuschauerreaktion ein Beleg dafür, dass in der strauchelnden DDR eine sozialistische Partei noch kein Auslaufmodell war?

Wie die Messungen der GfK-Fernsehforschung in Nürnberg bestätigten, änderte sich am Zuspruch für das Adlershofer Programm über das Jahr 1990 hinweg nicht viel. Allein in den Wochen vor der Volkskammerwahl am 18. März gab es für die Nachrichtensendungen Einschaltquoten zwischen 28 und 42 Prozent, in absoluten

Zahlen 3,6 bis 5,5 Millionen Zuschauer. Auf eine ähnliche Resonanz stieß im I. Programm das erwähnte »Donnerstagsgespräch« mit einer Sehbeteiligung von im Schnitt von 29 Prozent (3,6 Millionen Zuschauer).

Diese und andere Sendeleistungen wurden mit schrumpfendem Personal erbracht, als Adlershof eine Entlassungswelle nach der anderen traf. Ende 1990 waren von den ehemals 10.000 Beschäftigten noch gut 7.000 geblieben, Mitte 1991 durften noch knapp 5.000 weiterarbeiten, im September 1991 erfolgte die Kündigung für die letzten 3.900 Kolleginnen und Kollegen zum 31. Dezember 1991.

Anfang 1991 stellten die Demoskopen von Infas & Partner den Ostdeutschen die Frage: Welche Fernsehstation bietet Ihnen die beste Orientierungshilfe, wenn sich Lebens- und Arbeitsverhältnisse so fundamental ändern, wie das gerade in Ihrem Umfeld passiert?

Dem *ZDF* bescheinigten das 15, der *ARD* 26 und dem *DFF* 29 Prozent. Ein Vertrauensbonus für Adlershof, der dem Sender nicht unbedingt zum Vorteil gereichte, weil sich darin eine mögliche mediale Gegenwehr andeutete, wenn das segensreiche Wirken der Treuhand im Osten zum industriellen Kahlschlag und zu Massenentlassungen führte. Pluralität zu proklamieren, bedeutete in der *ARD* bekanntlich nicht, sie auch zu praktizieren – wie sich das 2022 in einer durchweg uniformen Ukraine-Russland- oder China-Berichterstattung niederschlägt.

Gut vier Wochen nach der letzten Sendenacht zum 1. Januar 1992 war ich noch einmal in Adlershof, um für einen Dokumentarfilm über das nunmehr eingestellte »Spätjournal« interviewt zu werden. Am Einlass zum Sender war der rot-weiße Schlagbaum noch da und stellte seine Immunität gegen Systemwechsel aus. Der Aufruf, den »Schwarzen Kanal« zu schließen, damit die beiden Fernsehkanäle bitteschön blieben, war verschwunden. Wer weiß, wo er hing, konnte die vier Klebestellen an einer Säule zuordnen. Auf dem Parkplatz vor der »Wanne« mit der Sendeabwicklung links, dem einstigen Mitarbeiterbistro in der Mitte und der Nachrichtenredaktion wie dem Studio S 5A im rechten Seitenflügel war noch die Parkordnung markiert. »Aktuell«, »Programm« und »Sport« stand in weißer Farbe auf schwarzgrauem Asphalt. Leere Fenster blickten von oben herab auf die verwaiste Fläche, als wollten sie jeden Zweifel an der vorübergehenden oder immerwährenden Nutzlosigkeit von Bauten zerstreuen, die nach dem Sendestart des *DFF* Ende 1952 mit als erste errichtet worden waren.

Seinerzeit spielte im späteren Nachrichtenstudio das Fernsehtheater Lessing, Büchner und Brecht, Erwin Strittmatter und Max Frisch. Es gab noch keine Aufzeichnungen, nur Livesendungen mit allen Unwägbarkeiten, die sich durch den Umbau des Bühnenbildes, die Beleuchtungs- und Kostümwechsel wie auch eine Handvoll Zuschauer ergaben, denen man eine kleine Empore gebaut hatte. Zum Jahreswechsel 1952/53 las hier der Schauspieler Eduard von Winterstein aus Lessings »Nathan der Weise«. Getreu der Becher-Hymne mit ihrem »Deutschland, einig Vaterland« galt der frühen DDR die Einheit der Kulturnation als hohes Gut, was sich später änderte.

Inzwischen hatte ich die »Wanne« durchquert und stand vor einem Gebäudetrakt, in dem die Auslandsredaktion untergebracht war. Ringsherum lagen in Matsch und Neuschnee Schreibtische, Stühle, Sessel, Schränke, Regale und wieder jede Menge Filmbüchsen. Offenbar hatte ein Räumkommando seine Runde und kurzen Prozess gemacht. Auch beim Umgang mit Volksvermögen im Osten galt das Prinzip: Nichts darf bleiben, wie es war.

In der Senderegie des einstigen Nachrichtenstudios waren die Pulte für den Ton- und Bildschnitt bereits ausgeschlachtet. Die verbliebenen Aussparungen wirkten wie Laubsäge-Arbeiten in Holz und Furnier. Allein die Tasten der Telefone leuchteten erstaunlicherweise weiterhin einsatzbereit. Über den Monitoren, auf denen einst die Vorschaubilder der Bandmaschinen, zugeschalteter Korrespondenten oder des internationalen News-Austauschs anlagen, rückte der Sekundenzeiger einer Wanduhr lautlos, aber beharrlich über das Ziffernblatt. So viel wurde angehalten und abgeschaltet, die Zeit nicht.

* *Lutz Herden, Jahrgang 1953, war Korrespondent und Redakteur beim* Deutschen Fernsehfunk, *ab 1990 Leiter der Hauptabteilung Nachrichten und Journale. Später arbeitete er von 1996 bis 2008 als Redaktionsleiter Politik der Wochenzeitung* Freitag, *die 1990 aus dem* Sonntag *(DDR) und der* Volkszeitung *(BRD) hervorgegangen war, und bei der er bis heute tätig ist.*

Die innere Einheit. Ein Lehrstück aus dem ZDF

*Von Wolfgang Herles**

I. Skepsis als Beruf

Es geht in diesem Beitrag nicht um die Abwicklung des DDR-Fernsehens, sondern um die Abwicklung journalistischer Grundsätze im Westen unter dem Vorwand, damit der »inneren Einheit zu dienen. Dieser Erfahrungsbericht handelt von den Mechanismen des Niedergangs journalistischer Kultur. Die Erinnerung daran wäre nicht viel wert, ginge es nicht um die Deformation, die den öffentlich-rechtlichen Rundfunk seither in eine existentielle Krise geführt hat. Ohne das Wissen um deren Ursachen ist Reform nicht möglich. Also handelt es sich um ein Lehrstück.

Nicht nur undemokratische Regime verfolgen Andersdenkende als Abweichler. Damals, als es um die »Einheit« ging, gab es das auch im Westen, wenn auch nicht ganz so existenzgefährdend wie zuvor in der DDR. Mundtot gemacht werden konnte man auch, nur die Methoden waren andere.

Wer sich heute dem Mainstream zu verweigern wagt, handelt sich spielend leicht Unannehmlichkeiten ein. Von Corona bis zum Klimawandel: Der Diskurs über

Sinn und Unsinn von Gegenmaßnahmen ist nicht wirklich offen und frei. An der gestörten Kommunikation haben die Medien ihren Anteil. Von Journalisten wird erwartet, sich in den Dienst des Wahren, Guten, Schönen, Richtigen und Notwendigen zu stellen. Aber das darf nicht bedeuten, das Angesagte für alternativlos zu halten. Die gerade mehrheitlich gewünschte Haltung lauthals zu begrüßen, ist nicht Aufgabe kritischer Journalisten. Und die, die nicht kritisch sein wollen oder können, sind keine Journalisten sondern Lautsprecher. Wer schwerwiegende, die Freiheit einschränkende Verbote und Gebote anordnet, braucht triftige, belegbare, nach allen Regeln der Wissenschaft verifizierte und falsifizierte Gründe. Es genügt nicht zu behaupten, man stehe auf der Seite der Mehrheit oder der Geschichte oder meinetwegen der Moral. Aber genau das geschieht. Das Retten des Klimas sei wichtiger als die Einhaltung der Demokratie, heißt es dann. Oder: Wenn es in einer Pandemie um Leben und Tod geht, sei die individuelle Freiheit nicht mehr das höchste Gut.

So ähnlich wurde auch argumentiert, als die DDR zusammenbrach und das »Glück der Geschichte« die Zeitgenossen berauschte, gerade auch im Westen. Die »Wiedervereinigung« galt als alternativlos, moralisch und politisch bezwingend. Diesem Ziel wurden alle anderen Gesichtspunkte unterworfen. Das Herz schlug den Kopf, das Gefühl die Vernunft aus dem Feld. Schluss der Debatte, ehe sie überhaupt begann. Damit wurden auch vermeidbare Fehler des schwierigen Prozesses als zu vernachlässigbar abgetan. Beinahe war man stolz darauf, Kollateralschäden zu ignorieren. Deutsche Einheit über alles.

Damit geriet die einfachste, grundlegende Regel des politischen Journalismus ins Hintertreffen. Der berühmte Satz des *ZDF*-Kollegen Hans Joachim Friedrichs war suspendiert: Ein guter Journalist zu sein, bedeutet »Distanz halten, sich nicht gemein machen mit einer Sache, auch nicht mit einer guten, nicht in öffentliche Betroffenheit versinken, im Umgang mit Katastrophen cool bleiben, ohne kalt zu sein«.

Wobei ohnehin nicht immer einfach zu erkennen ist, was an einer Sache gut sein soll. Wer bestimmt das? Die Regierung, die Mehrheit? Der Chefredakteur?

Was ist schlimmer: Der einsame Tod unter Kontaktsperre oder das Risiko, sich an einer lebensgefährlichen Krankheit anzustecken? Wer wollte das autoritär entscheiden, was doch nur jedes Individuum für sich selbst befinden kann? Die schweren sozialen, psychologischen, kulturellen und ökonomischen Kollateralschäden der Coronamaßnahmen wurden weitgehend ausgeblendet, ebenso wie die Folgen der »Privatisierung« der DDR.

Um jede Sache von Bedeutung und großer Komplexität müsste gestritten werden. Doch wer streitet, ist hierzulande schnell umstritten. Geschlossenheit gilt in Deutschlands Konsensgesellschaft als Bürgerpflicht, als Tugend, gar als Staatsräson, gerade in schwierigen Zeiten. In Wahrheit jedoch widerspricht Geschlossenheit dem Wesen der offenen Gesellschaft. Das betrifft auch scheinbar eindeutig Notwendiges wie die Willkommenskultur, die Energiewende, die Impfpflicht oder die Militärhilfe für die Ukraine.

Der Moralist streitet nicht gern, denn er hat Recht. Das ist zwar nicht demokratisch, aber Moral ist nun mal nicht verhandelbar.

Deshalb lassen sich Journalisten, die sich der Moral verpflichtet fühlen, einspannen. Sie wollen nicht in Frage stellen oder wagen es nicht, infrage zu stellen, und sei es nur deshalb, weil sie nicht in die falsche Gesellschaft gerückt werden möchten, oder weil es unbequem ist, sich seiner eigenen Gedanken – falls vorhanden – zu bedienen. Aufgeklärt (im Sinne Kants) zu sein, strengt furchtbar an und überfordert schnell. Einfacher ist es, sich unterzuhaken, im Gleichschritt zu marschieren. Ob in braunem, roten oder grünem Kostüm ist vor allem eine Frage des Zeitgeists.

Weniger polemisch, dafür etwas pathetischer formuliert: Der größte Feind der Freiheit ist der Konformismus. Immer wenn von »Fliehkräften der Gesellschaft« oder von »Spaltung« die Rede ist, wird Einheitlichkeit im Denken und erst Recht Einigkeit als oberster Wert beschworen, die steht ja sogar in der Nationalhymne. Dann aber sollte man erst recht hellhörig werden, besonders als Journalist, ob es allgemein um Einheitlichkeit in öffentlichen Angelegenheiten geht oder um die deutsche Einheit im Besonderen.

Natürlich ist auch Patriotismus ein Einheitswert. »Ohne Patriotismus«, sagte zum Beispiel der grüne Ministerpräsident Baden-Württembergs Winfried Kretschmann, wäre die »Gasnotlage« nicht zu bewältigen. Das klingt komisch. Aber es ist klar, was er meint. Patriotismus ist eine Moralsauce, die über das Unvermögen der Politik gegossen wird. Ausgerechnet die Grünen, die Partei, die von Patriotismus nie viel gehalten hat, will sich in der Not des eigenen Unvermögens von Patriotismus retten lassen. Es ist ein Offenbarungseid.

Nun ist Patriotismus in der Geschichte immer wieder als Mittel der Disziplinierung ausgerufen und missbraucht worden. Auch heute verstehen gewählte Amtsträger unter Patriotismus gern das gehorsame Akzeptieren des Regierungskurses. Es sind immer nur die Mächtigen, die zu Patriotismus und Geschlossenheit auffordern. Das ist unter der grünen Flagge der Klimapropheten nicht anders. Wer ihnen folgt, ist Patriot, behaupten diejenigen, die zur großen Transformation antreten lassen. Andersdenkende werden zu Staatsfeinden deklariert. Gern heißt es dann, man dürfe sich nicht »auseinanderdividieren« lassen. Die Spalter sind immer die anderen, nämlich die, die nicht einsehen, nicht zahlen und dazu nicht auch noch nicken wollen.

Dass sich auch die meisten Medien auf Linie bringen lassen, ist in der Bundesrepublik ein relativ neues Phänomen. Nicht zuletzt die staatsnahen, gebührenfinanzierten öffentlich-rechtlichen Anstalten sind dafür leicht zu haben. Während der Coronajahre waren die Sender penetrante Volkserzieher. Keine Nachrichtensendung, kaum eineTalkshow, in der nicht die Angstkeule geschwungen, das Publikum mit umstrittenen Statistiken drangsaliert und immer denselben fragwürdigen Experten überlassen wurde.

In Deutschland wird der Skeptiker – der Impfskeptiker, der Klimaskeptiker und eben damals der Einheitsskeptiker – gleichgesetzt mit dem Leugner – dem Coronaleugner, dem Klimawandelleugner, und einst dem Gegner des DDR-Beitritts. Das ist natürlich Unsinn. Skepsis, eine demokratische Urtugend, wird hierzulande schnell diskreditiert. Gute Journalisten aber sind Skeptiker von Beruf. Zweifellos gehört es nicht zum Programmauftrag, die Nudging-Agenda einer verwirrten Obrigkeit zu unterstützen.

Regierungspolitik grundsätzlich in Frage zu stellen, auch den Andersdenkenden eine Stimme zu geben, ist der wichtigste Auftrag der Medien in einer freien Gesellschaft.

II. Der Anschluss

Auch nach dem Fall der Berliner Mauer galten im öffentlich-rechtlichen Fernsehen plötzlich nicht mehr die Maßstäbe unabhängiger Berichterstattung – auf die man in der Systemkonkurrenz zur DDR zuvor doch so stolz gewesen war. Es galt nur noch der vermeintlich patriotische Konsens.

Welch ein Paradox: Während sich die DDR quasi auf Kommando zur offenen Gesellschaft wandeln sollte, wurde im Westen die Offenheit des Diskurses suspendiert. Alternativen zum schnellstmöglichen Beitritt der DDR sollten nicht einmal diskutiert werden dürfen. Kritik an der Beitrittspolitik war unerwünscht. Alles galt nur noch einem einzigen Ziel: der schnellstmöglichen »Wiedervereinigung« der Brüder und Schwestern hüben und drüben. Umarmung statt vorsichtige Annäherung. Es war nicht opportun, darauf hinzuweisen, dass das Umarmen mit Erdrücken enden könnte.

Damit begann die Krise des politischen Journalismus in Westdeutschland. Jedenfalls habe ich diesen Kollateralschaden der »friedlichen Revolution« so erlebt. Die historische Zäsur beobachtete ich damals buchstäblich aus nächster Nähe im Schatten des »Kanzlers der Einheit«. Mich dort aufzuhalten war mein Job als Leiter des Bonner *ZDF*-Studios. Heute würde man dazu Hauptstadtstudio sagen. Aber in jenen goldenen Jahren der Bonner Republik gab es keine Hauptstadt, und niemand vermisste sie.

Zu meinem Job ist zu sagen, dass es zwei Aufgaben waren, die sich nicht gut miteinander vereinbaren ließen. Die erste, wichtigere, wie ich in meinem jugendlichen Elan glaubte, bestand darin, die Politik der Regierung zu beobachten, zu beschreiben, einzuordnen und zu kommentieren, sowohl in den täglichen Nachrichtensendungen *heute* und *heute-journal* als auch im wöchentlichen Magazin *Bonn direkt*, das ich nach meinem Start in Bonn 1987 entwickelt hatte.

Die andere Aufgabe bestand darin, das *ZDF* am Hofe des Herrn zu vertreten. Mir war das zunächst nicht ganz klar. Mein Intendant, den Eindruck musste ich gewinnen, hasste Bonn und verachtete Kanzler Kohl. Er hatte Angst vor ihm. Ich kann nicht behaupten, dass er mich nicht gewarnt hätte. Seine Ermahnungen waren für meine arglosen Ohren allerdings zu subtil. In meinen Tagebüchern hielt ich den folgenden und noch viele andere Sätze wörtlich fest: »Sie sind übrigens von keiner Partei vorgeschlagen worden.«

Ich hielt das für ein Kompliment. Es war aber keines. Im Klartext hieß das: Sie sind nicht die Regel, Sie stehen unter Verdacht. Am besten überzeugen Sie den Kanzler schnell von ihrer Zuverlässigkeit. Der Intendant fügte hinzu: »Sie sind für das *ZDF* so wichtig wie der Chefredakteur, nur schlechter bezahlt.«

Für meine Zukunft schien also gesorgt. Falls ich das einigermaßen durchstand. Aber dann fiel die Mauer.

Zur Situation: Kanzler Kohl war in diesem Moment noch nicht »Kanzler der Einheit« sondern »Birne«. Auch deshalb war Argwohn zu seiner zweiten Natur geworden. Er teilte Personen in seinem Gesichtsfeld in drei Kategorien ein: nützt mir, schadet mir, ist mir egal.

Die Schadet-mir-Schublade war voll von Leuten, die sich von ihm nicht als Servicepersonal benutzen ließen. Für die Nutzt-mir-Schublade vorgesehen, war ich schon vor dem Mauerfall in der Schadet-mir-Schublade gelandet. Kohl verstand nicht, dass sich ein doch eher liberal-konservativer Journalist nicht automatisch von ihm einspannen ließ und auf seine Gunst verzichten zu können glaubte. Das war er nicht gewöhnt.

In der Debatte um die Parteinähe von Journalisten im öffentlich-rechtlichen Rundfunk kommt dieser Gesichtspunkt zu kurz. Es ist ein großer Unterschied, ob ein Journalist gewisse Grundüberzeugungen teilt oder sich von einer Partei oder einem Politiker instrumentalisieren lässt.

Kohl konnte das nicht auseinanderhalten, weil er wie viele Mächtige nicht zwischen sich und der Sache zu unterscheiden vermochte. Und mir wiederum mangelte es grundsätzlich an Verehrungskraft.

Kohl hatte im Sommer 1989, nach bald acht Jahren im Amt, regelrecht abgewirtschaftet. Auf dem Bremer Parteitag scheiterte sein Sturz, betrieben von einigen eigenständigen Köpfen in der CDU, wie es sie heute kaum noch gibt: Lothar Späth, Heiner Geißler, Rita Süssmuth, Kurt Biedenkopf, Ernst Albrecht. Als kurz danach die Mauer fiel, begriff Kohl sofort: Das war seine Rettung. Die nun rasant einsetzende, von ihm selbst entscheidend betriebene Entwicklung war nicht mehr zu bremsen, Kohl lenkte die Sturzflut der Ereignisse ungeniert auf seine machtpolitischen Mühlen. Er ergriff resolut den Zipfel des Mantels der Geschichte, wie man damals gern formulierte, um noch zweimal, für insgesamt weitere acht Jahre, gewählt zu werden. Endlich sah sich der CDU-Politiker als großer Staatsmann vom Schlage eines Bismarck.

Im März 1990 stand die erste und letzte demokratische Wahl zur Volkskammer an. Obwohl die DDR noch ein eigenständiger Staat war, mischten sich die westdeutschen Parteien organisatorisch wie inhaltlich in den Wahlkampf ein. Lothar de Maizière, Spitzenkandidat der »Allianz für Deutschland«, wurde von Kohl als seine Marionette auserkoren und auch so behandelt. Die Demoskopen schlugen Alarm, denn zunächst sah es so aus, als läge die SPD vorn. Das durfte nicht sein. Kohl saß doch auf der Kohle, nicht die »Sozen«. Die

Ossis kaufe ich mir, war wohl sein erster Gedanke. Es wurde der größte Stimmenkauf in der Geschichte der Demokratie, Währungsunion genannt. Bundesbankpräsident Pöhl trat aus Protest zurück, aber das ging medial so gut wie unter. Ökonomische Vernunft zählte nicht mehr viel.

Dieses Muster setzte sich später fort, etwa bei der Einführung des Euro. Ohne die ökonomischen Voraussetzungen zu erfüllen, wurden Länder wie Griechenland aus rein politischen Gründen in den Währungsverbund aufgenommen. In der daraus resultierenden voraussehbaren Krise verkündete Kanzlerin Merkel alternativlos: »Scheitert der Euro, scheitert Europa.« Ende der Debatte. Die meisten Medien kuschten. Wie schon 1990. Damals wurde auf vielen Demonstrationen behauptet: »Kommt die D-Mark, bleiben wir. Kommt sie nicht, gehn wir zu ihr.«

Kohl hörte das gern. Widerspruch zwecklos. Zu früh, zu schnell, zu einem allein politisch motivierten, aber nicht ökonomisch vertretbaren Umtauschkurs, verlor die DDR-Wirtschaft ihre Märkte, und alsbald wurde ihr endgültig der Saft abgedreht. Die DDR-Bürger hatten nicht mehr die geringste Chance, mit der errungenen Freiheit etwas Eigenständiges anzufangen. Alles war von nun an auf Anschluss programmiert. Der »Beitritt« folgte bereits im Oktober. Was kaum jemand zur Kenntnis nahm: Nicht nur der DDR, auch der Bonner Republik schlug damit sang- und klanglos das letzte Stündlein.

Mir ist heute natürlich klar, dass dies nicht ganz der offiziellen Version der historischen Ereignisse entspricht. Offiziell geht die Geschichte so: Die Deutschen beider Staaten wünschten sich nichts sehnlicher als die Einheit. Einheit über alles, über alles in einer Welt, die endlich nicht mehr in zwei politische Hemisphären geteilt war. Das Unrecht der Teilung war beendet. Also Ende der Geschichte.

Darüber hätte sich gut und gern streiten lassen. Aber dieser Streit fand nicht statt. Wer die Sache reflektieren, hinterfragen und wägen, sich gar nach dem Preis der Einheit erkundigen wollte, oder wer grundsätzlich anders dachte, und das waren im Westen nicht wenige, vor allem jüngere Bundesbürger, hielt besser den Mund.

Einheitsskeptiker wurden damals als links diffamiert. Heute dagegen werden diejenigen, die dem Ausstieg aus der Kernenergie, der islamischen Parallelgesellschaft oder dem Dauerimpfen gegen Covid skeptisch gegenüber stehen, rechts einsortiert. Unter dem Vorwurf »Delegitimation des Staates« erfährt die gute alte Majestätsbeleidigung fröhliche Urständ, und der Verfassungsschutz beginnt sich zu interessieren. Das alles, es ist ein Treppenwitz, unter der Flagge der FDGO.

III. Einheit statt Freiheit

In diesem Umfeld tanzten ich und die Kollegen meiner Redaktion aus der Reihe. Kohl im unerwarteten Höhenflug konnte erstens nicht begreifen, dass sich ausgerechnet in »seinem« Sender, auch noch im nicht ganz unwichtigen Bonner Studio, jemand erdreistete, die historische Wucht der Ereignisse kühl und kritisch zu betrachten.

Zweitens benötigte das Zweite einen neuen Staatsvertrag, weil die ostdeutschen Bundesländer hinzukamen. Dies war der medienpolitische Hebel, mit dem Kohl das ZDF unter Druck setzte. Auch die neuen Bundesländer sollten dem Sender gewogen sein. Inständig bat der Intendant um »Berücksichtigung meiner repräsentativen Pflichten im medienpolitischen Kontext«. Einen Bonner Studioleiter, der sich vor allem als neutraler Berichterstatter und Kommentator verstand, konnte er jetzt nicht brauchen. Er verglich meine Verantwortung mit seiner eigenen. Er dürfe auch nicht alles sagen. Aber ich verstand mich nicht als Funktionär des Senders.

Drittens befand sich das ganze Land in einem Gefühlsrausch. Nicht nur im Fernsehen, nicht nur im *ZDF* tobte ein Sturm nationaler Begeisterung, der Journalisten blind machte für Fragwürdigkeiten und Fehler der Vereinigungspolitik. Im *ZDF* galt außerdem das Mantra: Wir sind die einzige »nationale« Anstalt. Dic Tatsache, dass das *ZDF* anders als die Rundfunkanstalten der einzelnen Länder eine bundesweite, zentrale Anstalt ist, wurde bewusst falsch interpretiert. Die Leitung der Anstalt leitete daraus fälschlich den Auftrag ab, der »nationalen Sache« dienen zu müssen.

Damit gab der Sender seine journalistischen Maßstäbe gewissermaßen an der Garderobe der Geschichte ab. Er wurde zum Propagandisten der sogenannten »inneren Einheit«. So kam es, dass neben der offiziellen, quasi regierungsamtlichen Version der historischen Ereignisse keine andere erlaubt war. Schon gar nicht dem Chefkorrespondenten des staatsnahen Senders *ZDF* in Bonn.

Dessen, also mein Abschuss geschah just in jenem Augenblick, als das Land voller Stolz und Selbstüberschätzung dabei war, sich zum »besten Deutschland, das es jemals gegeben hat«, so Bundespräsident Steinmeier Jahre später, aufzuschwingen.

Nun, besser ist dieses Land seit der Wiedervereinigung gewiss nicht geworden.

So wie damals offensichtlich jedem der Verstand abgesprochen wurde, der nicht die »Wiedervereinigung« lauthals begrüßte, so ist es heute die »Klimagerechtigkeit«, der sich jede energiepolitische Alternative widerstandslos zu beugen hat. Oder es ist die Pandemie, in der selbst rigorose Maßnahmen hirnloser Politik unvermeidlich erschienen.

Die Mechanismen sind die gleichen wie damals. Emotionen übernehmen die Macht, Emotionen garantieren die Zustimmung der Bürger, gute Quoten und gutes Gewissen.

Das ist der Hauptgrund, weshalb es heute an Meinungsvielfalt mangelt. Und so kommt es, dass sich immer wieder *ARD* und *ZDF* als Sprachrohre der Parteien erweisen, von denen sie abhängig sind.

Es wurde damals von meinen Kollegen und mir erwartet, in den patriotischen Singsang einzustimmen. Wer nicht mitjubelte, setzte sich ins Abseits. Über die Bildschirme brandeten die Gefühlswogen, während den wenigen, die sich um kritische Berichterstattung bemühten, aufgefordert wurden, doch bitte der »Versachlichung komplexer Zusammenhänge« zu dienen. Es war genau andersherum.

Ein Beispiel: Als Ende 1989 der letzte DDR-Ministerpräsident aus den Reihen der SED, Hans Modrow, in Bonn von der Bundesrepublik die bedingungslose Übernahme sämtlicher DDR-Schulden verlangte, machte ich gegenüber meinem zufällig anwesenden Intendanten eine halbwegs kritische Bemerkung. Ich meinte, so einfach ginge es denn wohl nicht.

Seine Antwort blieb mir unvergesslich: »Aber Herr Modrow ist doch ein deutscher Patriot!« Dieser Einwand wischte alle Sachargumente vom Tisch.

Wenn die Fahnen wehen, rutscht der Verstand in die Trompete, lautet ein ukrainisches Sprichwort.

Nicht nur das *ZDF*, so gut wie alle westdeutschen Medien fielen in dieser entscheidenden Zeit zwischen Mauerfall und Beitritt als kritische Instanz nahezu komplett aus. Nur wenige Kollegen wie der damalige *WDR*-Intendant Fritz Pleitgen gaben das später wenigstens zu.

Über das Geschehen in den neuen Ländern, über die doch auch negativen Folgen der raschen Währungsunion, sollte im *ZDF* nicht mehr mit der nötigen Akribie berichtet werden. Kritik an der Beitrittspolitik war unerwünscht. Das betraf auch die Neuordnung der Medienlandschaft nach der Maxime: Vereinheitlichung statt konkurrierende Vielfalt.

Es herrschte der Primat der »inneren« Einheit. Unterschiedliche Mentalitäten und Erfahrungen im Osten wie im Westen wurden ignoriert und unterschätzt. Es wurde den Bundesrepublikanern im Westen auch abverlangt, endlich einzusehen, dass sie bisher in einem bedauerlichen Rumpfstaat gelebt hatten. Dass die Bonner Republik kein Nationalstaat gewesen war, sollte nun ein Nachteil gewesen sein. Man wollte in der bislang erfolgreichsten Demokratie auf deutschem Boden nur noch ein bloßes Provisorium und Transitorium erkennen, das ebenfalls schnellstmöglich der Einheit geopfert werden sollte. »Verfassungspatrioten« waren nun plötzlich vaterlandslose Gesellen. Zumal wenn sie wie auch ich zu spüren glaubten, dass in gewisser Hinsicht Einheit mit Freiheit verrechnet werden sollte. Diese Tendenz hat sich bis heute fortgesetzt. Der gelenkte und dadurch verdorbene Diskurs bürgerte sich ein.

Der Zusammenschluss der beiden deutschen Staaten litt von vornherein an Überforderung, an zu viel »Einheit« im Sinne von Gleichmacherei. Heute dominiert wieder der Primat der »inneren Einheit«, eben nur auf anderen Gebieten.

Im Gleichschritt Marsch: Das ganze Elend der deutschen Geschichte wird in diesen drei Worten erkennbar. Der »Abweichler« ist immer das Feindbild. Der »Querdenker« ist im Ansehen gesunken. Einst linkes Vorbild, gilt er eher leicht als rechter Quertreiber. Die Deutschen lieben es, sich in einer Gemeinschaft wieder zu erkennen. Das große WIR ist angesagt, das ICH als Hauptinstanz der Freiheit im Verschiss. Dies ist die ideologische Basis von Staatstreue und Unterwürfigkeit unter jede Form von Obrigkeit.

Der Geschlossenheitskult erfuhr in der Phase der Fusion der beiden Staaten einen außerordentlichen

Boom. Die nationale Seele verlangte nicht nur eine staatlicher Vereinigung, sondern auch gleich noch nach Angleichung im Denken. Das juste Milieu wollte nicht wahrhaben, dass die in Jahrzehnten erworbenen und verfestigten unterschiedlichen Mentalitäten weiterbestanden und beständiger waren als die Staatsform der DDR. Es war und ist ein irriger Gedanke, solche Divergenzen spielten angesichts der gemeinsamen Vorgeschichte keine große Rolle und könnten willentlich beseitigt werden.

Ein weiteres, sehr deutsches Phänomen im Osten wie im Westen ist die Harmoniebedürftigkeit der Bürger. Politischer Streit ist unerwünscht. Dahinter steckt das biedermeierliche Verständnis, politisch Lied sei garstig Lied. Der Bürger will von Politik nicht behelligt, belästigt, irritiert und gestört werden. Ruhe gilt als erste Bürgerpflicht, auch heute, da es um fragwürdige Energiepolitik, falsche Coronamaßnahmen, fehlerhafte Infrastruktur und zunehmenden Bildungsnotstand geht.

Es ist jedoch nicht Aufgabe von Journalisten, der Harmoniesucht zu dienen. Genau dies geschieht, wenn demoskopisch erhobene Mehrheitsmeinungen präferiert und Regierungspositionen propagiert werden, wozu gerade die öffentlich rechtlichen Medien neigen. Auch in dieser Bequemlichkeit zeigt sich ihre Staatsnähe. Die Zwangsgebühr als »Demokratieabgabe« zu definieren ist schon deshalb ein dreistes Unterfangen. Demokratiebehinderungsabgabe wäre präziser.

Ich verstand meine Aufgabe als Bonner Korrespondent grundsätzlich nicht darin, die Zuschauer von den

Vorzügen der politischen Ordnung zu überzeugen. Das sah der Intendant anders. Nach seiner Auffassung unterschied sich meine Arbeit als Studioleiter am Regierungssitz grundsätzlich von der Arbeit der Korrespondenten großer Tages- und Wochenblätter. Im Gegensatz zu diesen sei ich nicht frei in der Beurteilung der Regierung, hätte Rücksicht zu nehmen auf die Interessen meines Senders. Anders als die Kollegen vom *Spiegel* und von der *Süddeutschen Zeitung* hätte ich auch die Interessen der Parteien zu berücksichtigen.

Meine Vorstellung von innerer Pressefreiheit war eine andere. Ich glaubte sogar, als Redakteur einer öffentlich-rechtlichen Anstalt wäre ich im Vorteil gegenüber den privatwirtschaftlichen Kollegen. Denn deren Verleger genossen Tendenzschutz, also das Recht, die politische Richtung ihrer Zeitung oder ihres Senders festzulegen und ihre Angestellten darauf zu verpflichten. Das wurde nur deshalb selten zum Problem, weil die sich in der Regel das Medium aussuchten, das zu ihnen passte.

In den den theoretisch überparteilichen, nichtstaatlichen öffentlich-rechtlichen Medien dagegen produzierten Journalisten unterschiedlicher Couleur ein insgesamt ausgewogenes Programm, welches das ganze Meinungsspektrum spiegelte. Es gab rechte und linke Journalisten und solche, die sich überhaupt nicht vorschreiben ließen, was sie zu denken hatten. Die Zusammensetzung der Redaktionen unterschied sich, je nachdem, ob der Sender zu einem schwarz oder rot regierten Land gehörten. Der *Bayerische Rundfunk* war schwarz, *WDR* und *NDR* galten als »Rotfunk«.

Vor der Wende war das Westfernsehen durchaus nicht mustergültig unabhängig. Die Parteien hatten sich *ARD* und *ZDF* ungeniert zur Beute gemacht. Trotzdem war die Lage eine andere als heute. Es gab linke und rechte Magazine und Dokumentationen, die provozierten und damit den Diskurs belebten. In den heroischen Zeiten des öffentlich-rechtlichen Monopols wurde zwar weit weniger Programm produziert, doch wesentlich mehr Meinungsvielfalt.

In der Ära Merkel schliffen sich die parteipolitischen Unterschiede ab. Alle Parteien im Bundestag, abgesehen von der AfD, begannen mehr oder weniger dem grünen Mainstream zu folgen. Wie Umfragen belegen, teilt die große Mehrheit der Mitarbeiter der *ARD* ein grünes Weltbild. Das dürfte beim *ZDF* nicht anders sein. Das haben auch seine bisher stets unter schwarzen Segeln fahrenden Intendanten nicht verhindert. Der Mainstream fließt zwischen hohen, grün lackierten Leitplanken gemächlich dahin.

Mit dem Aufkommen kommerzieller Sender Mitte der Achtzigerjahre wurde die Konkurrenz nicht etwas schärfer, vielmehr begann das Elend der Konvergenz. Die öffentlich-rechtlichen Sender versuchten Marktführer zu bleiben, obwohl sie gebührenfinanziert und deshalb eigentlich gar keine Marktteilnehmer sind. Sie mussten und müssen keine Gewinne erwirtschaften, sondern nur ihren Programmauftrag erfüllen. Aber das öffentlich-rechtliche Programm ist seither seichter geworden und der politische Journalismus bieder, bequem und immer auf Mehrheitskurs. Denn es regiert mittlerweile auch in der öffentlich-rechtlichen Welt allein die Quote. Seinerzeit kam die Hoffnung auf, mit der Quote als entscheidendem Maßstab nehme endlich der politische Einfluss der Parteien ab. Programminhalte wurden mit der Nachfrage des Publikums begründet, nicht mehr mit dem Zwang zu Ausgewogenheit. Tatsächlich wurde nun in den Sendern weniger über Qualität diskuiert und statt dessen mehr über Reichweiten. Ein schlechtes Programm, das gut ankam, konnte nicht schlecht sein. Eine gute Sendung, die durchfiel, durfte nicht gut sein. Ganz und gar unpolitischer Opportunismus nahm zu. Stromlinienförmigkeit wurde belohnt. Trotz Quotendominanz verzichteten die Parteien keineswegs darauf, ihren Einfluss zu reduzieren. Sie bestimmten nach wie vor Intendanten, Programmdirektoren- und Chefredakteure. Parteinähe blieb Bedingung für Karrieren. Die Farbe der jeweiligen Landesregierung entscheidet nach wie vor über die Gewichtung im Proporz.

Rundfunk ist Ländersache. Das macht das System zwar aufwendig, garantiert aber wenigstens Konkurrenz und damit ein Mindestmaß Verschiedenheit an Formaten, Themen und Meinungen. Auch das zentralistische *ZDF* ist eine Anstalt der Länder. Allerdings hat die Bundesregierung im Zweiten eine gewichtiges Wort mitzureden. Der jeweilige rheinland-pfälzische Ministerpräsident sitzt dem mächtigen Verwaltungsrat vor. Es war lange Helmut Kohl, der danach auch als Kanzler das *ZDF* für »seine« Anstalt hielt.

Im Staatsvertrag des *ZDF* heißt es etwa: »In den Angeboten des *ZDF* soll ein objektiver Überblick über das Weltgeschehen, insbesondere ein umfassendes Bild der deutschen Wirklichkeit vermittelt werden. Die Angebote sollen eine freie individuelle und öffentliche Meinungsbildung fördern.«

Vom *Morgenmagazin* bis zur Spätausgabe des *heute journals*, vom Verbrauchermagazin *WISO* bis zum Wetterbericht dominieren jedoch pädagogische Bemühungen. Was gegen Corona zu tun und zu lassen, auf was im Kampf gegen den Klimawandel zu verzichten, wie zu ernähren oder zu duschen sei. Die einander folgenden und überlappenden Krisen erzeugen Ängste, die medial verstärkt werden, auch wenn dahinter handfeste politische und ökonomische Absichten und Ideologien stecken.

Diskurs wird ersetzt durch Haltung.

Damals, im Zeichen der nationalen Euphorie, fing das an. Die Wiedervereinigung war sakrosankt. Auch in dieser Hinsicht gab es keine Parteien, nur noch Deutsche. Das »Glück der Geschichte« durfte nicht in Frage gestellt oder madig gemacht oder sich gar darüber lustig gemacht werden. Schon gar nicht durch das, was der Staatsvertrag »umfassendes Bild der deutschen Wirklichkeit« nannte. Dieses Bild wurde unter allen Umständen schöner gemalt als es war.

Deindustrialisierung des Ostens durch die falsche Währungsunion zur falschen Zeit? Kein Thema.

Die wahren Kosten der Einheit? Eine Schande, wer die Portokassenlüge des Kanzlers anprangerte.

Ja zum Nationalstaat: was denn sonst!

Die Bonner Republik? Ein abgeschlossenes Kapitel.

Die sozialen, psychischen, materiellen Nebenkosten der Einheit? Ja, es gab eben auch Verlierer, gab es immer.

Einstellungsunterschiede zwischen Ost und West? Nur eine Frage der Zeit, dann würden sie verschwinden.

Wehe, wer anders dachte, und das auch noch im *ZDF* sagte. Das umfassende Bild der deutschen Wirklichkeit war unerwünscht. Und wer darauf bestand, war es auch.

Seit dem Fall der Mauer interessierte im *ZDF* fast nur noch, was sich in diesem Sinne in der DDR abspielte. Man mochte es für ausgleichende Gerechtigkeit halten. Endlich waren die Ostdeutschen nicht mehr nur Gegenstand von Sonntagsreden. Sie waren selbst präsent. Mit Journalismus aber hatte das wenig zu tun.

In einem Aufsatz für eine Publikation des *ZDF* beklagte ich mich: »Als Reporter vor dem Brandenburger Tor zu stehen, mag mehr Glamour haben, dort zaust einem der Windhauch der Geschichte das Haar. Vor dem Zaun des Kanzleramts zu stehen und zu berichten, bleibt mühsamer, ist aber nicht weniger wichtig als die Jubelberichte von der Revolution in der DDR.«

Der Intendant vertrat dezidiert der Auffassung, in dieser besonderen Zeit sei es unsere besondere Pflicht, im Osten »Signale der Hoffnung« zu verbreiten. Er hielt das für »Idealismus«. Er wollte noch mehr Sendungen über den Osten. Das *ZDF* dürfe kein »linksrheinischer Sender mehr sein«.

Kein Wort davon, dass wir nicht für sechzehn, sondern für fast achtzig Millionen Menschen zu senden hatten. Die Westdeutschen waren mit ihrer Befindlichkeit plötzlich rigoros abgemeldet. Dafür führte die westdeutsche Politik im Osten das Kommando. Sechzig Millionen Westdeutsche wurden nicht gefragt, ob sie wiedervereinigt werden wollten. Denn dieses Ziel stand in der Verfassung. Siebzehn Millionen Ostdeutsche wurden ebenfalls ungefragt mit Beitritt beglückt. Angeblich kannte die friedliche Revolution kein anderes Ziel.

Die aufmüpfigen Regimekritiker, die alles ins Rollen gebracht hatten, waren als politische Kraft schnell an den Rand gedrängt. Von »friedlicher Revolution« wurde nur noch geredet. Die DDR war bankrott, der westdeutsche Regierungschef hatte sie Gorbatschow abgekauft. Dem »Kanzler der Einheit« bedingungslos zu folgen, galt nun als Staatsräson.

Mit Journalismus, wie ich ihn verstehe, hatte das nicht viel zu tun. Als Hilfsorgan der Wiedervereinigung nach Kanzlerart wollte ich mich nicht missbrauchen lassen. *Bonn direkt* und etliche *ZDF*-Spezialsendungen, die ich verantwortete und moderierte, wurden bewusst gegen den Überschwang gesetzt. Es gab Streit in den Mainzer Redaktionsleitersitzungen zwischen denen, die forderten, der »Emotionalität der Ereignisse« nachzugeben, und einer kleinen Minderheit, die sich weigerte, die bewährten journalistischen Maßstäbe zu opfern.

Ausgerechnet der Chefredakteur beklagte mir gegenüber den kritiklosen Optimismus in Sachen »innere Einheit« im *ZDF*-Programm. Man beleidige den Verstand der Zuschauer in Ost und West.

Ich fühlte mich bestätigt, wunderte mich aber auch. Er hätte es ändern, mich in Schutz nehmen können.

»Dann sorgen Sie dafür, dass Journalisten hier entsprechend arbeiten können«, bat ich ihn.

IV. Bonn direkt

»Die Gesprächskultur zwischen Journalisten und Politikern stimmt nicht, weil sich niemand an die Spielregeln hält«, meinte der Intendant. Bloß welche Spielregeln?

Die wichtigste Regel ist die der Distanz. Sie wird ständig gebrochen. Politiker erwarten Gefolgschaft. Journalisten erhoffen im Gegenzug Informationen. Politiker versuchen Journalisten zu instrumentalisieren. Sie gehen wie selbstverständlich davon aus, dass überwiegend über Themen berichtet wird, die sie vorgeben. Politiker, nicht Medien, setzen die Agenda.

Der Intendant des *ZDF* dachte wohl an andere Spielregeln. Er besaß sehr eigene Vorstellungen von der Rolle der Journalisten in dem Sender, den er nach Gutsherrenart sehr erfolgreich zwanzig Jahre lang führte. Das war ihm nicht vorzuwerfen. Dieter Stolte diskutierte darüber häufig mit den führenden Journalisten des Senders, hörte zu, auch wenn er andere Ansichten nicht gelten lassen konnte. Er war zum Beispiel dezidiert die Auffassung, dass die Berichterstattung politische Prozesse nicht beeinflussen dürfte.

Selbst wenn Journalisten nur ungeprüft weitergeben, was Parteien und Politiker verkünden, formen sie das Meinungsbild. Denn jede Art der Berichterstattung, zumal in einem so wichtigen Medium wie dem *ZDF*, vergröbert, vergrößert, beschleunigt, befördert politische Prozesse und gibt ihnen Tempo, Stärke, Richtung und Drall. Und umgekehrt. Fakten und Meinungen, über die nicht berichtet wird, werden verkleinert, ignoriert, verdrängt. Auch Medien, die einer vorgegebenen Agenda folgen, beeinflussen politische Prozesse. Wenn monatelang in allen Talkshows mit denselben Gästen Covid abgehandelt wird, ist das politisch wirkungsvoller als jede Parlamentsdebatte. Das war 1989/90 nicht anders. So wie sich Journalisten zu Coronazeiten tunlichst ins Team Vorsicht einzureihen hatten, sollten sie sich selbstverständlich dem Team »Einheit« anschließen.

So viele Talkshows, die den öffentlichen Diskurs dominieren, gab es damals nicht. Umso mehr kam es auf andere Formate an. Auf *Bonn direkt* etwa; als *Berlin direkt* gibt es das wöchentliche Magazin noch immer. Was es nicht mehr gibt, ist der damalige Ton der Sendung. Sie nahm Abstand vom bis dahin üblichen Verlautbarungsjournalismus im Dienste der Regierenden und wagte eine gewisse Spritzigkeit. Sie arbeitete mit Mitteln der Ironie und der Satire, etwa mit Karikaturen. Die systematische Respektlosigkeit kam gut an. Sie war das Markenzeichen des Magazins.

Es dauert nicht lange bis der Intendant mir empfahl, das Lob der Kollegen für weniger bedeutungsvoll zu halten als die Gesprächsbereitschaft der Politiker. Es war eine versteckte Warnung und ein sicherer Hinweis darauf, dass er wegen *Bonn direkt* unter Druck stand.

Zwar war nicht zu übersehen, dass sich das neue Format vor allem im Osten und unter jungen Leuten wachsender Beliebtheit erfreute. *Bonn direkt* erzielte mit 28 Prozent Marktanteil die höchste Einschaltquote des *ZDF* in den neuen Bundesländern. Gelegentlich erreichte die Sendung einen größeren Marktanteil als die Hauptnachrichtensendung *heute* unmittelbar davor. Die Gründe dafür waren eindeutig: Das Magazin widersetzte sich der Euphorie, erzählte »Ossis« wie »Wessis«, dass sie nicht alles glauben sollten, was aus Bonn zu hören war und und war sehr direkt, wie es der Titel der Sendung versprach. Die Vermutung lag nahe, dass die zunehmende Attraktivität der Sendung mit ihrem zupackenden Ton und der Respektlosigkeit zu tun hatte. Das steigerte den Argwohn. Die Resonanz beim Publikum war eine ganz und gar andere als im Kanzleramt.

Meine Kollegen und ich machten nicht für den Hauskanal des Raumschiffs Bonn Programm, sondern auch für Zuschauer, die an Politik kein gesteigertes Interesse hatten und anders dachten als Fernsehräte. Daraus entstand ein Interessenkonflikt. Der Intendant wollte auch Erfolg beim Publikum, doch zugleich Frieden mit der Politik zum Wohl seiner medienpolitischen Pläne. Beides zugleich konnte er nicht bekommen. Unabhängigkeit und Distanz waren unser journalistisches Kapital, nicht der Pakt mit der Politik. Offenbar entsprechend »informiert«, befürchtete der Intendant auch, dass mir der Zugang zum Kanzler versperrt werden könnte. Seine Sorge war berechtigt. So kam es am Ende auch.

Der Intendant fand, dass das Ansehen der Politiker im öffentlich-rechtlichen Fernsehen geschützt werden müsste, gerade gegenüber der Jugend. Der Bundeskanzler, so seine Ansicht, sei ein Verfassungsorgan und dürfe deshalb nicht durch Karikaturen verunglimpft werden. Das war zwar eine geradezu obrigkeitsstaatliche Haltung, aber wenigstens von entwaffnender Deutlichkeit. Im Zweifel zählte für ihn nicht die Auffassung des Publikums, sondern die Empfindlichkeit des Kanzlers. Wer Ärger wolle, solle zum *Spiegel* gehen, empfahl er den Volontären des *ZDF*.

Ich sah und sehe das grundsätzlich anders. Politischer Journalismus gerade im öffentlich-rechtlichen Fernsehen hat die Aufgabe, das Interesse der Zuschauer für Politik zu wecken. Das kann nicht dadurch gelingen, dass sich Moderatoren und Reporter zum Sprachrohr der Politik machen und zur biederen Verbreitung von Regierungspropaganda hergeben.

Zur Demokratie gehört zweifellos ein gewisses Grundvertrauen der Bürger. Dieses Vertrauen zu stärken, kann aber nicht Aufgabe lammfrommer Medien sein. Im Gegenteil: Das Vertrauen in die Demokratie kommt aus der Zuversicht der Bürger, dass diese Regierungsform zur ständigen Selbstüberprüfung und Korrektur fähig ist. Der Vorzug der Demokratie liegt bekanntlich nicht in Führung der fähigsten Politiker, sondern laut Karl Popper in der friedlichen Ablösung der Unfähigen. Kritische Medien dienen diesem Wechsel. Sie schaden mit ihrer Kritik nicht der Demokratie, sondern allenfalls bestimmten Politikern. Ohne ständige Kritik an den Regierenden ist Demokratie nichts wert.

Das hört sich heute ziemlich seltsam an. Als ich in den Siebzigerjahren Journalist wurde, war es noch eine

Selbstverständlichkeit, dass Journalisten, gleich welcher persönlicher politischer Auffassung, den Regierenden, gleich welcher Couleur, kritisch und distanziert gegenüber standen. Diese Geschäftsgrundlage, oder soll man besser sagen: dieses Berufsethos, ist inzwischen weitgehend ruiniert. Der als superkritisch berühmten Kolumnistin Margarete Stokowski vom *Spiegel*, dem einstigen »Sturmgeschütz der Demokratie« (Eigenwerbung) fiel nichts Besseres ein, als sich Seit' an Seit' mit Bundesgesundheitsminister Lauterbach an die Spitze einer Kampagne für die durchaus nicht unumstrittene vierte Impfung zu setzen. Dieses Engagement müsste ein Entlassungsgrund sein.

Zwei Jahre lang begrüßten fast alle »Qualitätsmedien« die zweifelhaften Lockdown-Regeln einer von der Pandemie heillos überforderten Politik. Ich wäre während der Pandemie vermutlich gefeuert worden wie damals. Heute wegen mangelnder Unterstützung der Coronamaßnahmen – damals, weil ich mich weigerte, mit Lob und Preis' den »Kanzler der Einheit« zu begleiten.

Verlieren die Medien ihre kritische Potenz, schaden sie der Demokratie mehr, als dass sie ihr nützten. Geht das Vertrauen in den Staat verloren, leidet auch das Vertrauen in die staatsgläubigen Medien. So war das natürlich in der DDR. Aber auch in der Berliner Republik ist der Vertrauensverlust nicht zu übersehen, selbst wenn der unter Rechten verbreitete Vorwurf der »Lügenpresse« übertrieben ist.

Auf die Vorwürfe gegen *Bonn direkt* antwortete ich in einer Sitzung in Mainz: »Respektlosigkeit ist ein

Prinzip der Sendung«. Dieser Satz landete unverzüglich im Bonner Kanzleramt.

Die Kritik des Intendanten an den journalistischen Grundsätzen der neuen Sendung nahm beständig zu. Wahrscheinlich hoffte er, mich zu zermürben, denn der Mensch versucht, Ärger instinktiv zu vermeiden. Dieser natürliche Reflex funktionierte bei mir nicht. »Die Aufgabe des *ZDF*, im vereinten Deutschland integrativ zu wirken, darf doch nicht bedeuten, die Probleme des Beitritts zu verharmlosen oder gar zu tabuisieren«, verteidigte ich mich. »So schafft man nur falsche Hoffnungen und neue Probleme.«

Aber darum ging es gar nicht. Mit der Parole von der »Vollendung der deutschen Einheit« sollten die Unterschiede zwischen West und Ost verdrängt werden.

V. »Nationalrausch«

»Man sieht Kohl sein Glück auch noch an. Er lässt es sich ungeniert ansehen. Geradezu vergnügt ist er. Begegnet man so der Geschichte? Wo hat er den Schlüssel zur deutschen Frage hingesteckt? Genscher jedenfalls hat den Schlüssel nicht; er steht direkt hinter Kohl im Mittelgang der Luftwaffen-Boeing 707. In der blauen Strickjacke, die der Kanzler in dieser historischen Stunde tragen zu müssen glaubt, kann doch wohl der Schlüssel nicht sein. Kohls rechte Hand umfasst ein Glas mit gelber Flüssigkeit, die als Krimsekt ausgegeben wird. ›Haben Sie alle was zu trinken‹, fragt der Kanzler. Und dann hebt er an zu goldenen, gleichwohl seltsam gestammelten Worten. ›Also, ich wollt Ihnen nur zutrinken. Ich denke, das ist ein Tag auf einem Rückflug aus Moskau, der uns allen gedenkt. Für mich und hoffentlich für Sie auch ein guter Tag. Auf Deutschland!‹«

Dies ist ein Absatz aus meinem Buch »Nationalrausch. Szenen aus dem gesamtdeutschen Machtkampf«, das im September 1990 erschien. Es enthielt meine Beobachtungen in jener irren, wirren, turbulenten Zeit, in der ich den Kanzler und andere Protagonisten von der »friedlichen Revolution« bis zur Einheit begleitete. Meine Tagebuchnotizen folgten allerdings nicht der anschwellenden Euphorie, sondern konterkarierten sie. Das Buch mündete in der Vorhersage, dass die deutsche Einheit die Nation auf ganz neue Weise teilen werde. Es lehnte die Ereignisse in der DDR keineswegs ab, plädierte aber für einen Prozess, der die Risiken des Beitritts nüchtern wägte.

Das aber wurde als Provokation verstanden und stieß im *ZDF* auf nahezu geschlossene Ablehnung. Es galt als respektlos, den historischen Moment im Flugzeug am 10. Februar 1990 zurück aus Moskau wie eine Comedy-Szene zu schildern.

Ich war als einziger Fernsehjournalist mit Team an Bord, und der Kanzler gab mir exklusiv ein Interview, in dem er eine neue Verfassung nicht ausschloss. Selbst das Grundgesetz, also das Fundament der Bonner Republik, stand für ihn in diesem Glücksmoment – Gorbatschow hatte gerade der Wiedervereinigung zugestimmt – zur Disposition. »Ich bin dafür, dass das, was sich bewährt hat, und zwar auf beiden Seiten, von uns übernommen werden soll. Es gibt auch Entwicklungen in der DDR in diesen vierzig Jahren, die es sich sehr lohnt anzusehen. Ich bin ganz und gar dagegen, eine Position einzunehmen, die auf Anschluss hinausgeht.«

Daran wollte sich der Kanzler später nicht mehr erinnern. Es war dann nur noch von Beitritt zum Grundgesetz die Rede.

Ich hielt in meinem Buch dagegen: »Hieß es nicht immer Freiheit vor Einheit? Die deutsche Einheit ist Mittel zum Zweck, eines von mehreren möglichen. Der Zweck: Die Menschen in der DDR sollen die gleichen Lebenschancen bekommen wie die Bürger Österreichs, Frankreichs oder der Bundesrepublik. Dazu müsste sich die DDR radikal ändern – aber nicht zwangsläufig aufgeben. Die Verengung dieses nicht einfachen Prozesses auf die staatliche Vereinigung der Nation, das wahnwitzige Tempo, mit dem er sich vollzieht und vollzogen wird, erschweren ihn, statt ihn zu entkrampfen. Das wissen heute alle, die nicht trunken sind von der ›Wiedervereinigung‹ oder beschwipst von ihrer eigenen historischen Mission.«

Ich fügte hinzu: »Die Vereinigung wird die Bundesrepublik nicht nur vergrößern, sondern ihre Gesellschaft fundamental verändern. Die daraus resultierenden Gefahren lassen sich nicht auf materielle Aspekte verkürzen. Der Preis der Einheit ist nicht in Milliarden Mark zu beziffern. Wer sich aber an der Euphorie nicht beteiligt, wird von den Patentoptimisten des Kleinmuts und des Problematisierens beschuldigt. Das geschieht mit wachsender Intoleranz, einem klassischen Symptom des Nationalismus.«

Ich würde das heute genauso formulieren. Wesentlich ausführlicher und deutlicher als auf dem Bildschirm konnte ich solche Überlegungen im Buch ausführen. Der Intendant ließ es sich vom Verlag per Eilboten schicken. Bereits zwei Tage später wollte er mich sprechen. Auf seinem Tisch lag es bereits aufgeschlagen, an einer Stelle so stark unterstrichen, dass die Seiten eingeritzt waren. Sie lautete: »Mit den Menschen in Dresden und Halle fühle ich mich weniger verwandt als mit den Nachbarn in Zürich und Straßburg.«

Darüber regte sich Stolte maßlos auf. Ein Studioleiter ohne Nationalgefühl! Wo gibt's denn sowas!

Er sagte sinngemäß, Straßburg verstünde er ja noch, aber Zürich! … Richtig, Straßburg gehörte ja mal zum deutschen Reich.

Ich antwortete, dass dort, wo ich zuhause sei, am Bodensee, die nächstgelegene große Stadt eben Zürich heiße, während ich leider noch nie in Dresden gewesen wäre. Aber meine Lebenserfahrung und das bundesrepublikanische Grundgefühl meiner Generation zählten nicht. Ich hätte mich, behauptete der Intendant, »aus dem geistig-kulturellen-geschichtlichen Prozess abgekoppelt und verabschiedet«. Das empfand er als »eine Zumutung mir und dem *ZDF* gegenüber«. Was in seinen Augen dasselbe war. Meine journalistische Beurteilung der Politik Kohls bezeichnete er als »privatistisch« und beschimpfte sie als »eitel und selbstgerecht«. Dann kam erneut sein zentraler Vorwurf, ich hätte mich zu

Pflichten in einer Hierarchie entschieden. Das sollte heißen: Als Studioleiter (Hierarch) durfte ich kein kritischer Journalist sein, jedenfalls nicht in dieser Frage von historischer Bedeutung.

Seine persönliche Betroffenheit und Enttäuschung war nur das eine. Ihn quälte offenbar auch, was er den Politikern antworten sollte, die sich über mich aufregten. Es blieb nicht bei Empörung. Offenbar hatte ich mir mit dem Buch einen Strick gedreht, an dem man mich nun hängen konnte.

Auch der Chefredakteur las das Buch. Auch er konstatierte, es stünde gegen den »allgemeinen Strom, außerhalb der Gemeinschaft«. Ein interessanter Vorwurf. Offenbar hielt er ausdrücklich den »allgemeinen Strom« für die vorgeschriebene Aufenthaltszone für einen Chefkorrespondenten.

Das war damals noch neu, jedenfalls mir. Heute, in Sachen Corona, Klima, Energiewende, Asylpolitik usw. hat wieder nur der Mainstream Platz im Programm.

So einen polemischen Ton sei man hierzulande nicht gewohnt. So etwa halte die Gesellschaft nicht aus, und schon gar nicht das *ZDF*, warf mir der Chefredakteur vor. Es blieb nicht bei der Drohung. Er machte mir sogleich einen infamen Vorschlag. Falls ich bleiben wollte – und da mich seiner Meinung nach als Außenseiter ohnehin niemand mehr mit offenen Armen nehmen würde –, schlug er vor, ich sollte bis zur nächsten Bundestagswahl auf das Amt des Studioleiters verzichten. Offenbar hielt jemand mein Buch für eine Einmischung in den Wahlkampf. Vermutlich ging nur darum, ein Argument dafür zu finden, mich aus dem Verkehr zu ziehen.

In diese Falle durfte ich nicht tappen. Ein auch nur zeitweiser Verzicht auf meinen Job wäre das Eingeständnis einer Schuld gewesen. Ich wäre nie wieder zurückgekommen. Mein Rücktritt auf Zeit hätte nur deutlich gemacht, dass ich zum Studioleiter nicht taugte. Ich war nicht bereit, mich selbst zu demontieren.

Dann rückte der Chefredakteur mit einem weiteren Motiv für seinen vergifteten Vorschlag heraus. Es ginge nicht nur um mich, sondern auch um ihn, um seinen Ruf als reformfreudiger Chefredakteur. Der gehe verloren, wenn sein »Musterschüler« scheiterte. Ich sollte ihm den Gefallen tun, aus eigener Einsicht zu gehen, damit er mich nicht feuern und seinen liberalen Ruf gefährden müsste. »Ich kann Ihnen das Problem nicht ersparen«, antwortete ich. Das *ZDF* müsste offen sagen, wieviel Meinungsfreiheit möglich sei. Genau dies war ja eine These meines Buchs: die Spielräume des gesellschaftlichen Disputs wurden vom grassierenden Nationalrausch gerade eingeschränkt.

Es gab nicht nur das Kohl-Lager. Manche Politiker, die mein Buch gelesen hatten, rieten mir, nicht zu weichen: Bundespräsident von Weizsäcker, der Baden-Württembergische Ministerpräsident Lothar Späth, Bundestagspräsidentin Rita Süssmuth und Heiner Geißler von der CDU, allesamt Gegner Kohls, Oskar Lafontaine von der SPD, Antje Vollmer von den Grünen. Es war keine Frage von rechts oder links.

Aber aller Zuspruch sollte mir nichts nützen.

VI. Die Hauptstadtfrage

Anstatt über die wirklich entscheidenden Fragen des Beitritts der DDR zu streiten, entzündete sich der Diskurs ersatzweise besonders heftig an der Wahl der Hauptstadt. Es war die einzige Debatte, die im Zusammenhang mit der Abwicklung eines ganzen Staates und seines Gesellschaftssystems anscheinend offen geführt wurde. Dieser Streit wäre ohnehin nicht zu verhindern gewesen, und er lenkte ab von tieferen ökonomischen, sozialen und politischen Konflikten. Die Entscheidung Berlin oder Bonn ließ sich zudem wunderbar emotionalisieren. Die Gedanken waren allerdings auch hier nicht frei. Offiziell wurde der Fraktionszwang ausgesetzt. Doch mehrere Abgeordnete der CDU berichteten, dass ihnen mit dem Verlust des Mandats gedroht wurde, falls sie für den Verbleib der Regierung in Bonn stimmen sollten.

Die Hauptstadtfrage wurde politisch aufgeladen. »Wenn Sie für Bonn sind, wollen Sie die Einheit nicht!«, schleuderte mir der Berliner SPD-Politiker Wolfgang Thierse ins Gesicht. Das war natürlich Unsinn, aber dieser Unsinn war auch im *ZDF* quasi offizielle Position. Der Intendant regte sich ja schon darüber auf, dass ich das Bonner Studiofest ironisch unter das Motto »Ja zu Bonn direkt« gestellt hatte.

Der Streit wurde im Wesentlichen mit drei Argumenten geführt. Erstens sollte die DDR möglichst geräuschlos an die Bonner Republik angeschlossen werden. Dennoch sollte es unter keinen Umständen wie ein Anschluss aussehen. Um das zu vertuschen, wurde auf

Bonn verzichtet und Parlament und Regierung in die einstmals geteilte Stadt im Osten ziehen. Es war im Grunde das einzige Opfer, das Westdeutschland zu leisten bereit war.

Berlin machte, zweitens, allen den Mund wässrig, deren Nationalgefühl frisch erwacht war. Es war die Hauptstadt des von Bismarck mit nicht ganz friedlichen Mitteln geeinten Deutschen Reichs unter preußischer Vorherrschaft gewesen. Das erste Reich davor, dass tausend Jahre länger existiert hatte, war ohne Hauptstadt ausgekommen, und niemand hatte sie jemals vermisst. Die zahlreichen Residenzstädte der Fürsten waren bis heute das Fundament des kulturellen Reichtums und der Vielfalt des föderalen Landes. Während Deutschland in Berlin regiert wurde, nicht sehr lange von 1871 bis 1945, stürzte das Land in zwei verheerende Weltkriege. Der Name Berlins war verbunden mit Militarismus und Zentralismus. Aber solche historischen Argumente zählten nun nichts.

Drittens wurde versucht, Bonn als provinzielles Bundeskaff zu verspotten, als lausiges Provisorium zu diskreditieren, gerade noch gut genug für eine nicht einmal halbwegs souveräne Bundesrepublik. Ein großes Deutschland brauchte eine große, repräsentative Hauptstadt, hieß es.

Die Sendung *Bonn direkt* erlaubte sich, die Gründe ins Feld zu führen, die für Bonn sprachen. Es waren eigentlich die selben Gründe, die Kohl für Berlin aufzählte, nur eben als Vorzug bewertet, nicht als Nachteil. Dass sich Bonns als unprätentiöser, solider, effizienter, bescheidener Regierungssitz, frei von Pathos, historischem Gedöns und symbolischem Schnickschnack erwiesen hatte, wurde ihm nun negativ ausgelegt. Als die Mauer fiel, war die Universitätsstadt am Rhein kein Provisorium mehr, sondern sollte eine richtige Hauptstadt werden. Vierzig Großbauten waren in Bau oder geplant. Deutschland brauchte keine Hauptstadt wie Paris oder London, weil es auch eine andere Geschichte hatte, und weil nationale Hauptstädte ohnehin an Bedeutung verlieren würden. Es ging also durchaus auch ums Eingemachte: Mit dem Umzug nach Berlin sollte sich auch der Stil der ziemlich erfolgreichen Bonner Republik ändern Selbstbewusster, auftrumpfender, der gewachsenen Rolle Deutschlands angemessener, repräsentativer in jeder Hinsicht sollte der Stil der Berliner Republik sein.

Das Wesen des neuen Staats stand zur Debatte.

Das Berliner Revolverblatt *Bild* und die bildungsbürgerliche *Frankfurter Allgemeine* stellten mich in Kommentaren als provinziellen Deppen dar. Das wurde auch auf dem Mainzer Lerchenberg mit Interesse gelesen. Der Intendant fauchte mich an: »Sie sind ein Repräsentant dieses Senders!« Das sollte wiederum heißen: Nur, wer für Berlin plädiert, stand auf dem Boden der im *ZDF* allein zulässigen Meinung. Denn die Hauptstadt Berlin galt als Inbegriff dessen, was für die »Vollendung der Einheit« gehalten wurde.

Das sah dann beispielsweise so aus: Der frühere Chefredakteur Reinhard Appel, ein Berliner, veranstaltete eine Talkrunde zum Thema, lud die beiden Berliner Oberbürgermeister ein und dazu noch fünf Berliner Journalisten. Als ihm die Unausgewogenheit kurz vor der Sendung doch noch auffiel, bat er mich als Feigenblatt dazu. Dummerweise sagte ich zu und kam aus der Nummer nicht mehr heraus. Entweder ging ich unter – oder es kam zum Eklat. Ich entschied mich für Letzteres. Als ich mit den beiden Bürgermeistern aneinander geriet, ergriff der Moderator für sie Partei und versuchte mich zu bremsen. Ich fuhr ihn, meinen früheren Chef, in der Livesendung an: »Moderieren Sie, oder sind Sie Partei?«

Danach brodelte es im Sender. Der seinerzeitige Chefredakteur, Klaus Bresser, auch er ein Berliner, klagte mich an: »Sie können sich beim *ZDF* nicht alles erlauben. Lassen Sie es bitte, bitte, nicht zur Zuspitzung kommen!« Auf der Chefetage war zu hören, ich hätte durch mein Auftreten und meine Haltung in der Hauptstadtfrage dem *ZDF* medienpolitisch geschadet.

Ein einziger Kollege verteidigte mich, Joachim Jauer, Leiter des Magazins *Kennzeichen D,* fand: »Die eigentliche Provokation ist die Besetzung der Runde gewesen.« Mein »Ausflippen« wurde wochenlang zum Thema. Jahrelang war das Hofieren von Politikern in dieser Sendung üblich gewesen.

Gegen diese goldene *ZDF*-Regel hatte ich verstoßen.

Als die Entscheidung dann äußerst knapp für Berlin gefallen war, hörte ich aus Mainz, ich solle die demokratische Entscheidung endlich akzeptieren. Wenn das eine Regel sein sollte, dürften die Folgen demokratischer Entscheidungen generell nicht mehr reflektiert und hinterfragt werden. Es wäre das Ende des freien Journalismus. Der Intendant wurde geradezu ordinär laut: »Erbärmlich und verachtenswert« – er wiederholte es dreimal – seien die Abgeordneten, die für »dieses Kaff« gestimmt hätten.

Kohl hatte den neuen Bundesländern blühende Landschaften versprochen. Dreißig Jahre später sind auch die einst blühenden Landschaften im Westen vertrocknet. Die »Hauptstadt Berlin« aber ist heute weltweit bekannt als Inbegriff bürokratischer und politischer Verwahrlosung und macht sich weltweit zum Gespött. Seine Verwaltung ist nicht einmal in der Lage gewesen, Wahlen ordnungsgemäß zu organisieren. Eine Mischung aus Großkotzigkeit und Unvermögen ist in Berlin zu Hause und färbt auf die »große« Bundespolitik ab. Eine Rekordzahl von Hinterbänklern schreitet über Reichtagstreppen mit einem gewachsenem Selbstgefühl auf und ab, ganz anders als einst im Bundeskaff Bonn. Selbstredend sind auch Journalisten nun Hauptstadtkorrespondenten und Hauptstadtkorrespondentinnen, die in Hauptstadtstudios residieren. Und für diesen Status bezahlen sie. Sie sind enger mit der Politik verflochten als einst in Bonn.

VII. Die Anweisung

Am 20. Februar 1991 traf ein Brief des Intendanten an alle Redaktions- und Studioleiter ein. Es ist ein entwaffnendes Dokument, das es auch heute noch verdient, in voller Länge veröffentlicht zu werden. In seiner vorgetäuschten Objektivität ist es ein Dokument der Zeitgeschichte, symptomatisch für die damalige Stimmung nicht nur im *ZDF*. Es handelte sich eindeutig nicht um den besorgten Beitrag des Intendanten zur Debatte, sondern um ein dienstliches Schreiben, um eine verbindliche Anweisung, sonst hätte er sich an seine Kolleginnen und Kollegen gewandt. Er aber schrieb:

Liebe Mitarbeiterinnen, liebe Mitarbeiter,
in den vergangenen Monaten habe ich aus dienstlichen Gründen die neuen Bundesländer bereist und dabei viele Gespräche mit Vertretern aus dem Bereich der Politik, aber auch – meist zufallsbedingt – mit einfachen Bürgern geführt. Während in den ersten Wochen die Freude überwog, dass wir wieder in einem Land vereint sind und mit den vor uns liegenden Schwierigkeiten schon gemeinsam fertig werden, begegne ich in letzter Zeit immer häufiger Äußerungen der Enttäuschung, Verärgerung und Resignation.
Niemand wird übersehen und bestreiten können, dass es für diesen sich anbahnenden Stimmungswandel Gründe gibt, die sich aus negativen Veränderungen der Lebensumstände ergeben, die die einen schon konkret erfahren haben und die anderen für ihre Zukunft erst befürchten.
In einer solchen Situation kommt den Massenmedien – hier vor allem dem Fernsehen – eine besondere Verantwortung zu. Wir können zwar keine unmittelbar anstehenden Probleme lösen, wir können aber durch ein verantwortungsvolles Informationsklima dazu beitragen,

dass sich nicht Hoffnungslosigkeit oder Aggression aufbaut und verbreitet. Und zwar in beiden Richtungen!
Was ist notwendig? Ungeschminkte Informationen, emotionslose Analysen, vorurteilsfreie Kommentare. Aber auch positive Erfahrungen und ermutigende Beispiele bzw. Entwicklungen dürfen nicht übersehen und verschwiegen werden. Es reicht nicht aus, objektiv und wahrhaftig zu sein, unsere Programmbeiträge müssen auch einfühlsam und verständnisvoll sein. Das betrifft nicht auch zuletzt die Wahl der Worte.
Die Programme des ZDF genießen bei den Zuschauern in der ehemaligen DDR ein hohes Ansehen. Sie waren insbesondere in der Zeit der Teilung unseres Vaterlandes ein unverzichtbarer Lebensunterhalt.
Ich bitte Sie, in der Gegenwart daran zu denken, dass wir auch im geeinten Deutschland eine fortwährende Verpflichtung haben. Ich weiß, dass Sie mein Brief vielleicht ein wenig pastoral anmutet. Er kommt jedoch aus der Sorge, wir könnten unseren Auftrag verfehlen, die Deutschen in Deutschland zusammen zu bringen. Das war es, was uns der ZDF-Staatsvertrag aufgegeben hatte und was auch über den 3. Oktober 1990 hinaus seine Gültigkeit behält.
Mit freundlichen Grüßen
Prof. Dieter Stolte

Auf den ersten Blick mutete dieses Sendschreiben seltsam hausbacken an. Wozu diese Mahnung? Auch dem Intendanten war aufgefallen, dass sich die Stimmung knapp eineinhalb Jahre nach dem Beitritt der DDR geändert hatte. Das fand er bedenklich, und es war sein gutes Recht, es bedenklich zu finden. Aber musste er das gleich allen leitenden Mitarbeitern so gespreizt vortragen? Die Zeilen klangen harmlos, aber das waren sie nicht. Denn der Intendant versuchte den Journalisten in seinem Haus eine politische Agenda aufzuoktroyieren. Es war aber nicht Aufgabe eines unabhängigen Mediums, Stimmungen zu beeinflussen – letztlich *Propaganda* zu betreiben.

Dieses hässliche Wort wäre Professor Stolte in diesem Zusammenhang nie in den Sinn gekommen; er nannte es »verantwortungsvolles Informationsklima«. Tat er doch scheinbar nur das, was in Deutschland inzwischen allgemein üblich geworden ist: Er erklärte seine Haltung zur einzig zulässigen Position und zwar aus moralischen Gründen. Er sah deshalb eine Verpflichtung, einen Auftrag darin, das Meinungsklima zu beeinflussen.

Seine Aufforderung an alle leitenden Redakteure war ein klarer Verstoß gegen die Unabhängigkeit des Mediums. Zwar betonte er das Selbstverständliche – ungeschminkt, vorurteilsfrei, emotionslos sollte das *ZDF* berichten –, um direkt danach das schiere Gegenteil zu fordern.

Noch einmal: »Es reicht nicht aus, objektiv und wahrhaftig zu sein, unsere Programmbeiträge müssen auch einfühlsam und verständnisvoll sein. Das betrifft nicht zuletzt auch die Wahl der Worte.«

Mit einem Wort: Kritischer Journalismus über das, was sich in den neuen Bundesländern abspielte, war nicht gerade das, was er in erster Linie erwartete. Er wollte vielmehr auf seinem Sender klare Bekenntnisse zur Wiedervereinigung sehen. Kritische Berichterstattung aber ist frei von Bekenntnissen. Die Ermahnung war nichts anderes als die Aufforderung, das nationale Hochgefühl als Schere im Kopf einzusetzen.

Es war die Aufforderung zur Selbstzensur.

Der Intendant wies nicht nur stolz darauf hin, dass sein Programm im ganzen Land, im Westen wie im Osten, gern gesehen wurde, sondern leitete auch aus der nationalen Verbreitung des Programms einen politischen Auftrag ab. Ein national ausgestrahltes Programm hatte nach seiner Überzeugung der Nation, sprich der nationalen Einheit, zu dienen.

Ich empfinde das Schriftstück auch heute noch als skandalös. Es gab jedoch damals im Kollegenkreis nicht die geringste Debatte darüber, geschweige denn Kritik dieses unverhohlenen Eingriffs in die Pressefreiheit und das journalistische Ethos. Das Maß an Duckmäusertum war nicht mehr zu steigern.

Im Hintergrund standen handfeste medienpolitische Interessen des *ZDF*. Der Intendant wusste, weshalb sich der Sender »Ecken und Kanten« gerade nicht leisten konnte. Er stellte fest, eine Ära ginge mit den Beitritt der neuen Länder, es waren jetzt insgesamt sechzehn, zu Ende. Schluss also mit der alten »Konsensmethode«, wie er sie nannte. Diese Zeiten waren medienpolitisch vorbei, das sah er ganz richtig.

Das *ZDF* hoffte dank Wiedervereinigung künftig wie die *ARD* auch Hörfunkprogramme veranstalten zu dürfen. Die Hoffnungen scheiterten. Auch darauf beruhte der Vorwurf, ich hätte dem *ZDF* durch meine journalistische Hartnäckigkeit geschadet.

Noch glaubte der Intendant, die neuen Länder mit freundlicher Berichterstattung einseifen zu können. Ihm lag die Zukunft des *ZDF* am Herzen. Dass er sie mit genau dieser Haltung gefährdete, konnte er nicht verstehen. Die derzeitige, hitzige Debatte um den öffentlich-rechtlichen Rundfunk in Deutschland hat seine Ursachen ja nicht nur in Massagesesseln von Intendantenkarossen, sondern auch in der Meinungsmonothonie und in der bloßen Gefallsucht austauschbarer Programme.

Wie ernst es dem Intendanten damals war, bewies die Konsequenz, mit der er seinen Bonner Studioleiter drangsalierte.

VIII. Die Abmahnung

Die Kosten des Beitritts wurden in der politischen Debatte teils schön geredet, teils verschwiegen. Dies war jedoch die Achillesverse von Kohls Politik. Selbst der wohl gesonnene *Spiegel* titelte nun: »Katzenjammer«. Der *Stern* druckte eine Melkkuh auf's Cover: »Der Preis der Freiheit«. Nur im Kanzleramt tat man noch immer so, als sei aus der Privatisierung der DDR-Wirtschaft ein sattes Plus zu erwarten. Für einen Teil der Kosten wurden die Sozialkassen geplündert. Es sollte nur keiner merken, dass sie als Nebenhaushalt, heute sagt man dazu »Sondervermögen«, missbraucht wurden. Noch im Januar 1991 beschloss das Kabinett durch eine Verkürzung des Gebührentakts beim Telefonieren um einige Sekunden, das nötige Kleingeld einzusammeln. Die Regierung verbreitete also die Illusion, der Beitritt sei mit Pfennigbeträgen zu finanzieren. Als Steuererhöhungen nicht mehr zu umgehen waren, musste als Begründung für die neue Solidaritätsabgabe der erste Golfkrieg herhalten. Erst ein paar Jahre später galt der Soli offiziell der Finanzierung der deutschen Einheit – und das noch fast drei weitere Jahrzehnte lang. Wer Klarheit und Wahrheit forderte, dem wurde ein Mangel an Patriotismus attestiert.

Von Beginn an kritisierte *Bonn direkt* diese Politik. Der Intendant kritisierte einen Beitrag über die Kosten der Einheit. »Sie erwecken den Eindruck, Kohl werfe mit den Milliarden nur so um sich, um die Einheit zu kaufen.« So war es ja auch. Kohl tat es, meine Kollegen und ich warfen es ihm vor.

Nun spitzte sich der Konflikt zu. Ich zitierte in *Bonn direkt* am 3. März 1991 in diesem Zusammenhang Bertolt Brecht: »Wer die Wahrheit nicht kennt, ist ein Dummkopf, wer sie kennt und verschweigt, ist ein Verbrecher.«

Unter den Zuschauern am Sonntagabend war wie üblich Kanzler Kohl. Er ließ sich sofort mit dem Intendanten verbinden. Der zitierte mich sofort nach Mainz, las mir eine Stellungnahme des Justitiars vor und erklärte, »hiermit erteile ich Ihnen eine Rüge. Es ist die absolut letzte Warnung, bei der nächsten Entgleisung ist mir der öffentliche Lärm um Ihren Abschuss egal.«

Zwei Tage später erhielt ich nicht etwa die angekündigte Rüge schriftlich, sondern eine hochoffizielle Abmahnung.

Das meiner Personalakte hinzugefügte Schreiben war von arbeitsrechtlicher Relevanz.

Es begann mit dem absurden Vorwurf, »dass der Kette verschiedener Vorgänge, die mir in der Vergangenheit Anlass gegeben haben, Sie daran zu erinnern, dass die exponierte Position eines Leiters des *ZDF*-Studios in Bonn ein besonderes Maß an Verantwortung erfordert, nun ein weiteres Glied von besonderem Gewicht angefügt worden ist«. Was hier »Verantwortung« genannt wurde, bedeutete äußerste journalistische Zurückhaltung. Die »Kette verschiedener Vorgänge« bestand aus nichts anderem als aus journalistischen Beiträgen über die Politik der Bundesregierung.

Das Brecht-Zitat wertete der Intendant als Beleidigung des Kanzlers, auch wenn eine Beleidigungsklage vollkommen aussichtslos gewesen wäre. Aber sein Verdikt war rein politisch. »Sie bemühen das Unwerturteil eines Klassikers für einen Sachverhalt, der erkennbar anders gelagert ist. Ich kann dies nicht anders als eine grobe journalistische Fehlleistung interpretieren, die nicht nur geeignet ist, mein Vertrauen in eine verantwortungsvolle Ausfüllung der Ihnen anvertrauten Position erneut erheblich zu strapazieren, sondern, was schlimmer ist, Sie als um Objektivität bemühten Journalisten und Gesprächspartner in der Bonner Szene zu diskreditieren. Das Recht auf freie Meinungsäußerung schließt die Befugnis zu derartigen intellektuellen Unredlichkeiten nicht ein.

Ich sehe mich bei dieser Sachlage veranlasst, Sie in aller Form abzumahnen und Ihnen zugleich mitzuteilen, dass, sollte sich ein Vorgang dieser Art wiederholen, ich mir vorbehalte, von der in dem mit Ihnen abgeschlossenen Vertrag enthaltenen Möglichkeit des jederzeitigen Widerrufs der Übertragung der Funktion des Leiters des Studios Bonn Gebrauch zu machen.«

Natürlich frage ich mich heute, weshalb ich nicht gegen die Abmahnung vor's Arbeitsgericht zog. Ich hätte beste Chancen gehabt. Statt dessen bat ich lediglich darum, die »Kette verschiedener Vorgänge« und Verfehlungen schriftlich aufzulisten.

Darauf ließ sich das *ZDF* nicht ein.

Und nun? Was hätte ich davon gehabt, das Haus zu zwingen, die Abmahnung zurückzunehmen. Vermutlich hoffte der Intendant, dass ich in diese Falle ging. Auch nach einem gewonnenen Prozess hätte ich keine Zukunft mehr im *ZDF* gehabt. Er konnte mich ohnehin einfach abberufen. Es sollte aber nicht so aussehen, als wäre das *ZDF* dem Druck aus dem Kanzleramt gewichen. Deshalb wurden zwanghaft objektive Gründe gesucht, mich zu feuern. Das Brechtzitat war ein an den Haaren herbei gezerrter Grund.

Aber das funktionierte nicht. Das Zitat nämlich war an diesem Tag nicht einmal auf meinem eigenen Mist gewachsen. Vielmehr hatte es der CDU-Politiker Heiner Geißler im Zusammenhang mit der Steuerpolitik der Bundesregierung selbst aufgegriffen. Das war dem

Intendanten entgangen. Es war also Unsinn, das Zitat als »Unwerturteil eines Klassikers für einen Sachverhalt, der erkennbar anders gelagert ist«, und als »grobe journalistische Fehlleistung« zu interpretieren.

Ich wollte es jetzt genau wissen und schrieb zurück: »Eine Beschränkung auf direkte, aktuelle Sachverhaltsbezüge würde jedes historische Zitat verbieten und damit eine nicht vertretbare Einschränkung journalistischer Darstellungsformen bedeuten.« Außerdem betonte ich: »Ich sehe es als meine Aufgabe zugunsten des *ZDF* an, den Zuschauern die Gewissheit zu vermitteln, ohne Rücksicht auf die Interessen von Parteien zu berichten und zu kommentieren.« Ich erinnerte meinen Arbeitgeber daran: »*Bonn direkt* ist heute die besteingeschaltete politische Magazinsendung des *ZDF*. Es kann nicht ausbleiben, dass die kritisch begleiteten Parteien und ihre Vertreter diese publizistische Wirkung erkennen und entsprechend sensibel reagieren. Doch auch dies trägt letztlich zur Profilierung des *ZDF* auch als Informationssender bei.«

Auf dieses Argument bekam ich keine Antwort.

Die Details dieser mit harten Bandagen geführten Auseinandersetzung waren im Grunde unbedeutend. Aber sie sind bezeichnend für den politischen Stil jener Tage. Erstens fand keine Debatte statt, wie sie in einem der Demokratie und der offenen Gesellschaft verpflichteten Medium selbstverständlich gewesen sein müsste. Vielmehr wurde eine politische Linie vorgegeben, der sich die Journalisten des Hauses zu unterwerfen hatten, und Verstöße gegen diese Linie wurden von oben abgestraft. Notwendig wäre gewesen, den im Fadenkreuz der Politik stehenden Bonner Studioleiter zu verteidigen; doch das *ZDF* schlug sich auf die Seite der parteipolitisch motivierten Angreifer, vor allem des Bundeskanzlers. Damit machte es sich zum Instrument der Politik. Die Maßregelung und letztlich Ausschaltung traf einen aus der vorgegebenen Spur gesprungenen Journalisten, der auf Druck nur mit Trotz zu reagieren vermochte und offenbar auch nicht kapierte, dass in der Berliner Republik ein anderer Ton herrschte.

Preußens Untertanengeist war nun auch im Westen von den Toten auferstanden.

Ist das nicht reichlich übertrieben?

Wie immer wiederholt sich die historische Tragödie als Satire.

Nach 200 Jahren wollten die Nachfahren Friedrichs des Großen den Willen des preußischen Königs erfüllen, auf der Terrasse des Schlosses Sanssouci beigesetzt zu werden. Es war der 17. August 1991, kurz vor Mitternacht. Nur der engste Kreis der Hohenzollern begleitete den Sarg. Als einziges Nicht-Familienmitglied ragte Bundeskanzler Helmut Kohl aus der Trauergemeinde. Radio und Fernsehen übertrugen live. Der Kanzler sah sich als neuer Reichsgründer. *Bonn direkt* zeigte eine harmlose Karikatur: Der Kanzler, in den Mantel der Geschichte gehüllt, den ein preußischer Adler ziert. Prinz Louis Ferdinand, Chef des Hauses Hohenzollern, bedankte sich bei Regine Wyrwoll, der Autorin des Films.

Kohl dagegen tobte.

Und der Kette meiner Verfehlungen wurde in der Mainzer Chefetage ein neues Glied angefügt. Am liebsten hätte man mir alle satirischen Elemente in der Sendung verboten.

Aber zu diesem Zeitpunkt war ich bereits gefeuert worden, nur eben nicht fristlos genug.

IX. Der Abschuss

Das geschah bereits am 20. Juni. Das Datum auf dem Brief aus Mainz war bemerkenswert und womöglich kein Zufall. Just an jenem Tag fiel die Entscheidung des deutschen Bundestags, mit Parlament und Regierung in die alte, neue »Hauptstadt« Berlin zu ziehen.

Zwei Tage zuvor schon fuchtelte der Intendant noch mit einem Brief des Justitiars vor meinen Augen herum, der ihm empfahl, meinen Vertrag sofort aufzulösen. Ich sollte mich deshalb diskret und ohne weiteren Schaden anzurichten, auf eine »neue Aufgabe« im Sender »noch vor Auslaufen Ihrer Beauftragung als Bonner Studioleiter« einlassen.

Es folgte eine unverhohlene Drohung: »Sollten unsere gemeinsamen Überlegungen nicht in angemessener Frist ein auch realisierbares Ergebnis erkennen lassen, behalte ich mir vor, auf eine schriftliche Würdigung des Vorgangs noch im einzelnen zurückzukommen.« Ein beinahe schon literarischer Satz.

Das Wort »Absetzung« wurde kunstvoll vermieden, es hieß statt dessen »schriftliche Würdigung«. Geräuschlos wäre es dem Intendanten am liebsten gewesen. Sich an mir die Finger schmutzig machen zu müssen, hielt er für »unwürdig«. Das waren die feinen Unterschiede zwischen einer autoritären und einer vermeintlich rechtsstaatlich einwandfreien Säuberung. Ich war bereits gefeuert, sollte aber so tun, als ginge ich freiwillig.

Jahre später schrieb der Intendant in seinen Erinnerungen (*Dieter Stolte: Mein Leben mit dem ZDF, Berlin 2012, S. 134*): Herles stand als »erster Journalist des *ZDF* in Bonn im Widerspruch zur offiziellen Position des Hauses.«

Stolte bestätigte damit, dass es eine offizielle Position gegeben hatte, die es niemals hätte geben dürfen. »Ich entband ihn« von der Leitung des Studios Bonn. Denn: »Als Intendant lasse ich mir weder von außerhalb noch von innen auf der Nase herumtanzen.«

Mit diesem Satz legte der Intendant Wert auf die Tatsache, dass er mich aus eigenem Antrieb entfernt haben wollte, nicht etwa auf dringendes Anraten des Kanzlers. Im mächtigen Verwaltungsrat gab es unerwartet Widerstand. Der Intendant legte dem Vernehmen nach die Pistole auf den Tisch und machte meinen Fall zur Vertrauensfrage. Er oder ich.

Es besteht kein Zweifel, dass er unter enormem Druck des Kanzlers stand. Der ehemalige Kanzler Kohl brüstete sich später ebenfalls: »Ich habe betrieben, das er verschwindet.«

Zwei Mächtige stritten sich darum, wer mich abgesägt hatte.

Mein Fall beziehungsweise Sturz war und ist symptomatisch. Die Zeit brachte meine Todsünde auf den Punkt: »Er erfüllte die mit seinem Unionsticket verbundenen Erwartungen nicht, sondern entpuppte sich als richtiger Journalist.«

Richtige Journalisten sind, soweit sie nicht grün sind, immer noch Mangelware, und nicht nur im *ZDF* eine Rarität. Auch die internationale Presse griff den »High Kick« auf. Ich sei »more independently minded than most German TV-Journalists«, schrieb die britische *Financial Times.*

Der Intendant erregte sich auf einer Personalversammlung über »31 Presseartikel« über den Fall, alle gegen ihn. Sorgfältig gesammelt lagen sie vor ihm, doch keine einzige tauchte im Pressespiegel des *ZDF* auf.

Die *Stuttgarter Zeitung* zitierte den zynischen Kommentar eines hochrangigen Kanzlerberaters: »Wer an exponierter Stelle in Bonn arbeiten wolle, müsse sich halt mit den Regierenden auf guten Fuß stellen.«

Gegen Kohl, sagte mir ein hochrangiger CDU-Mann, als könnte mich das trösten, sei nichts zu machen, die Partei ohne jedes Gewicht.

Sechzehn Jahre Merkel haben daran nichts geändert.

Es ging nicht nur mir so. Der Chefredakteur des *Spiegel*, Erich Böhme, musste gehen, weil er in einem Kommentare bekannt hatte: »Ich will nicht wiedervereinigt werden.« Sein Arbeit- und Herausgeber Rudolf Augstein war ein nationalistischer Knochen, der das nicht ertrug. Aber wie gesagt, beim *Spiegel* genoss der Herausgeber Tendenzschutz.

Die national bewegte Führung des *ZDF* war dagegen strikter Unabhängigkeit verpflichtet. Was sie nicht kümmerte, als der Nationalrausch mit ihr durchging.

Im Programm war das jeden Tag zu erkennen. Nicht nur im *ZDF*. Der *Spiegel* etwa druckte einen Aufsatz von Nobelpreisträger Günter Grass nicht, weil dessen Begeisterungsmangel dem Herausgeber nicht gefiel.

Im *ZDF* lehnte Willy Brandt die Zumutung ab, mit Antje Vollmer von den Grünen zu diskutieren, die für Bonn als Regierungssitz plädierte. Vollmer wurde ausgeladen, Brandt bekam sein Solo. Der Sender betätigte sich nicht als Dolmetscher im notwendigen Diskurs, sondern als Lautsprecher der vermeintlich einzig zulässigen Haltung. Die Gleichschaltung, die Jahre später in ganz anderem Zusammenhang – Covid, Energiewende, Einwanderung – Mainstream genannt wurde, war rund um die sogenannte Wiedervereinigung zum ersten Mal deutlich zu spüren. Damals war der Mainstream eindeutig rechts. Heute ist er vor allem grün.

Wokeness ist heute angesagt, das heißt, es ist alles zu verhindern, was jemanden verletzten könnte. Auch das setzt der Meinungsfreiheit Grenzen. Damals war das nicht viel anders. Alles war zu vermeiden, was die Brüder und Schwestern in der DDR hätte kränken können. Der fatale Irrtum bestand darin zu glauben, sie seien so zart besaitet, dass ihnen die Wahrheit nicht zugemutet werden könnte. Dabei bestand die größte Kränkung gerade darin. Sie wurden nicht für voll genommen.

Dreißig Jahre später weiß ich, dass mein ungutes Gefühl nicht getrogen hatte. Das Meinungsklima in der Berliner Republik hat sich verändert, verschlechtert. Die demokratischen Spielregeln begannen zu erodieren, langsam, leise, ohne dass jemand dagegen aufmuckte. Aus Erfahrung am empfindlichsten sind in dieser Hinsicht ehemalige Bürger der DDR.

Die »Vollendung der Einheit«, die »innere« Einheit oder wie die verstiegenen Erwartungen auch immer lauteten, haben sich nicht erfüllt. Das sehen die meisten so. Nur 47 Prozent der Westdeutschen, weniger als die Hälfte, und 56 Prozent der Ostdeutschen hielten laut einer repräsentativen Insa-Umfrage von *Bild* und *Welt* vom Herbst 2022 die »Wiedervereinigung« für geglückt. Das ist nach 32 Jahren ein ernüchterndes Ergebnis. Es hat wenig mit mit der Angleichung der Lebensverhältnisse zwischen West und Ost zu tun. Wenn überhaupt etwas »geglückt« ist, dann ist es die gigantische Transferleistung. Sie wird jedoch überlagert von der Gewissheit, dass sich das eigentliche Ziel des Beitritts erledigt hat, weil die prosperierende, liberale Bonner Republik nicht mehr existiert. Die DDR-Bürger haben die ihnen versprochene Bundesrepublik nie bekommen.

Zwei Staaten gingen in derselben Sekunde zu Grunde.

Trotz der in mehr als drei Jahrzehnten ausgeprägten Individualisierung in den neuen Bundesländern, sind die Milieus und Mentalitäten noch immer anders verteilt als im Westen. Die unterschiedlichen Sichtweisen auf Russland und seinen neuen Zaren sind dafür nur ein Beispiel. Die Medien bilden die deutsch-deutschen Verschiedenheiten nicht hinreichend ab, weil es ihnen ebenfalls an Vielfalt fehlt. Werden Marktwirtschaft und Parteiendemokratie im Osten tatsächlich weniger akzeptiert als im Westen, wie es Umfragen nahe legen? Oder sind im Osten nur Skepsis und Misstrauen größer? Die Debatte darüber dürfte niemals nachlassen. Doch wird sie, wenn überhaupt, nur verschämt geführt und weitgehend verengt auf die Empörung über »Dunkeldeutschland«. Ursache und Wirkung werden sträflich verwechselt.

Am »Erfolg« der AfD im Osten haben die Medien einen gehörigen Anteil, weil sie den Diskurs verweigern. Ausgrenzung allein ist kein Mittel. Konsenssehnsüchte schlagen um ins Gegenteil. Das Resultat wird oftmals stark vergröbernd und vereinfachend »Hass« genannt, auf beiden Seiten.

Aber damals fing das an. Als größter Fehler im Wiedervereinigungsprozess erwies sich die Vorstellung, es müsste nur möglichst rasch, am besten von oben verordnet, die »innere Einheit« hergestellt werden, koste es, was es wolle. Einheit wurde im Sinne von Einheitlichkeit definiert und missverstanden. Auf die zunehmenden Einschränkungen der Debatte reagieren viele Ostdeutsche empfindlicher. Diktaturgeschädigt, aber doch nicht demokratieunfähig, schimpfen sie mehr und anders.

Auch in einem Land, in dem die Meinungsfreiheit als hohes Gut gilt, können konformistische Stimmungen anschwellen. Ein Beispiel: Aus rein machtpolitischen, die ökonomischen Risiken verkennenden Gründen wurde unter Kanzler Kohl entschieden, den Euro einzuführen – auch dort, wo die ökonomischen Voraussetzungen noch nicht geschaffen worden waren, etwa in Griechenland. Fakten wurden gefälscht. Eine offene Debatte darüber blieb aus. Das setzte sich dann unter Angela Merkel fort. In der Schuldenkrise gab sie das Diktum aus: »Scheitert der Euro, scheitert Europa.« Kaum jemand in den öffentlich-rechtlichen Medien wagte es, diese Behauptung anzuzweifeln. Statt zu argumentieren und zu überzeugen, wurden Denkverbote erlassen. Die AfD wurde damals deshalb gegründet.

Mit Kanzler Schröder kamen grüne Fundamentalisten mit ans Ruder. Debatten über den Atomausstieg und die Abhängigkeit von Gas fanden kaum statt. Angela Merkel setzte das fort. Wenn sie etwas tat, dann stets angeblich alternativlos. Statt eine konstruktive Auseinandersetzung bevorzugte sie die »asymmetrische Mobilisierung«, zu deutsch: Friedhofsruhe. Die *ARD* und das *ZDF* betätigten sich als Friedhofswärter.

Merkels verblüffender Sofort-Ausstieg aus der Atomenergie war der Angst vor Wahlerfolgen der Grünen in Deutschland geschuldet. Plötzlich war es ganz und gar unpopulär, öffentlich zu bezweifeln, dass ein Tsunami im fernen Japan die Sicherheit deutscher Kernkraftwerke dramatisch verschlechtert haben könnte. Die vom Tsunami ausgelösten Ängste spülten lediglich den Diskurs hinweg. Von einem Tag auf den anderen ging es nicht mehr um eine komplexe, überwiegend technische Sachfrage, sondern um Gut und Böse, um schiere Moral. Merkel berief als erstes einen Ethikrat, in dem mehr Theologen saßen als Atomphysiker. Die Parteien marschierten im Gleichschritt. Da man keinen anderen fand, der noch ein Wort für Atomkraft übrig hatte, saß ich in Anne Wills Talkshow, kritisierte den abrupten und kurzsichtigen Ausstieg und fragte den evangelischen Bischof Wolfgang Huber, ob er glaube, über Kernenergie so viel besser Bescheid zu wissen, weil er ein Mann Gottes sei? Der Shitstorm danach kam mir bekannt vor. Selbst der Verlag meiner Romane fragte besorgt an, ob ich damit meine letzten Leser vergraulen wollte.

Die öffentlich-rechtlichen Medien lagen Merkel weitgehend zu Füßen. Ihre Soli bei Anne Will waren Andachten eines neuen politischen Biedermeiers. Das Politik- und Medienverständnis einer ostdeutsch sozialisierten Kanzlerin passte zum neuen gesamtdeutschen Politikverständnis. Verkörperte sie nicht die Vollendung der Einheit in Person?

Und jetzt Scholz: ein maues Echo der Merkeljahre, das sich bereits dem Ende nähert, ohne Hoffnung auf einen auch programmatischen Regierungswechsel. Ein halbes Dutzend Krisen hat das Potential zur Katastrophe. Das in der deutschen Geschichte angelegte Untertanensyndrom wird just in diesen Krisen der Gegenwart erneut virulent. Die Streitkultur ist in einem beklagenswerten Zustand. Konsenssucht lähmt das Land. Parteien und Medien werden weitgehend monochrom von grüner Gesinnung bestimmt. Nur so konnte es zu den verheerenden Kollateralschäden der Corona-Politik, zur dramatisch verfehlten Energiewende, zur sich erneut zuspitzenden Migrationswelle, zum Staatsversagen einer außer Rand und Band geratenen Bürokratie und zur Ausgrenzung von allem kommen, was in der Berliner Republik als »rechts« oder auch »linkspopulistisch« diffamiert wird. Damit einher geht die bizarre Verödung des woken Denkens und der Sprache.

Ist das die innere Einheit, nach der sich die Deutschen sehnten? Die Debatten zäh und verbohrt. Ein desillusioniertes, verstörtes Volk deckt sich ergeben ein mit Kerzen, Pullovern und Waschlappen. Im Gleichschritt Marsch! Nach »innerer Einheit«, sprich: Geschlossenheit, sehnen sich die meisten Deutschen noch immer.

Das Gesundheitswesen ist krank. Aber wie viele Chefärzte rebellieren? Es ist eine winzige Minderheit. Die Bildungskatastrophe lässt immer weniger Kindern eine Chance. Aber wie viele Schuldirektoren gehen auf die Barrikaden? Man müsste sie mit der Lupe suchen. Wie viele Automobilmanager sagen offen, was sie vom Elektrifizierungswahn halten? Ein paar, aber lieber nicht öffentlich.

Wie viele Journalisten glauben wirklich all den Unsinn, den sie schreiben und senden, und tun trotzdem, was »man« von ihnen verlangt. Bequemerweise schreiben sie voneinander ab. Der Mainstream nährt sich selbst.

Es gibt immer mehr Abgeordnete – doch kaum einer nimmt sich das Recht heraus, seinem Gewissen zu folgen? Beliebt machen sie sich nicht. Jasager, Duckmäuser, Konformisten wohin man schaut. Es ist das Erzübel unserer Demokratie.

So erscheint auch die Verwestlichung der ostdeutschen Medienlandschaft in neuem Licht. Sie hat das Gegenteil dessen bewirkt, was intendiert war. Statt mehr Vielfalt gab es mehr Einheit in Einfalt. Und auch die gegenwärtige Krise der öffentlich-rechtlichen Anstalten steht in diesem Zusammenhang. Durchgesetzt hat sich seit der Wende ein auf Quote getrimmter Populismus. Und in der gegenwärtigen Debatte um Gebühren und Strukturen kommen journalistischer Auftrag und Qualität zu kurz.

Hier noch ein paar goldene Sätze zum journalistischen Ethos:

➤ Die Ja-Sager haben im Journalismus den Beruf verfehlt. Wenn das Fernsehen gelegentlich zahm erscheint, liegt es nicht am Druck von außen, sondern am mangelnden Mut und der professionellen Unzulänglichkeit von Journalisten.

➤ Je tiefer man sich bückt, desto besser kann man getreten werden. Wenn man aber Widerständen trotzt, spürt man, dass man mit jedem Widerstehen mehr Freiheit gewinnt und mehr Souveränität.

➤ Ich finde die Larmoyanz, die da in den Sendern um sich greift, über den Druck der Politik und über die Beschränkung der Arbeitsmöglichkeiten grässlich. Es besteht kein Anlass zur Weinerlichkeit. Man muss einfach machen, kämpfen, sich durchsetzen, sich engagieren.

➤ Die größte Gefahr für den politischen Journalismus ist die Komplizenschaft mit den Politikern.

Diese Sätze sind nicht von mir, ich machte sie mir aber damals zu eigen, notierte sie, als mein der SPD nahestehender Chefredakteur sie in eine seiner Sonntagsreden einbaute. Er stellte sich meinem Rausschmiss nicht entgegen. Aber seine Merksätze sind nicht zu bestreiten. Sie gefallen mir noch immer.

* *Wolfgang Herles, Jahrgang 1950, aufgewachsen in einem katholischen Lehrerhaushalt in Lindau am Bodensee, besuchte nach dem Abitur die Deutsche Journalistenschule in München, studierte und promovierte. Ab 1980 arbeitete er als Redakteur für die ARD, 1984 wechselte er zum ZDF. 1991 wurde er als Leiter des ZDF-Studios in Bonn u. a. wegen Kritik an Kanzler Kohl abberufen. Von 2000 bis 2015 war er Redaktionsleiter und Moderator der ZDF-Kultursendung »aspekte«.*
Herles ist unverändert publizistisch aktiv.

Die große Irreführung. Wie die ARD ihren Auftrag verlor. Eine Chronologie

*Von Luc Jochimsen**

Der Anfang

Im November 1989, am Tag nach der Maueröffnung, war ich in Budapest. Wir drehten einen Film über die neue Zeit in Ungarn. Die Volksrepublik war abgeschafft. Seit Oktober gab es die Freie Demokratische Republik Ungarn. Ich saß im riesigen Büro des alten und neuen Außenministers Gyula Horn, der jahrzehntelang dem sozialistischen Kadar-Regime gedient hatte, dann als Erster die Ostblockgrenze öffnete – und nun nach wie vor einer der Mächtigsten im Lande war. Er wollte weniger über Ungarn reden als über Deutschland.

»Ihr Deutschen habt es gut«, meinte er, »wiedervereinigt werdet ihr zur stärksten Wirtschaftsmacht Europas«.

»Wiedervereinigung? Ja, glauben Sie denn, dass es zu einer Wiedervereinigung kommt?«

»Ja, was glauben Sie denn?«

Ich glaubte nicht daran. Ich wollte auch gar nicht daran glauben. Ich hoffte auf eine sich selbst demokratisierende DDR mit offenen Grenzen; setzte auf ein deutsch-deutsches Konföderationsmodell – so etwas wie

Deutschland und Österreich: eine Sprache, zwei Währungen, Handel und Wandel, Freizügigkeit total ... War das nicht das Ziel der friedlichen Revolution?

Ich war Leiterin der Dokumentationsabteilung des *NDR*, nach drei Jahren Korrespondentenzeit in London und zehn Jahren PANORAMA. Für das Erste Programm hatte ich 1989 eine Dokumentationsreihe entwickelt. Titel: *BRDDR – Der Westen leuchtet, aber das Licht ist kalt.* DDR-Filmemacher drehten im Westen, wir im Aufbruch-und-Umbruchland Ost. Es war ein Austausch von Ansichten. Diese Zeit enthielt so viele Möglichkeiten, so viele Chancen auf Veränderung, auch in unseren Redaktionen. Festgefahrene Gewohnheiten lösten sich auf.

Der *NDR* konnte in Ungarn drehen, obwohl die Zuständigkeit beim *Bayrischen Rundfunk* lag. Der Film hieß »Ein Fest für die Freiheit« und lief im Weihnachtsprogramm der *ARD*. Journalistische Arbeit war Tag und Nacht spannend, aufregend, auch von einem großen Zuschauerinteresse angetrieben.

Vier Wochen nach den Dreharbeiten in Budapest lud mich der Chefredakteur des *Süddeutschen Rundfunks*, Ernst Elitz, in seine Sendung PRO UND CONTRA ein. Thema: »Wiedervereinigung jetzt sofort?!«

Er war ehrlich und erzählte am Telefon, dass er sich bereits ein Dutzend Absagen von *ARD*-Journalisten geholt habe. »Niemand will eine Position gegen die sofortige Wiedervereinigung vertreten. Da habe ich an Sie gedacht: Kandidatin Nummer 13. Hoffentlich sagen Sie jetzt nicht auch noch ab.«

Sagte ich nicht – warum sollte ich auch? PRO UND CONTRA war eine der populärsten politischen Publikumssendungen. Sie bestand aus Expertenrunden, »Betroffenen«-Befragungen und zwei kontroversen Plädoyers. Ihre besondere Dramatik: zu Beginn und am Ende der Live-Sendung stimmte das Publikum über ein TED-Verfahren ab. Welche Argumente hatten gewonnen, wer überzeugte?

Also: PRO UND CONTRA »Wiedervereinigung jetzt sofort?!« im Dezember '89 im großen Fernsehstudio in Stuttgart, vor einem Millionenpublikum. PRO: Henning Röhl, Chefredakteur *ARD-Aktuell*. CONTRA: Luc Jochimsen, Redakteurin und Reporterin des *NDR*. Die Abstimmung zu Beginn ergab, dass 70 Prozent des Publikums für eine sofortige Wiedervereinigung waren, 30 Prozent dagegen.

Dezember '89. Die DDR existierte noch voll umfänglich, wie es so schön heißt. Die Experten traten auf; die »Betroffenen« kamen zu Wort, dann hielten wir unsere Plädoyers. Jeder hatte eineinhalb Minuten Redezeit – so viel wie für einen Tagesthemenkommentar.

Henning Röhl erhielt zuerst das Wort, sprach vom historischen Moment: »Nun darf keine Zeit verloren gehen, zugreifen muss man sofort, wir haben so lange darauf gewartet…« Seine Rede war eingebettet in ständigem Applaus. Mir wurde fast schwindelig, als ich an der Reihe war. Ich sagte, ungeniert Martin Luther King zitierend: »›Ich habe einen anderen Traum.‹ Nehmen wir uns zehn Jahre Zeit. Offene Grenzen. Freier Austausch von allen Gütern. Politische und wirtschaftliche Zusammenarbeit im Stil von Joint-Ventures. Zwei Parallelstaaten. Die DDR muss ihre neue Ordnung in Freiheit selbst gestalten können. Aber – und das ist vielleicht das Wichtigste: ab sofort einen gemeinsamen Konvent einberufen, eine verfassungsgebende Versammlung, die Besten aus West und Ost, die an einer deutschen Verfassung der Zukunft für uns alle arbeiten, die ebenfalls das Beste aus Ost und West enthalten soll«.

Bei den »Besten aus West und Ost« ging es schon los. Das Publikum murrte und zischte, es gab Zwischenrufe. »Was soll das sein? Die Stasi? Die Mauer vielleicht? Die Schüsse an der Grenze?«

Beifall für mein Plädoyer bekam ich so gut wie nicht. Als es zur Schlussabstimmung kam, lautete das Ergebnis: Wiedervereinigung sofort: Pro: 90 Prozent, Contra 10 Prozent. Eine krachende Niederlage für meine Argumente. Überzeugt hatte ich niemanden, im Gegenteil …

»Machen Sie sich nichts draus«, sagte Ernst Elitz, »einer musste ja bei diesem Spiel gegenhalten.«

Bei diesem Spiel? Wie ein Echo blieb mir dieses Wort im Kopf. Spiel … Die hatten einen Trottel gebraucht, einen, der gegenhält. Dieser Trottel bin ich gewesen.

Das Spiel

»Der Rundfunk ist Sache der Allgemeinheit. Er wird in voller Unabhängigkeit überparteilich betrieben und ist von jeder Beeinflussung fernzuhalten.« Zitat aus dem Rundfunkstaatsvertrags des *Hessischen Rundfunks*.

Als ich 1973 anfing, für PANORAMA zu arbeiten, hatte dieses politische Magazin alle seine bisherigen Leiter auf die gleiche Weise verloren: durch politischen Druck. Gert von Paczensky, Rüdiger Proske, Eugen Kogon, Joachim Fest – aus welchen unterschiedlichen politischen »Ecken« sie auch gekommen waren: Einige Zeit bei PANORAMA und wenige kritische Beiträge später wurden sie entweder entlassen oder zum Ausscheiden veranlasst.

1973 war Peter Merseburger Chefredakteur des *NDR* und PANORAMA-Leiter und hatte sich schon ungewöhnlich lang gehalten und unbeliebt gemacht. In dieser Zeit führte die CDU ganz offen ihre Attacken gegen den »Rotfunk-Sender *NDR*«, der als Drei-Länder-Anstalt mal eine SPD-, mal eine CDU-Mehrheit in seinen Kontrollgremien hatte. Regierte die CDU in Niedersachsen und Schleswig-Holstein, dann regierte die CDU auch mehrheitlich in der Drei-Länder-Anstalt *NDR*. Kamen die Sozialdemokraten in Kiel an die Regierung, ergaben sich neue Machtverhältnisse im Rundfunk- wie im Verwaltungsrat. Das Personalkarussell wurde jeweils neu in Gang gesetzt – und zwar bis auf die Abteilungsleiterebene. Der *NDR* war nach der »Farbenlehre« geordnet: rot-schwarz oder schwarz-rot, von oben nach unten.

Als erstes blockierte die CDU die Vertragsverlängerung für den SPD-Intendanten und setzte eine Intendanten-Doppelspitze mit Vertretern beider Parteien durch. Dann ging es an Merseburger. Sein Vertrag als Chefredakteur wurde einfach nicht verlängert. Jedes Mal, wenn die Doppelintendanten die Vertragsverlängerung auf die

Tagesordnung des Verwaltungsrates setzten, verließen die CDU-Mitglieder den Raum und machten damit das Gremium beschlussunfähig. Das Machtspiel dauerte zwei Jahre. 1975 gab Peter Merseburger die Leitung von PANORAMA ab, anschließend die Chefredaktion und ging als *ARD*-Korrespondent nach Washington.

Das war kein Einzelfall. Das war gängige Medien-Politik unterm Motto: Parteien-Proporz. Im *NDR* war dieser Proporz nur besonders offenkundig.

Diese inneren Verhältnisse in den Sendern prägten auch ganz offen das *ARD*-Programm: gegen PANORAMA vom Rotfunk *NDR* wurde REPORT MÜNCHEN vom Schwarzfunk *BR* ins Rennen geschickt; gegen MONITOR vom anderen Rotfunksender *WDR* lief REPORT AUS BADEN-BADEN.

Das war»die »goldene Zeit« der politischen Konkurrenz. Insgesamt schuf sie durchaus Vielfalt, demokratischen Dialog und Kontroversen, die nicht nur auf der Oberfläche blieben – im Gesamtprogramm, also für das Publikum, die Allgemeinheit.

Dann aber kippten 1984 Regierungspolitik und Wirtschaftsmacht die Monopolstellung des öffentlich-rechtlichen Systems, und setzten das sogenannte »duale System« durch – die Etablierung kommerziell betriebener Privatsender neben den öffentlich-rechtlichen. Dieser politische Akt der Privatisierung unter dem Motto: Konkurrenz belebt das Geschäft (als ob das öffentlich-rechtliche System je ein Geschäft sein sollte oder konnte) veränderte alles: die Rolle der Medien, die Rolle der Politik – und die politische Kultur insgesamt.

Dieser Wettbewerb war etwas ganz anderes als die bisherige politische Konkurrenz samt ihrer parteipolitischen Einflussnahme. Rundfunk und Fernsehen wurden Geschäft, Konsum – Journalismus Dienstleistung. Unterhaltung wurde zum Zauberwort. Was heißt hier informierend, unterrichtend, bildend? Unterhaltend mussten die Programme sein, Thema hin – Thema her. Spannung, Skandal, Boulevard, Guck-Loch-Perspektive, Personality-Show, am Besten alles Krimi …

Zunächst langsam und dann mit immer größerer Eigenbeschleunigung entstand die neue Medien- und Kommunikationsstruktur. Nicht mehr die Vermengung von Nachricht und politischer Meinung, die so viele Ansätze zur Beeinflussung enthält, war nun das Problem, sondern die Vermengung von Programm und Konsum, die Ausrichtung auf den Markt. Programme wurden Produkte – und die Sender entweder »Marktführer« oder »Marktspoiler«.

Das Publikum wurde neu definiert. Nicht um die Allgemeinheit ging es mehr, es galt Zielgruppen zu erreichen und die neue Aufgabe hieß Kaufkraft mobilisieren. »Die über 50-Jährigen interessieren uns nicht« sagte damals ein RTL-Programmdirektor.

Der Mythos von den Konsumfreudigen unter 40 als den ausschlaggebenden Zuschauern und Zuhörern kam auf, alle anderen Altersgruppen wurden zweit- oder drittrangig. Mit einer demokratischen Medienkultur hatte das nichts mehr zu tun, diese Zeit war vorbei. Die Wirklichkeit spielte keine zentrale Rolle mehr – genauso wenig die Wahrheit. Aufkamen die schönen Geschichten anstelle der hässlichen Nachrichten und deren Ursachen. Die »Privaten« von 1984 brauchten einige Zeit, aber dann trieben sie die öffentlich-rechtlichen ins Rennen um die Publikumsgunst. TUTTI FRUTTI, der Hausfrauenstrip aus Italien, war das Erfolgsbeispiel. Und das war im Effekt eben nicht nur lustig und poppig. Es war systemverändernd.

Das Medien- und Kommunikationssystem wurde ein zentraler Teil der gesellschaftlichen Infrastruktur, es breitete sich immer weiter aus und differenzierte sich mehr und mehr. Auch das Publikum, die Öffentlichkeit. Schon bald hatten die Kommerzsender eine Millionenzuschauerschaft. Die politische Öffentlichkeit wie auch die Politik selbst wurden mehr und mehr medial beeinflusst. Mein Lehrer, der Soziologe Helmut Schelsky, konstatierte damals »die Publizistik erniedrigt die Politik zur veröffentlichten Halbwahrheit – Politiker werden zu öffentlichen Halbdenkern.«

In den öffentlich-rechtlichen Sendern begann eine Reformdiskussion. So konnte es einfach nicht weitergehen. Weder strukturell noch inhaltlich. Also, Parteienproporz, politische Hofberichterstattung, Bunkermentalität … Adé! Veränderung, Veränderung, Veränderung – das war die Chance, das war der Zwang spätestens im fünften Jahr des »dualen Systems«, diesem toxischen Wettbewerb.

Dann wurde 1989 »plötzlich und unerwartet« aus einer Zeit der Parolen, der guten Vorsätze und Reformpläne der historische Moment des Handelns. Wiedervereinigung?! Käme es zu einer Wiedervereinigung, welche

Auswirkung hätte sie für die Westmedien? Öffentlich-rechtlicher Rundfunk im wiedervereinigten Land, wie sollte, wie konnte er strukturiert sein, wie arbeiten?

Der damalige *ARD*-Vorsitzende und Intendant des *Hessischen Rundfunks*, Hartwig Kelm, traf sich 1990 mit dem Generalintendanten des Deutschen Fernsehfunks der DDR (DFF), Hans Bentzien. Sie planten eine gemeinsame »Zukunftskonferenz« in Berlin. Schließlich legte im noch nicht ratifizierten Einigungsvertrag der Artikel 35 fest, dass »die kulturelle Substanz der DDR keinen Schaden« nehmen dürfe durch die Wiedervereinigung. Und Rundfunk und Fernsehen gehörten eindeutig zur »kulturellen Substanz« des Landes. Daran konnte es eigentlich keinen Zweifel geben. Oder doch?

In heller Panik wandte sich der damalige Intendant des *SFB*, Günther von Lojewski, an den Verhandlungsführer des Einigungsvertrages, Bundesinnenminister Wolfgang Schäuble, und übermittelte ihm ein Horror-Szenario, nachzulesen in seiner 2001 erschienenen Autobiografie »Live dabei. Erinnerungen eines Journalistens«: »Mehr als zehntausend Agitprop-geschulte und erfahrene Ossis gegen 1.400 SFBler in West-Berlin« würden da in Zukunft wirken, wenn Artikel 35 nicht sofort umgeschrieben, ergänzt, verändert würde.

Also wurde der Einigungsvertrag noch schnell vor Unterschrift umgeschrieben und um einen Artikel 36 erweitert, der die Auflösung des Rundfunks und Fernsehens der DDR festlegte, indem er diese Institutionen einfach aus der »kulturellen Substanz« herausnahm. Damit konnte das »Spiel« das taktische und strategische Spiel der westdeutschen politischen Machthaber und der westdeutschen journalistischen Besitzstands-Bewahrer-und-Erweiterer beginnen.

1990 war nicht die Zeit für Reformen. Nun gab es anderes zu tun. Öffentlicher Kommentar von Bernd Neumann, dem Vorsitzenden der CDU/CSU-Medienkommission und späteren »Beauftragten der Bundesregierung für Kultur und Medien«: »Das DDR-Mediensystem ist eine nicht tragbare Altlast, seine Auflösung die sauberste Lösung.«

Gegen diese »sauberste Lösung« hatte eine Zukunfts-Konferenz von ARD und DFF in Berlin keine Chance. Auch oder gerade weil genau in diesen Wochen und Monaten die »nicht tragbare Altlast« namens DDR-Mediensystem sich derart veränderte, reformierte, ja revolutionierte, dass auch die öffentlich-rechtlichen Westsender zu ihren Anfängen, zu ihren Wurzeln hätten zurückkehren können – sowohl inhaltlich wie auch strukturell mit neuen Redaktionsmodellen, Mitbestimmungsregeln, Zuschauerbeteiligungen …

Wenn man es bloß gewollt hätte!

Aber der öffentlich-rechtliche Rundfunk West war da wohl schon zu lange Geschäft geworden. Was war dagegen »kulturelle Substanz«? Ein Fremdwort. Was dadurch verloren ging, hat die 1954 geründete »Historische Kommission der ARD« 2020, also dreißig Jahre später, einigermaßen fair beschrieben:

»Unmittelbar vor und nach dem Mauerfall brachte das DDR-Fernsehen viele Sondersendungen, die den gesamten bisherigen Sendeablauf durcheinanderbrachten und auf die Bedürfnisse der Bevölkerung eingingen. Auch bisherige Tabuthemen wurden erörtert, und es gab viele Ratgebersendungen, die hohen Zuspruch erfuhren. In diesen Tagen gewann das sich grundlegend wandelnde DDR-Fernsehen viele Zuschauer zurück.«

Die »friedliche Revolution« hatte auch zu einer Medienrevolution geführt. Nicht nur das DDR-Fernsehen wandelte sich »grundlegend«, es wurden fast einhundert neue Zeitungen gegründet, dreißig allein aus der Reformbewegung heraus. Redaktionen erfanden sich gewissermaßen neu, die Journalisten der DDR waren eine treibende Kraft für das Freiheitsempfinden der Bürgerinnen und Bürger, die aus ihrer eigenen Kraft die Diktatur überwunden hatten.

Welch eine Chance für ein freiheitliches öffentlichrechtliches Rundfunksystems! Welch eine Partnerschaft hätte sich da ergeben können! Informieren, bilden, unterhalten … Ein Programm, das sich nicht am Markt ausrichtet, sondern an der Aufgabe, ein neues, gemeinsames Land zu gestalten.

Stattdessen sahen die ARD-Verantwortlichen neue Sendegebiete, neue Beitragszahler, neue Werbeeinnahmen, vor allem auch neue Posten: Intendanten, Direktoren, Chefredakteure, Hauptabteilungsleiter …

Henning Röhl, der sich in der PRO und CONTRA-Sendung im Dezember ’89 so leidenschaftlich für die sofortige Wiedervereinigung eingesetzt hatte, wurde der erste Fernsehdirektor des neu gegründeten Ost-Senders *MDR*. Die wenigen, die etwas anderes gewollt hatten, wie der ARD-Vorsitzende Hartwig Kelm, sprachen von

»Raubrittertum«, aber das regte niemanden auf. Politik West und Medien West waren sich einig. Die Kolonialgeschichte auch im Namen der öffentlich-rechtlichen Rundfunkfreiheit setzte ein. Die zwölfköpfige Historische Kommission der ARD schilderte den Vorgang 2020 so: »Mit dem Einigungsvertrag wurde 1990 schließlich nach langen Diskussionen« (*so lang waren die Diskussionen in den wenigen hektischen Monaten 1990 keineswegs – L. J.)* entschieden, dass ›der Rundfunk der DDR‹ und der ›Deutsche Fernsehfunk‹ als staatsunabhängige, rechtsfähige Einrichtung von den neuen Bundesländern und Berlin im Bereich der ehemaligen DDR weitergeführt werden.«

Diese »Einrichtung« bekam einen besonderen Chef, den ehemaligen berühmt-berüchtigten journalistischen Rechtsausleger des *Bayrischen Rundfunks*, der außerdem einschlägige Erfahrungen mit der Aufbauarbeit von Kommerzsendern hatte. Rudolf Mühlfenzel erfüllte alle, insbesondere von Bundeskanzler Helmut Kohl persönlich in ihn gesetzten Erwartungen und wickelte in nur achtzehn Monaten das gesamte Rundfunk- und Fernsehsystem der DDR ab – die Mitarbeiter, die Studios, die Technik, die Immobilien, die Programme (bis auf das »Sandmännchen«).

Am 31. Dezember 1991 war Mühlfenzels »Mission completed«.

Genau aus dieser Zeit der Abwicklung des DDR-Fernsehens gibt es ein aufschlussreiches Dokument, das »ARD-Jahrbuch '91«. Darin legt *ARD*-Programmdirektor Dietrich Schwartzkopf, nunmehr zuständig für das gesamtdeutsche »Gemeinschaftsprogramm«, grundsätzlich und gleichzeitig sehr detailliert einen ARD-Reformplan vor. (Das »ARD-Jahrbuch« gab es seit 1969 und verstand sich als ein Handbuch, das »allen am Rundfunk Interessierten einen Einblick in Organisation, Programmleistung und Finanzen der in der *ARD* zusammengeschlossenen Rundfunkanstalten« geben sollte.)

»Das *ARD*-Gemeinschaftsprogramm Erstes Deutsche Fernsehen wird im Bereich des Fernsehens das Deutsche *Integrationsprogramm* sein.«

Wir merken uns: Integrationsprogramm!

»Es wird nämlich als einziges Programm dem öffentlich-rechtlichen Fernsehen der neuen Bundesländer die Chance bieten und es zugleich verpflichten, diese Länder mit ihren Menschen, ihren Landschaften und Institutionen, mit ihren Sorgen und Hoffnungen, mit ihren Problemen und ihren Erfolgen *in eigenbestimmter Form* den Zuschauern in ganz Deutschland darzustellen.«

Wir merken uns: in eigenbestimmter Form!

»Es wird damit gleichermaßen der *Identitätsfindung bzw. -wahrung* in den neuen Ländern wie der gesamtdeutschen Integration dienen.«

Wir merken uns: Identitätsfindung bzw. -wahrung in den neuen Bundesländern!

»Aufgabe: Integration ohne Verzicht auf Identität

Von den neuen Landesrundfunkanstalten werden Integration und identitätsorientierte Beiträge zu erwarten sein. Das Zuschauerinteresse an solchen Sendungen müsste in ganz Deutschland, wo es nicht oder nicht im genügenden Maße vorhanden ist, durch die Qualität und Attraktivität der Beiträge geweckt werden. Integration und Identität bedingen einander dabei. Nicht der Verzicht auf Identität führt zu Integration, sondern das Einbringen der Identität. Integration ist eine Sache des gesamten Programms, also aller am Ersten Deutschen Fernsehens beteiligten Landesrundfunkanstalten, der westdeutschen wie der ostdeutschen, der alten wie der neuen, und das heißt weiter: Sache aller Programmsparten.«

Der *ARD*-Programmdirektor beließ es nicht bei gut klingender Proklamation. Er lieferte zugleich einen Katalog von Umsetzungsmöglichkeiten für das Programm, der es wert ist, gerade dreißig Jahre später in vollem Umfang zur Kenntnis genommen zu werden.

»Zielvorgaben für Sendungen

Die Umsetzung der gesamtdeutschen Integrationsfunktion in den Programmen der öffentlich-rechtlichen Rundfunkanstalten könnte etwa wie folgt aussehen:

– Darstellung der Zusammengehörigkeit und des aufeinander Angewiesenseins der Deutschen aus den beiden Teilen des Landes.

– Förderung des gegenseitigen Verstehens durch Bekämpfung von Zerrbildern, Klischees und neuen Feindbildern.

– Verständnis wecken für die jeweiligen Besonderheiten der Entwicklung in den beiden Teilen Deutschlands, Kenntnisnahme und Respektieren der jeweiligen Erfahrungen.

– Analyse von und Auseinandersetzung mit Überdrussgefühlen und Verweigerungshaltungen.

– Keine Künstliche Herstellung von Harmonie.

– Bewältigung der sprachlichen Dimension der Vereinigung. Sprachgefühl und Sprachgebrauch in den beiden Teilen des Landes haben sich auseinander entwickelt und müssen wieder zueinander finden.

– Vertiefung der Kenntnis von Kultur und Geschichte der beiden deutschen Teilstaaten mit dem Ziel, erhalten gebliebene Gemeinsamkeiten sowie Ansätze für neue festzustellen.

Von Sendungen der beschriebenen Art, die einzubringen Aufgabe der alten wie der neuen Landesrundfunkanstalten sein muss, ist eine Verstärkung der Forumsfunktion des öffentlich-rechtlichen Fernsehens zu erwarten.« *(Quelle: ARD-Jahrbuch 91)*

Aus diesem Katalog wird in einem Nachspann die »Verpflichtung« der ARD abgeleitet, »aus Sachsen genauso umfassend zu berichten wie aus Bayern, dem Geschehen in Rostock die gleiche Aufmerksamkeit zu widmen wie dem in Osnabrück« und Berichterstattern aus dem Osten die Gelegenheit zu bieten, einen »frischen Blick auf die Sachverhalte im Westen zu werfen« …

Anno domini 1991 wohlgemerkt.

Dass diese Verpflichtung von Anfang an umstritten war und starke Gegner innerhalb der *ARD* hatte, wird in diesem Grundsatzpapier in aller Offenheit dargelegt. Zitat: »Dem gelegentlich zu hörenden Schreckensruf ›die Ossis verderben uns die Einschaltquoten‹ ist zweierlei entgegenzuhalten. Erstens muss die Akzeptanz in den neuen Bundesländern mitbeurteilt werden, und zweitens, falls dann immer noch ein Akzeptanzdefizit übrig bleiben sollte, gibt es Ausgleichsmöglichkeiten, den Vorsprung des Ersten Deutschen Fernsehens vor anderen Mitbewerbern zu halten. Dazu ist es nicht nötig, die öffentlich-rechtliche Programmmischung mit ihrem ständigen Auftrag sich unverwechselbar von den privaten Programmen zu unterscheiden, in irgendeiner Weise zu beschädigen. Es geht um Kulturvielfalt, Literaturverfilmung, Dokumentarfilm, ein Gesamtprogramm der Originalität.«

Das war ein inhaltlicher Reformplan für das vereinigte Land.

Wenn schon die reformbedürftige *ARD*-Struktur dank der Herrschaft der Landespolitik über die Sender nicht verändert werden konnte, so gab es doch eine inhaltliche Blaupause für ein anderes, ein neues Gemeinschaftsprogramm, das mit dem mehr und mehr durch kommerzielle Konkurrenz verfälschten westdeutschen *ARD*-Programm der neunziger Jahre nicht identisch war. Da war inhaltlich ein Wendepunkt erreicht.

Allerdings unter einem besonderen Vorbehalt – und der hieß »westliches Journalismusverständnis«.

Zitat: »Integration und Identität setzen ein gemeinsames journalistisches Selbstverständnis, das heißt ein gemeinsames Verständnis von Aufgabe, Rolle und Funktion des Journalisten voraus. Es ist kein imperialer Gestus und kein unzumutbarer westlicher Herrschaftsanspruch, wenn klar gesagt wird: Es darf kein Zweifel daran aufkommen, dass es das westliche Journalismusverständnis ist, das hier zu gelten hat, weil es das Verständnis eines freiheitlichen Journalismus ist.«

Was aber bedeutete 1991 das westliche »Journalismusverständnis«? Worin bestand es? Welche Werte enthielt es?

1991 war nicht nur das Jahr der Umwälzung des Ostblocks und der Wiedervereinigung – 1991 war Kriegsjahr, Golfkriegsjahr. Und in Zeiten eines Krieges, so lehrt uns die Geschichte, fallen Medien unter politische sowie militärische Zensur, werden Journalisten Propagandisten der kriegsführenden Staaten. Ihre Aufgabe, ihre Rolle und Funktion verändern sich radikal.

Und 1991 veränderten sie sich gewaltig.

Operation Wüstensturm

1991 übernahm ich die Leitung des *ARD*-Studios London. Noch vorher, als der Golfkrieg gerade ausgebrochen war, koproduzierte der *NDR* mit *Granada-TV* eine Zweistunden-Dokumentation »Class '91 – in the year of the desert storm / Jahrgang '91 – im Jahr der Operation Wüstensturm«. Ein Portrait von Schulabgängern in Manchester und Hamburg. Was dachten junge Männer, gerade 18 Jahre alt geworden, über diesen Zweiten Golfkrieg? Wie weit wollten sie sich beteiligen – oder nicht? Fanden sie diesen Krieg richtig, notwendig, gerecht?

Es war eine sogenannte Cross-Over-Dokumentation. Das britische Team porträtierte die jungen Deutschen, wir die jungen Briten. Und während die englischen Kollegen fassungslos mit lauter Kriegsdienstverweigerern in Hamburg zu tun hatten, standen mir in Manchester vor allem Patrioten gegenüber, die in vollem Einklang mit ihrer Regierung den Golfkrieg bejahten und sich auch an ihm beteiligen wollten, wenn die Armee sie bräuchte.

Großbritannien hatte zu dieser Zeit eine Berufsarmee – keine Wehrpflicht. Deutschland hatte damals noch eine Verfassung, die Auslandseinsätze der Bundeswehr ohne einige Bedrohung untersagte.

Und so ergab sich in diesen beiden europäischen Nachbarstaaten in der Kriegsfrage ein völlig unterschiedliches, aber in sich durchgängiges Muster: Übereinstimmung von politischer Macht, Medien und Einstellung der weit überwiegenden Mehrheit der Gesellschaft – die einen pro, die anderen contra Krieg, und wir Journalisten stellten die beiden Realitäten einander gegenüber. Ein Krieg, zwei Anschauungswelten.

Als Reporterin bewegte ich mich in einander konträr gegenüberstehenden Gesellschaften, sowohl was die offizielle Politik als auch die Einstellung der Bevölkerung anging. Großbritannien war Kriegspartei, die Bundesrepublik nicht. Mein Berichtsgebiet war erfüllt von durchgängiger Zustimmung für diesen Krieg, meine Zuschauerschaft eindeutig gegen diesen Krieg.

Nun spielt es natürlich eine große Rolle, ob das eigene Land den Krieg, über den zu berichten ist, führt oder mitführt – oder nichts von beidem. Ich habe mich in den

Vorkriegswochen und schließlich während des Kriegs immer wieder gefragt: Wie hätten die öffentlich-rechtlichen Sender in Deutschland wohl über diesen Krieg berichtet, wenn es Teil des internationalen Militärbündnisses von 34 Staaten unter Führung der USA wäre? Die gleichen Kolleginnen und Kollegen als Korrespondenten, Kommentatoren und Moderatoren – was hätten sie berichtet mit ihrem westlichen Journalismusverständnis? Das wurde nämlich genau in diesen Wochen und Monaten 1991 durch den Krieg radikal verändert. »Ein US-Krieg heißt Big News. Und Big News heißt Big Business. Und in dieser Multimilliarden-Industrie wollen alle so sehr davon profitieren wie möglich.« So das Statement von Peter Arnett, dem globalen *CNN*-Kriegsberichterstatter, der seine Berichte von der Front auch in unsere Wohnzimmer schickte.

Der Golfkrieg von 1991 war ein Medienkrieg – wie keiner zuvor. In ihm wurde der »embedded journalism« erfunden, die »eingebetteten Journalisten« in Uniform mit der Aufschrift PRESS auf dem Rücken. Vom amerikanischen Verteidigungsministerium in sogenannten Medienpools organisiert, berichteten sie aus Flugzeugen, von Panzern, inmitten der Bodentruppen von der vordersten Front oder von dem, was als vorderste Front ausgegeben wurde. Das Neue an dieser Art der Kriegsberichterstattung war, dass journalistische Arbeit einerseits total der Zensur unterstellt war und reine Propaganda betrieb, andererseits aber auch als Verkaufsware in alle Welt ging, ein Kriegsgeschäft. Die Informationsmacht Pentagon hielt sich den kommerziellen Sender *CNN* als

Nachrichtenmonopolisten, der – in Absprache mit den Redaktionen – Berichte von Angriffen und Siegen in Echtzeit übermittelte, pünktlich zur besten Sendezeit.

Die Presseagentur *Agence France Press* (AFP) wollte damals einen Prozess gegen *CNN* anstrengen, weil sie die Monopolstellung einer zivilen Organisation – noch dazu eines Profitunternehmens – in der Zusammenarbeit mit den Stäben des Militärs nicht akzeptabel fand. Aber welches Gericht sollte über diesen Fall urteilen?

Pentagon und *CNN* schufen die Kriegspropaganda, und CNN verkaufte sie mühelos in die ganze Welt. Nur bruchstückhaft gelangten damals Lügen, Inszenierungen und Zensierungen der Berichterstatter an die Öffentlichkeit – zum Beispiel die berüchtigte Brutkastenlüge aus der Neugeborenenstation des Krankenhauses in Kuwait.

Auch die *ARD* hat diese Gräuelgeschichte gesendet. Westliches öffentlich-rechtliches Journalismusverständnis im Jahr 1991 – global austariert, vom Grundsatz der Wahrheit weit entfernt und fixiert vor allem auf Spannung und Emotionalität.

Kriegsberichterstattung ist Drama, machen wir uns nichts vor, und die Bilder menschlichen Leids sind an emotionaler Aufladung nicht zu übertreffen. Sie überschatten alle zivilen Informationen.

Wir drehten in Manchester die Trauerfeier für einen gefallenen 17-jährigen Soldaten. Er war vor Kriegsbeginn Mitschüler der Abschlussklasse gewesen, die wir porträtierten. Freiwillig hatte er sich sofort gemeldet und war noch in den letzten Kriegstagen an die Front gekommen. Nun gab es einen militärisches Ehrenbegräbnis. Familie,

Schüler, Lehrer, Nachbarn standen am Straßenrand vor der Kirche, als der flaggenumhüllte Sarg vorbeizog – eine Menschenmenge erstarrte in Trauer. Aber alle, die wir unmittelbar nach der Zeremonie befragten, hielten den Krieg für richtig und wichtig, selbst die tränenüberströmte Schwester.

»Starkes Material« sagte der englische Producer, »ihre Hamburger jungen Leute fallen da ziemlich ab – mit ihren kühlen Argumenten. Sie wirken so gleichgültig. Als ginge sie dieser Krieg nichts an, der doch die Welt erschüttert.«

Hätte ich ihm in diesem Augenblick meine Kindheit schildern sollen? Sechs Jahre Krieg, vom dritten bis zum neunten Lebensjahr, Bombennächte, Verbrennungen, Splitter- und Phosphorwunden? Und den daher stammenden Überlebenswunsch »Nie wieder!«.

Er war zu jung und lebte in einer anderen Welt. Was wir aber heftig miteinander diskutierten: den journalistischen Umgang mit Wahrheit und Lügen im Krieg, den Unterschied zwischen Propaganda und Information. »It's hard«, sagte er, »es ist schwierig, und es wird immer schwieriger in unserem Beruf. Wir müssen immer schneller werden, da ist die Flut der Bilder im Minutentakt und der Zwang zu Zuspitzungen von realen, dokumentarischen Ereignissen. ›The best of ...‹ Wo hört Wahrheit auf? Es gibt so viele Halbwahrheiten. Die reine Information gab es ja sowieso nie – aber diese neuen Manipulationen nehmen zu, wahrscheinlich unaufhaltsam.«

Granada-TV war privater Konkurrent der *BBC*, gehörte zum Verbund ITV (*Independent Television*), in dem regionenbezogene, voneinander unabhängige, kommerzielle Sender agierten. Ja, auch Großbritannien hatte ein »duales System«, und zwar schon seit 1955. Aber es funktionierte ganz anders als in Deutschland. Der Wettbewerb hatte ein ganz anderes Koordinationssystem. Er ging von den Regionen Ost, West, Süd, Nord aus. *Granada-TV* stammte aus Manchester, hatte dort seinen Hauptsitz und vertrat den industriellen und später deindustrialisierten Norden, die Leute, die Landschaft, das Leben – und schuf so immer Gegenbilder zum reichen London mit seinen Banken, Bürostädten und dem »Palast«.

Granada-TV galt als »sozialistisch«, zum Programmende wurde nie die Nationalhymne abgespielt. »Don't forget, your job is to make trouble« sagte der Generaldirektor. »Euer Job ist Aufdecken, Anstoßen, Unruhestiften!« Was für ein Geschäftsmodell für einen Kommerzsender!

Granada-TV war keine Nischenanstalt. Es sendete »Coronation Street«, den Prototyp aller Live-Serien (deutsche Version: »Lindenstraße«) und dies schon seit 1960. Es schuf »7 up«, eine über Jahrzehnte gehende Langzeitdokumentation über das Aufwachsen einer ganzen Generation, acht Staffeln in 63 Jahren. »World in Action« war das herausragendste Beispiel investigativen Journalismus' neben »Panorama« von der *BBC* und »60 Minutes« in den USA.

Granada-TV wollte die Nation aufregen und Unruhe stiften, nicht Konsumenten ködern – die Werbeeinnahmen flossen trotzdem, weil die Zuschauerschaft national wie im gesamten Commonwealth so groß war. Das hatten die britischen Privatsender mit der BBC gemeinsam: die englische Sprache und einen Weltmarkt. Dabei war die eigenständige Qualität der journalistischen Leistung das Markenzeichen.

Im Krieg waren aber auch die Berichterstatter von *Granada-TV* »eingebettet«. Teilweise unter britischer Militärführung. Der Unterschied zum Pentagon war nicht groß, wenn es auch hin und wieder Gegenbilder gab und das Aufdecken von Kriegslügen. Das Gegenbild Deutschland passte da gut ins Programm.

Die Widerspiegelung der Wirklichkeit, dass junge Menschen im Nachbarland Bundesrepublik nichts mit diesem Krieg zu tun haben wollten, den Großbritannien so begeistert mitführte, hielt man im Sender für eine journalistische Aufgabe. Ein bisschen trouble …

Wir standen bei der Endfertigung unseres Doppelfeatures unter besonderem Druck, war doch klar, dass dieser Krieg bald zu Ende ginge. Und wer würde sich nach Kriegsende schon für die Einstellung junger Leute zum Krieg, ob nun in Deutschland oder in Großbritannien, noch interessieren? Also schnell … *Granada-TV* war schneller. Die *ARD* zeigte den Film »Jahrgang '91« am 1. Mai. Am 12. April war der Krieg offiziell zu Ende gegangen.

Medial ging er allerdings noch länger weiter. Nun kamen die Fakes ans Licht, die Lügen, die Inszenierungen und auch die gesamte Struktur der manipulierten und zensierten journalistischen Arbeit, dem »Implantat«. Die Hamburger Abiturienten waren da gar nicht so schlecht, hielten sie doch die Auswirkungen des Krieges auf das Zivilleben als eines ihrer Hauptthemen. Inwieweit würde der überstandene Krieg die sozialen, kulturellen, politischen Themen prägen? Würde in Zukunft eine Militarisierung der Gesellschaft stattfinden? Und lebten wir in Deutschland wirklich in einer friedlichen Welt, wenn wir nicht Kriegspartei waren, aber 16,9 Milliarden DM und Rüstung zu Verfügung gestellt hatten? Wird es einen neuen Krieg geben? Und wie verhalten wir uns dann?

Das waren die Fragen junger Erwachsener in Hamburg im Jahr der »Operation Wüstensturm«.

Für das *ARD*-Studio in London blieb Krieg ein Schwerpunktthema. Die Aufarbeitung des Golfkriegs, der Nordirlandkrieg als Alltag. Der Nachkriegsjournalismus. Die konzentrierte Medienkraft á la Rupert Murdoch nach amerikanischem Vorbild überrollte bisherige Veröffentlichungsregeln. Im neuen Zeitungsviertel in den Londoner Docklands gab es keine Setzer mehr, die Journalisten selbst gaben ihre Texte in Druck. Lektoren waren eine aussterbende Spezies. Prüfung, Gegenlesen, Kontrollen blieben mehr und mehr aus.

Nach dem Medienkrieg begann die medial fixierte Mediengesellschaft neuen Stils. Für die Arbeit einer Korrespondentin war das ein gefundenes Fressen. Ja, auch wir sendeten »Die Tränen der Prinzessin Diana«, aber auch Berichte über die Aufstände in den Vororten, den Kampf der IRA, die Situation ihrer Gefangenen in den englischen Gefängnissen und den von der Noch-Thatcher-Regierung gesteuerten, immer militanter werdenden Kurs gegen die *BBC*. Als deren Generalintendant war gerade ein Top-Granada-Manager berufen worden – wohl in der Hoffnung, er würde die »alte Tante« auf Vordermann bringen. Aber da hatten sich die Politiker geirrt. Schon in seiner Antrittsrede machte John Birt klar »ab sofort vertrete ich öffentlich-rechtliche Interessen, das ist schließlich meine Aufgabe als BBC-Mann«.

Westliches Journalismusverständnis 1992 – allerdings in London.

Trugschluss

Nach drei Jahren »Blick von Außen« kam ich 1994 zurück nach Frankfurt am Main als Chefredakteurin Fernsehen des *Hessischen Rundfunks*. Und ich war fest davon überzeugt, dass ich in ein insgesamt verändertes Deutschland zurückkehren würde. Vier Jahre in Einheit müssten doch ganz neue Gemeinsamkeiten geschaffen haben, hieß es doch immer: nicht nur der Osten, auch der Westen muss sich verändern.

Aber in Frankfurt am Main war alles wie seit Jahrzehnten – nur noch ein Stück reicher und multikultureller. Dass die DDR untergegangen war und es nun die »neuen Bundesländer« gab, interessierte niemanden. Es merkte auch so gut wie keiner. Ab und zu war das ein Thema in der Chefredakteursrunde der *ARD*, weil es da zwei neue Ostsender gab – den *Mitteldeutschen Rundfunk* (MDR) und den *Ostdeutschen Rundfunk* (ORB). Ihr Führungspersonal allerdings bestand aus einem altbekannten Kollegenkreis des *Bayrischen*, des *Norddeutschen* und des *Westdeutschen Rundfunks*. Von wegen »frischer Blick auf Sachverhalte des Westens« und gesamtdeutsches Gemeinschaftsprogramm, das dem Leben und der Kultur des Ostens gerecht wird.

Die öffentlich-rechtlichen Journalisten nahmen die Interessen ihrer Anstalten in Ost wie in West in der bewährten parteipolitischen Weise wahr. Stets im Namen von CDU/CSU, SPD und FDP, seltener schon der GRÜNEN und nur skandalisierend oder negierend in Bezug auf die PDS, jenem Novum in der Parteienlandschaft seit der Vereinigung.

1994 war Wahljahr mit dem üblichen Medienritual. Hearings zu den Wahlprogrammen, Kandidaten-Porträts, Parteiprofile – in all diesen Formaten spielte die PDS so gut wie keine Rolle. Auf meine Nachfragen hieß es: »Die PDS ist eine rein regionale Partei der neuen Bundesländer.«

Ich fragte zurück: »So wie die CSU in Bayern? Die wird doch auch in allen *ARD*-Programmen präsentiert?«

»Sie wollen doch die CSU nicht mit der SED-Nachfolge-Partei vergleichen? Im Übrigen wird sich die PDS bei dieser Wahl von selbst erledigen.«

Am 6. Februar 1994 gab es in Berlin eine Pressekonferenz, auf der der Schriftsteller Stefan Heym bekanntgab, dass er zur Wahl für den Bundestag antreten würde – auf der Offenen Liste der PDS. Der 81-jährige jüdische Autor, Remigrant in amerikanischer Uniform, DDR-Bürger, der ständig Reformen und die Freiheit der Künste von der Führung des Regimes eingeklagt hatte und deswegen bespitzelt (»OV Diversant«) und drangsaliert worden war, erklärte: »Ich war mein Leben lang in keiner Partei und werde auch der PDS nicht beitreten. Ich kandidiere als Unabhängiger. Wo ich derselben Meinung sein kann wie die PDS, in Ordnung. Wo nicht, werde ich zu meiner eigenen Meinung stehen, laut und deutlich.«

Worum ging es dem in Ost und West Berühmten? Den Prozess der Wandlung der PDS zu einer modernen linken Partei zu unterstützen, Umdenken und Umlernen.

Umdenken und Umlernen – in der Schaltkonferenz der *ARD*-Chefredakteure war das kein Thema für einen Kommentar. Ich hätte gern kommentiert, war doch Stefan Heyms Roman »5 Tage im Juni« mir unvergesslich ins Gedächtnis eingebrannt.

Anderer Vorschlag: Wie wäre es mit einem *ARD*-Portrait des Kandidaten Heym während des Wahlkampfs in Berlin?

Erst recht kein Thema!

Der »Elferrat« war geradezu indigniert. Und ich hatte gedacht, 1994 wäre Deutschland ein anders Land geworden, ein Land im Einigungsprozess – zumindest das. Aber die alte Bundesrepublik lebte unverändert weiter, und Antikommunismus oder Antisozialismus waren nach wie vor ihre liebsten Vorurteile. Vor allem Politiker, aber gleichermaßen auch Journalisten mussten sie offenbar jeden Tag aufs Neue pflegen. Entsprechend verliefen Wahlkampf und die Wahl selbst. Kohl blieb Kohl, die SPD in Opposition – die PDS erledigte sich allerdings nicht. Sie gewann in Berlin vier Direktmandate durch Christa Luft, Gregor Gysi, Alfred Müller und Stefan Heym und zog als dreißigköpfige »Gruppe« in den Bundestag ein.

Und wie Geschichte manchmal so spielt: Der 81-jährige Schriftsteller aus der Ex-DDR war nun das älteste Bundestagsmitglied – und damit ausersehen, als Alterspräsident das neu gewählte Parlament in seiner konstituierenden Sitzung am 10. November zu eröffnen. Welch eine Zumutung im vereinigten Deutschland! Ein Skandal. Ein Ereignis, das einfach unter aufrechten westlichen Demokraten und im freiheitlich-westlichen Journalismusverständnis nicht stattfinden durfte, sollte, konnte. Also inszenierten die Bonner Politik und die journalistischen Helfershelfer ein besonderes Schauspiel.

Am Tag zuvor, als der Bundestag eröffnet werden sollte, machten Eilmeldungen die Runde: Die Gauck-Behörde habe Akten gefunden, die Stefan Heyms vermeintliche Verstrickung mit dem Ministerium für Staatssicherheit belegten. So jemand sollte Alterspräsident des Deutschen Bundestages sein?

Der alte Mann wurde bestürmt, bloß nicht am nächsten Tag ans Rednerpult des Hohen Hauses zu gehen. Am nächsten Morgen war allerdings klar, dass die Akten keinerlei Indiz hergaben für eine Stasi-Zusammenarbeit, welcher Art auch immer. Aber da war es schon zu spät für eine Korrekturen in der gedruckten Presse.

Heym eröffnete die erste Sitzung des neuen Bundestages unter anderen mit diesen Worten: »Ich habe mich immer gefragt, warum die Euphorie über die Deutsche

Einheit so schnell verflogen ist. Vielleicht weil ein Jeder als Erstes Ausschau nach den materiellen Vorteilen hielt, die die Sache ihm bringen würde: den einen Märkte, Immobilien, billigere Arbeitskräfte, den anderen – bescheidener – harte Mark und ein grenzenloses Angebot an Gütern und Reisen. Zu wenig wurde nachgedacht über die Chancen, die durch die Vereinigung unterschiedlicher Erfahrungen, positiver wie negativer, sich für das Zusammenleben und die Entwicklung der neuen alten Nation ergeben könnten und – wie ich hoffe – noch immer ergeben können … Die Effizienz des Westens, seine demokratischen Formen und andere Qualitäten des Lebens dort, die zum Nutzen der Ostdeutschen zu übernehmen wären, liegen zutage.

Aber umgekehrt? Gibt es nicht auch Erfahrungen aus dem Leben der früheren DDR, die für die gemeinsame Zukunft Deutschlands zu übernehmen sich ebenfalls lohnen? Der gesicherte Arbeitsplatz? Die gesicherte berufliche Laufbahn? Das gesicherte Dach überm Kopf?«

An dieser Stelle war in den Reihen in der CDU/CSU kein Halten mehr. Die Abgeordneten, die schon vorher demonstrativ Zeitungen oder Akten gelesen hatten oder dem Redner ebenso ostentativ den Rücken zukehrten, pöbelten jetzt los. Die Frage, ob nicht auch 1994 die Erfahrungen aus dem Leben der früheren DDR – wohl gemerkt, die »Erfahrungen aus dem Leben« für die gemeinsame Zukunft Deutschland wichtig wären, wurde von den Damen und Herren der Regierungsfraktion als pure Unverschämtheit empfunden. Solche Fragen durfte man im vereinten Land gar nicht stellen.

Ich sah die Bilder der Fernsehübertragung und wollte einfach nicht glauben, was ich da sah. Sieben Jahre Westminster Parliament hatten mir eine ganz andere politische Kultur gezeigt. Gegner oder nicht, ein Parlamentarier war »The most honourable member of this house« … Nach dieser Anrede konnten dann gerne die Fetzen fliegen, bis kein Argument der Gegenseite mehr Stand hielt: ja und immer. Aber in Respekt und die Würde des Anderen niemals verletzend.

Auch der Schluss von Heyms Rede zeigte unvergessliche Bilder. Während viele Abgeordnete stehend applaudierten, saß der Mehrheitsblock der CDU/CSU mit versteinerten Gesichtern reglos auf seinen Plätzen.

Mehr als ein Jahrzehnt später sagte mir die damalige Bundestagspräsidentin Rita Süßmuth, dass diese Geschichte sie noch immer verfolge und sie jahrelang gehofft habe, dass sich die CDU-Fraktion bei Stefan Heym entschuldigen würde und einige Journalisten im Übrigen auch. Das war bekanntlich nie geschehen.

1994 – die Euphorie über die Deutsche Einheit war verflogen, vom gesamtdeutschen Gemeinschaftsprogramm der *ARD* wenig zu sehen.

– Darstellung der Zusammengehörigkeit und des Aufeinanderangewiesenseins

– Förderung des gegenseitigen Verstehens

– Kenntnisnahme und Respektieren der jeweiligen Erfahrungen

– Vertiefung der Kenntnisse von Kultur und Geschichte

– Einander Zuhören und Aufeinander-Eingehen.

So hatte es im *ARD*-Katalog '91 geheißen. Stattdessen Siegermentalität hinter vorgehaltener Hand und fröhliche Goldgräberstimmung. Die in der Wendezeit im Osten gegründeten Zeitungen hatten Westverlage aufgekauft, übernommen, weiterverkauft. Ein Milliardengeschäft für alte und neue Big Player. Insofern gab es durchaus Veränderungen im geeinten Vaterland – in Richtung Medienkonzentration und Medienmacht.

Schon 1993 hatte die BertelsmannStiftung unter dem Titel »Beziehungsspiele – Medien und Politik in der öffentlichen Diskussion. Fallstudien und Analysen« eine Studie veröffentlicht, die ein neues Rollenverständnis der Journalisten beschrieb: »Aggressiv auf eigenen Machtgewinn ausgerichtet, auf Einschaltquoten zielend«.

Dazu eine Öffentlichkeit, gekennzeichnet von Apathie und Vorliebe für Skandale und Affären. Fazit: »So wird die wichtige gesellschaftliche Aufgabe des Journalismus, eine faire und sachliche Darstellung des politischen Geschehens zu verbreiten, nicht mehr geleistet.«

Das war die Zeit, als Bundespräsident Richard von Weizsäcker eine Expertenkommission zur »Lage des Fernsehens« einberief. Ihr Auftrag: die Medienmitverantwortung an ihrer Berichterstattung festzustellen und eventuell festzuschreiben. Richard David Precht und Harald Welzer kommentierten in ihrer 2022 erschienenen Untersuchung »Die vierte Gewalt – wie Mehrheitsmeinung gemacht wird« jenen Vorgang, der fast drei Jahrzehnte zurücklag, mit den Worten: »Der Politik war deutlich geworden, dass die Spirale der Programmverflachung durch das Privatfernsehen auch die Öffentlich-Rechtlichen nicht unbeschadet gelassen hatte. Deshalb hatten sowohl der Bundespräsident wie der damalige CDU-Generalsekretär Peter Hintze einen ›Medienrat zur Selbstkontrolle des Fernsehens‹ angeregt. Die Experten des Gremiums mahnten zahlreiche Missstände an – wie etwa die nicht allzu ›diskursive Vermittlung politischer Positionen‹ und die zunehmende Inszenierung politischer Positionen und Konflikte.«

Diese »Inszenierungen« fielen Politikern in dieser Nachwendezeit – zehn Jahre nach der Einführung des »dualen Systems« im Westen – endlich auf. Hatten sie früher versucht, die Medien zu steuern und zu beherrschen, so führten vor allem die kommerziellen Medien jetzt die Politiker vor. Die »Vorliebe« des Publikums für Skandale und Affären bekamen Nahrung aller Art. Das politische System agierte zunehmend »medialer« und das Mediensystem immer »politischer« – aber in einem neuen politischen Sinn.

Es ging um Debatten *über* Politik statt um Politik *selbst*. Es ging um die gutaussehende Person, lächelnd und mit drei einfachen Botschaften. Oder um das Gegenstück dazu – dem mies aussehenden Typen, ebenfalls mit drei einfachen Botschaften und folgerichtigen Etiketten versehen. Hochschreiben und anschließend runtermachen – ein erfolgreiches Spiel. Öffentlichkeit als Arena. Das Publikum schaltet jede Nachrichtensendung ein, um zu erfahren, wie die Skandalgeschichte weiter geht – und wehe, sie geht nicht weiter. Dann muss eben die nächste gefunden oder notfalls erfunden werden. Die Zeit der

Erosion des öffentlich-rechtlichen Programms setzte nun im vollen Umfang ein.

»Brot und Spiele«, »Smiling Faces«, Krimis und Volksmusik und Fußball zu immer horrenderen Summen für die Übertragungsrechte (der Anteil des *Hessischen Rundfunks* an den Fußballrechten lag damals bei acht Millionen DM pro Jahr, das entsprach ungefähr dem Gesamtetat für sein Drittes Programm.) Ganz ohne Sponsoren samt Schleichwerbung ließ sich das Sportprogramm des *HR* gar nicht mehr realisieren. Der Kommerz »kroch« sozusagen in unsere Sendungen, und die »Koordinaten« im Haus verschoben sich zusehends.

Publikumsgunst und Unterhaltungsfaktor definierten unsere journalistische Arbeit – der nette Spaß, die sportliche Sensation, der politische Skandal, das spannende Verbrechen.

Nicht mehr die politischen Parteien und ihre Macht waren unsere Beherrscher – sie hatten uns einer immer mächtiger werdenden Unterhaltungs- und Werbeindustrie ausgeliefert. Bis in deren Formsprache hatten wir uns anzupassen: die Ästhetik von Clip und Spot dominierte, keine Zeit mehr für Hintergründe – die Oberfläche war alles, die glänzende Broschur.

Es war auch die Zeit der Unternehmensberatungsfirmen in den Sendern. Managementregeln wurden eingeführt, Budget-Controlling wurde Schwerpunkt. Verschlankung und Out-Sourcing gehörte nun zu den Hauptaufgaben des journalistischen Führungspersonals. Out-Sourcing oder »Herausgeben« hatte es, auf bestimmte Programme bezogen, immer schon gegeben, aber nun wurde es als System eingeführt. Die Programme definierten sich von nun an über ihre Budgets. Ließen sie sich billiger herstellen, wenn man freie Produzenten, Produktionsfirmen oder »Töchtern« unterm Schirm der öffentlich-rechtlichen Anstalt die Herstellung überließ?

Da gab es unterschiedliche Berechnungen, aber auf jeden Fall konnte man den Sender so »verschlanken«. Arbeitsplätze im Haus fielen weg, dafür gab es jetzt neue in der Privatwirtschaft – viele davon nicht im kreativen Bereich, sondern im Sektor Vermittlung, Agentur, Finanzbeschaffung, Akquise …

Von nun an – als aus »herausgegebenen« Einzelfällen ein fast alle Programmsparten umfassendes System entstand – wurden die Sender mehr und mehr auf Bereitsteller von Sendeplätzen reduziert. Die Gestaltung der Programme hatte mit öffentlich-rechtlichen Kriterien immer weniger zu tun.

Paradebeispiel war die sonntägliche Politgesprächsrunde von Sabine Christiansen, produziert von einer Produktionsfirma, die für und von Sabine Christiansen gegründet und von der Unterhaltungsabteilung des *NDR* verantwortet wurde. Die politische Hauptsendung am Sonntagabend – ausgelagert und redaktionell unter der Obhut der öffentlich-rechtlichen Unterhaltung – lief zwischen 1998 und 2007 insgesamt 447 Mal.

Das war der INFOTAINMENT Eisbrecher – von nun an gab es ein Vorbild, einen Präzedenzfall von Kommerz-plus-öffentlich-rechtlicher-Zusammenarbeit, der zur Nachahmung geradezu aufrief und entsprechend kopiert wurde. In diesem System wurden Redakteure zu

Auftraggebern. Provisionen lagen auf dem Weg. (Ob es auch schon Boni gab, offen oder versteckt, weiß ich nicht.)

Die Unternehmensberatungsfirmen jedenfalls lobten die neuen Reformen und predigten den Strukturwandel in bunten Power-Point-Veranstaltungen. Ein Tatort-Kommissar-Darsteller hat einmal vorgerechnet, dass vom öffentlich-rechtlichen Tatort-Etat für die Kreativen am Ende nur fünfzig Prozent des Geldes blieben – die andere Hälfte sackten Agenturen und Subfirmen ein, die ihrerseits immer mehr Produktionsteile »herausgaben«: Castings, Sets, Recherchen, Dekoration, Technik …

Die Arbeitsbedingungen außerhalb der Sender waren entsprechend. Immer wenige Drehtage bei immer längeren Arbeitszeiten pro Tag, Außendrehs für mehrere Folgen »gebündelt«, Recherchen verkürzt, Drehorte reduziert … Eine schöne Verschlankung – darauf waren die Manager außerhalb wie innerhalb der Sender richtig stolz.

Das Programm, nun »Produkt« genannt, lief unter öffentlich-rechtlichem Logo, und das Geld kam vom Gebührenzahler.

Das waren die beiden Unterschiede zum Kommerzfernsehen, wenn man von den Werbeunterbrechungen absah. Gesponsort allerdings wurden die öffentlich-rechtlichen Produkte reichlich – und die Frage, was eigentlich der Unterschied zwischen Werbung und Sponsoring sei, wurde nie beantwortet.

So sah das »westliche Journalismusverständnis« der ARD seit den neunziger Jahren also aus. Im Vordergrund die Bilder und Worte, im Hintergrund die marktgerechte Herstellung der Bilder und Worte. Ein Ergebnis der CDU/CSU/FDP-Politik im vereinten Deutschland, die die SPD nur punktuell zu korrigieren versuchte – im Großen und Ganzen aber gar nicht.

Die rot-grüne Zeit

1998 war die Ära Kohl vorbei. Die PDS hatte sich immer noch nicht von selbst erledigt, zog bei der Bundestagswahl sogar in Fraktionsstärke in den Bundestag ein. Vor allem aber gab es eine rot-grüne Regierung und mit ihr die Hoffnung auf eine »andere Republik« – wie vormals mit dem Kanzler Willy Brandt. Aber kaum war die neue,die andere Regierung im Amt, ging es wieder um die Frage von Krieg und Frieden – und diesmal mit militärischer Mitwirkung Deutschlands.

Meine Kriegskindsgeschichte, meines Vaters Einsatz gegen die Wiederbewaffnung in den fünfziger Jahren, mein Lebensmotto »Krieg nur im Verteidigungsfall« brachten mich in vehemente Opposition zu dieser neuen Regierung, die so schnell in den Balkankrieg zog. Obszön empfand ich den »Ausschwitz-Vergleich« des Bundesaußenministers mit den Gräueltaten von Srebrenica, und als schreckliche deutsche Schuld galten mir die Bombenangriffe auf Belgrad.

Ostern 1999 gab es, mitten im Krieg, eine einseitige Waffenstillstandserklärung der Milošević-Regierung. »Darauf lassen wir uns überhaupt nicht ein«, war die

Reaktion der kriegsführenden Länder, auch Deutschlands. Damals habe ich diese Position in den *Tagesthemen* so kommentiert:

»Erschreckend schnell mit dem Wort waren die Herren an den Hebeln der Macht und der Maschinerie des Krieges heute: halbherzig, nicht ausreichend, eine Mogelpackung und eine Finte nannten sie das einseitige – also ohne Bedingungen – gestellte Waffenstillstandsangebot Jugoslawiens und machten ihren Krieg weiter.

Warum können wir nicht eigentlich einen Tag oder drei Tage die Luftangriffe aussetzten? Jetzt, da es das einseitige Waffenstillstandsangebot gibt? Was verlieren wir? Was riskieren wir?

Dass Milošević in drei Tagen heimlich seine Flugabwehr wieder aufbauen könnte, das glaubt, mit Verlaub, noch nicht einmal eine ungediente Frau. Wo also liegt die Gefahr für uns oder die Flüchtlinge und Vertriebenen? Vielleicht sollten wir für eben diese Tage uns ganz ihrer Versorgung und der Hilfe aus der Not widmen. Statt ohne Überprüfung, ohne Nachdenken allein in voller Selbstgerechtigkeit weiterzumachen wie bisher.

Natürlich wäre das noch kein Friede – nicht einmal ein Kriegsende, aber vielleicht ein Anfang vom Ende des Konflikts.

Vor der Geschichte, meine Herren an der Macht, stünden Sie anders da, wenn auch Sie die Spirale der Gewalt unterbrächen, und sei es nur für drei Tage.«

Von da an war ich bei den hochmögenden Sozialdemokraten und Grünen »unten durch«. Wie konnte eine »linke« Journalistin gerade vom *HR* der Regierung derart in den Rücken fallen? Ich bekam keine Chance mehr, in der *ARD* den Krieg zu kommentieren. Man musste ja eine Mehrheit der elf Sender erhalten, mindestens sechs Stimmen in der Schaltkonferenz. Das war jetzt vorbei.

Nicht, dass man mir im Sender den Mund verboten hätte, aber klargemacht wurde mir schon, welch eine Außenseiterposition ich da einnähme. Denn fast alle – die »linke« Regierung wie die bürgerliche Opposition – waren für diesen Militäreinsatz, der ohne völkerrechtliches Mandat begann und übrigens alle Anzeichen dessen hatte, was wir im Zweiten Golfkrieg den Amerikanern vorgeworfen hatten: nämlich Lügen und Täuschungen.

Man denke nur an den damaligen sozialdemokratischen Verteidigungsminister der Bundesrepublik, Rudolf Scharping, der in den Nachrichtensendungen auftauchte mit Massakergeschichten und dem sogenannten »Hufeisenplan« – einer angeblichen Umzingelungsübermacht der Milošević-Armee. Ein Fake unter vielen. Aber egal, die Politik und der journalistische Mainstream machten tapfer mit.

Dagegen waren höchsten ein paar Spinner. Und was dem SPD-Verteidigungsminister im Krieg recht war, konnte Monate später der CDU-Prominenz bei ihrer groß angelegten Spendenaffäre nur billig sein.

Ende 1999 flogen jahrelange Geldmachenschaften der CDU in Hessen auf. Konten in der Schweiz, Banknotenbündel in Koffern und dergleichen.

Erklärung des früheren CDU-Innenministers Manfred Kanther: »Verstorbene Frankfurter jüdische Mitbürger hätten dieses Geld der CDU vermacht mit der Bitte um Anonymität. Deshalb also Schwarzgeldkonten aus Pietät.«

Wenn Lügen, Legenden und Täuschungen erst einmal zum politischen Geschäft gehören, dann werden sie fester Bestandteil der Berichterstattung, im Krieg wie im zivilen Leben.

Und selbst wenn aufgedeckt, entlarvt, widerlegt wird – in den selben Medien, die vorher die Fakes verbreitet haben: Wer glaubt dann was und wem?

Aus dieser Situation kommen Journalisten schließlich nicht mehr heraus. Insbesondere dann nicht, wenn sich die Spirale: Krieg/Nachkriegszeit/neuer Krieg weiter und weiter dreht: 1999 Balkankrieg, 2001 Afghanistankrieg. 2003 dritter Golfkrieg …

Also, was war das Neue an der Kriegsberichterstattung im Irakkrieg 2003?

Es gab kein Monopol der kriegsführenden Koalition, es gab überhaupt kein Monopol mehr – und das weltweite Geschäft mit den Bildern und Worten aus dem Krieg und über den Krieg machten konkurrierende Sender. Auch *CNN* hatte in Amerika einen Konkurrenten bekommen: *FOX TV* des Medienmoguls Murdoch – er wollte dem Imperium Ted Turners den Gewinn am Megageschäft Kriegsberichterstattung streitig machen, und hat dies auch mit großem Erfolg geschafft. Konkurrenz belebt das Geschäft – dieser Kommerzgrundsatz prägte die Kriegsberichterstattung des Irakkriegs 2003.

Dieser Krieg war auch ein Duell zweier Kulturen aus der Sicht zweier Kriegsparteien. Denn das Medienmonopol des Westens insgesamt war auch gebrochen. Es gab die arabischen Privatsender *Al-Jazeera* und *Al-Arabia*. Sie lieferten Bilder und Worte von der anderen Seite und verkauften sie mit großem Erfolg in die ganze Welt – neben *CNN* und *FOX*, die britischen Sender und auch die deutschen öffentlich-rechtlichen. Das *ZDF* zum Beispiel war durchgehend mit eigenen Korrespondenten in Bagdad.

Wenn es stimmte, was der Medientheoretiker Paul Virilio über die Absichten der amerikanischen Regierung mit diesem Krieg sagte, dass es nämlich um zweierlei ging: geographisch um die Besetzung des Irak und technologisch bzw. vor allem medientechnologisch um die Kontrolle des Weltbildschirms – dann hatten die USA ihr Ziel nicht erreicht.

Die industrielle Standardisierung der öffentlichen Meinungsbildung gelang allenfalls in den Vereinigten Staaten, die vorgesehene Synchronisation der Emotionen schlug im Rest der Welt ins Gegenteil um. Am deutlichsten in Großbritannien, wo zum ersten Mal eine Regierung einen Krieg gegen eine mehrheitliche Ablehnung durch die Bevölkerung führte.

Die industrielle Standardisierung von Fernsehbildern in Echtzeitübertragung schaffte global eine Synchronisation der Emotionen. Allerdings nicht immer mit den gewünschten Folgen. Der weltweite Protest am 15. Februar 2003 gegen den Krieg der »Koalition der Willigen« ohne UNO-Mandat war dafür ein sehr gutes Beispiel. Da sahen wir in Echtzeitübertragung aus der ganzen Welt, wie Millionen protestierend auf den Straßen waren – eine globale, emotionale Ebene gegen diesen Krieg.

Beendet wurde der Irakkrieg, dieser Dritte Golfkrieg, durch diesen weltweiten Protest nicht. Aber der Protest lieferte bewegende Bilder der massenhaften Friedenssehnsucht überall auf der Welt. Am nächsten Tag dominierten wieder Bomber, Panzer, Raketen die Monitore.

Und als besondere Kriegsfolge wuchs die kommerzialisierte Medienmacht. In den USA traten Gesetze zur wirtschaftlichen Neuordnung von Medienunternehmen in Kraft – spektakuläre Belohnungen für Verleger und Eigentümer der Sender, die »patriotisch« an der Seite der Regierung agierten. Nun wurde auch mediale Cross-Ownership erlaubt. Bisher durfte in den USA kein Zeitungsverleger eine Radio- oder Fernsehstation besitzen oder umgekehrt. Die Begründung bis dato: Man wollte Cross-Promotion von einem System ins andere und wieder zurück vermeiden, man fürchtete zurecht dadurch eine mediale Übermacht in den Hände begüterter Eigentümer. Aus und vorbei – Murdoch konnte jetzt richtig loslegen. Sein Sender *FOX* hatte *CNN* noch weit an regierungsfreundlicher Kriegsberichterstattung übertroffen und war beim Beschaffen von Zuschauermassen überdies erfolgreicher als *CNN*. Diesen Zugewinn an kommerzieller Medienmacht nannte die *Süddeutsche Zeitung* »das große Fressen«.

Und dieses große Fressen wurde einige Jahre später auch in Deutschland rechtlich möglich. Auswirkungen der Kriege auf Nachkriegszeiten.

Die Besitzer von Zeitungen, Radiostationen, Fernsehsendern gewöhnten sich durch Kriegsberichterstattungen an steigende Umsätze und neue Gewinne und wollten diese natürlich halten und steigern, was zwangsläufig zu mehr Kommerz, zu mehr Unterhaltungswert (nach dem Motto: Jetzt wollen die Leute aber auch mal etwas Lustiges hören, lesen, sehen) und auch zu mehr Manipulation der Wirklichkeit führt.

Und auch die Politik möchte ihren Zugewinn an Macht, den sie in Zeiten des Krieges über die Medien gewonnen hatte, nicht wieder verlieren. Also: Das Beziehungsspiel zwischen Macht und Medien wurde noch aggressiver, die Ansprüche an Drama, Emotionen und Sensationen stiegen. Auch waren inzwischen die Konsumenten an Lügen gewöhnt und an mehr Inszenierungen.

Warum schreibe ich in dieser Chronologie vom Zerfall des öffentlich-rechtlichen Rundfunks in Deutschland so viel über Krieg und Kriegsberichterstattung?

Wir lebten doch in all diesen Jahren vermeintlich in einer Zeit des Friedens, aus der wir angeblich erst im Februar 2022 voller Schrecken und Staunen herausgerissen wurden.

Es war eben nur angeblich so – und eben nicht die Wahrheit. Wir führten Kriege, beteiligten uns an ihnen, unterstützten sie mit Geld und vor allem mit unseren Waffen, aber lebten in der Scheinwelt »Frieden«.

Politik und Medien haben diese Illusion produziert und genährt, und die Bevölkerung richtete sich behaglich in dieser Scheinwelt ein. Bis 2022 alles blitzartig anders wurde. Jetzt lebten wir *plötzlich* im Krieg. Zeitenwende, Milliarden fürs Militär, Waffen, Kampfbereitschaft, Wehr- und Dienstpflicht wieder einführen, Umdenken, Ende der Feigheit, Ende der Doppelmoral.

Doppelmoral?

Dieselben Politiker und Medien, die gestern einen nicht existierenden Frieden suggerierten (Nachfragen nicht gestattet, Hintergrundberichte nicht erwünscht) fixierten uns jetzt aufs Kriegerische – unisono und ohne große Diskussion, ohne öffentliche Debatte. Auch kein öffentliches Austragen von Argumenten im öffentlich-rechtlichen Fernsehen. Wo und wie erfüllt die *ARD* im Jahre '22 die Forumsdiskussion, die sie eigentlich in der demokratischen Gesellschaft laut Verfassungsauftrag hat?

Nur damit kein Missverständnis aufkommt: Russland hat die Ukraine überfallen, überzogen mit einem verbrecherischen völkerrechtswidrigen Krieg! (Man muss das als Autorin ja extra betonen, obwohl es eine Selbstverständlichkeit ist – Verbeugung vorm Geßler-Hut!)

Aber hilft uns Kriegsgeschrei aus diesem Krieg heraus? Oder müssten wir nicht auf dem Fundament der Ursachenforschung Auswege suchen, aufzeigen? Die bisherige gewissermaßen gleichgeschaltete Informationsmaschinerie bietet keine Perspektive. Deshalb schreibe ich so viel über Kriegsberichterstattung.

Am 18. Oktober 2022 veröffentlichte die *Frankfurter Allgemeine Zeitung* die Ergebnisse mehrerer Umfragen, die die Haltung der Deutschen zu Krieg und Politik Berlins widerspiegelten. »Deutsche wünschen sich militärische Zurückhaltung / Mehrheit gegen eine Führungsrolle Berlins. Trotz des russischen Überfalls auf die Ukraine begrüßt eine Mehrheit der Deutschen nach mehr als einem halben Jahr des Krieges die Konsequenzen aus der Sicherheitspolitischen Zeitenwende offenbar nur begrenzt. Das geht aus der jüngsten Umfrage im Auftrag der Körber-Stiftung hervor. Das Institut befragte hierzu im August 1.088 Wahlberechtigte in Deutschland im Alter von über 18 Jahren.

Den Ergebnissen zu Folge wünschen sich 52 Prozent der befragten Bürger von der Bundesregierung, dass sie international weiterhin zurückhaltend agiert. Das sind zwei Prozentpunkte mehr als vor einem Jahr, also vor dem Ausbruch des Krieges. Von den 41 Prozent, die für ein stärkeres, deutsches Engagement plädieren, ziehen knapp zwei Drittel mehr Diplomatie vor. Für einen stärkeren militärischen Fußabdruck oder mehr Geld spricht sich nicht einmal jeder Siebte aus.

Noch skeptischer sind die Befragten bei Bestrebungen, dass Deutschland bei militärischen Fragen als Führungsmacht auftritt.« Soweit die *FAZ* Mitte Oktober 2022.

Darum schreibe ich so viel über Kriegsberichterstattung und die von ihr ausgelösten Veränderungen des Journalismus in unserem Land.

Blick nach Außen

Oktober 2022: Die *British Broadcasting Corporation* feierte 100-jähriges Bestehen. Nicht 100 Jahre als öffentlich-rechtlicher Sender. Denn 1922 gründeten geschäftstüchtige Radiohändler den Radiosender *BBC*, um den Verkauf ihrer Geräte anzukurbeln. Um das Programm zu empfangen, musste man Gebühren bei der britischen Post zahlen. Es war ein Erfolg ohne Gleichen. Schon

Ende 1924 gab es über eine Million Gebührenzahler, 465 Angestellte und zwanzig Sendeanstalten. 1926 zählte die Post 2,5 Millionen Hörer und Gebührenzahler – Tendenz steigend.

Da griff die Regierung ein: Um einem »kommerziellen Chaos wie in den USA« vorzubeugen, erließ sie im selben Jahr eine Royal Charter, die die *BBC* in eine regierungseigene, nicht kommerzielle Körperschaft des öffentlichen Rechts, finanziert durch ein Gebührenmodell aller Nutzer, umwandelte. Die Vorbesitzer wurden ausgezahlt. Seitdem ist die *BBC* eben die *BBC*, die Mutter aller öffentlich-rechtlichen Sender. Motto: Informieren, bilden, unterhalten. Radio für das gesamte Commonwealth. Fernsehen ab 1946. Bis 1955 Monopolist. Von da an im »dualen System« mit *ITV*, dem unabhängigen TV, konkurrierend, einem stark auf Qualität und regionale Identität setzenden, kommerziellen Sender-Verbund.

Beide zusammen eine wahrhaft und wehrhafte »Vierte Gewalt«: unabhängiger Journalismus, der genau beobachtet, kritisiert, aufdeckt, Hintergründe liefert inklusive Selbstironie und Satire. Deshalb natürlich auch immer im Konflikt mit den politisch und wirtschaftlich Mächtigen und deshalb auch immer in Gefahr, gestutzt, gebändigt, reduziert zu werden.

Das war in der Nachkriegszeit schon so und später erst recht, aber bedrohlich wurde es während unter der Regierung von Margret Thatcher (1979-1990). Und zwar auf doppelte Weise: Zum einen weil die Premierministerin diesem »ganzen linken Journalismus« persönlich den Kampf angesagt hatte, und zum anderen, weil die von ihr zur gleichen Zeit kreierte liberale Wirtschaftspolitik ein besonderer Hebel war, mit dem die Medienkultur verändert werden konnte.

Als erstes fand die Regierung, dass die Privatsender Großbritanniens zu klein seien, um auf dem globalen Markt bestehen zu können. Die Dachorganisation ITV mit ihren unabhängig voneinander arbeitenden Sendern sollte eine Einheit werden. Es kam die Zeit der Takeovers, der Übernahmen und des Einzugs des »business approachs«. David Plowright, der *Granada-TV* seit 1957 leitete, es groß und berühmt gemacht hatte, trat 1992 zurück, weil die Qualität des Programms im Zeichen dieses »business approach« nicht mehr zu halten war. Mitarbeiter wurden entlassen, um andere Sender aufkaufen zu können, um größer und größer zu werden. Dabei ging mehr und mehr an Profil verloren.

Zehn Jahre später gab es nur noch *Granada-TV* und *Carlton TV* als Duo-Monopol. Und dann kam *SKY* ins Land, als kommerzieller Konkurrent der kommerziellen Konkurrenten der *BBC*.

Mit dem Aufkommen des Internets stürzte sich *Granada/Carlton* ins digitale Geschäft – und machten ein Verlust von fast einer Billion Pfund. 600 Arbeitsplätze gingen verloren, der Name *Granada-TV* verschwand im neuen kommerziellen Konglomerat. Und *SKY* übernahm die Marktführerschaft.

Das alles hatte Auswirkungen auf die *BBC*. Auch dort zog der »business approach« ein, machte die Formel von der Verschlankung Furore. Zu schwerfällig, zu bürokratisch, zu teuer lautete der Befund sowohl von Tory- wie von Labour-Regierungen. Ein kontinuierlicher Ausverkauf begann:

– 1997 musste die *BBC* das terrestrische Sendenetz verkaufen und mietet seitdem die Anlagen für ihre Ausstrahlung,

– 2004 wurde die Rundfunktechnik und Teile der Produktion verkauft,

– von 2004 bis 2007 wurden 2900 Stellen von insgesamt 27.000, also über zehn Prozent der Belegschaft gestrichen,

– 2010 setzte Premierminister Cameron ein Einfrieren der Gebühren durch

– zur gleichen Zeit stoppte das Außenministerium die Übernahme der Kosten für den *BBC*-World-Service,

– 2016 wurde *BBC 3*, der Fernsehkultur- und Theaterkanal eingestellt, sein Programm nur noch digital verbreitet.

Stand der Budgets zu jener Zeit: *SKY* 6,7 Milliarden Pfund, *BBC* 4,7 Milliarden Pfund, *ITV* 1,8 Milliarden Pfund.

Trotzdem feierte im Oktober 2022 die *BBC* selbstbewusst ihren 100. Geburtstag – 2026 kann sie dieses Fest als öffentlich-rechtliche Anstalt wiederholen. Aber dann kommt 2027 – und da steht ihre Existenz erneut auf dem Spiel. Wenn es nach der jetzigen konservativen Regierung ginge, würde die *BBC* bereits heute nicht mehr durch öffentliche Gebühren finanziert werden, sondern müsste wie ein kommerzieller Streamingdienst auftreten. Wer will, abonniert *BBC*-Programme, wer nicht will eben nicht. Macron lässt grüßen! Aber so ganz nach dem Willen der Regierungen geht das in Großbritannien nicht. Grund dafür ist die Royal Charter, die Lizenzvergabe durch den Staat, die ein jeweils mehrjähriges öffentliches Verfahren voraussetzt, an dem die Bevölkerung und unabhängige Experten aus Wissenschaft und Kultur gbreit mitwirken. Da kommt das öffentlich-rechtliche Medium auf einen harten Prüfstand und wird gleichzeitig in einer demokratischen Pro-und-Contra-Diskussion vehement unterstützt.

Das ist das Prozedere:

Mehr oder weniger alle zehn Jahre wird die Lizenz für die öffentlich-rechtliche Körperschaft *BBC* neu vergeben. So zum Beispiel: 1997-2007; 2007-2016; das letzte Mal 2016 mit einer Laufzeit bis 2027.

Erster Akt: Das GRÜNBUCH

Mindestens ein Jahr vor Ablauf der Frist veröffentlicht die Regierungen ein sogenanntes GRÜNBUCH, in dem sie die Konditionen beschreibt, unter denen die neue Lizenz vergeben werden soll. 2015 sah der Wunschkatalog der Regierung unter anderem so aus:

– Abschaffung des bisherigen Gebührenmodells, hilfsweise Einfrieren der Gebühren,

– Einstellung von einem Fernsehkanal und zwei Radiosendern,

– Senkung der Verwaltungskosten,

– verstärkte Auslagerung von Produktionen, sowie verstärkter Zugang freier Firmen zu »in-house« Produktionen, Auslagerung von Redaktionen aus London,

– Etablierung von Online-Only-Videokanälen.

Zweiter Akt: Öffentliche Anhörung (Public Consultation)

2015 erstreckte sich diese Anhörung über zwölf Wochen. Sowohl Privatleute als auch Medienexperten und Organisationen des Medien-Kulturbereichs konnten sich schriftlich zu Wort melden. Dabei war auf einen Fragenkatalog des Ministeriums für Kultur, Medien und Sport einzugehen. Unter anderem sollten diese Fragen beantwortet werden:

– Wofür steht die *BBC*, wofür wird sie gebraucht?

– Welche Dienste soll die *BBC* erbringen, welche Publika erreichen?

– Was ist die angemessene Aufsichtsstruktur der *BBC*?

– Wie sollte die *BBC* künftig finanziert werden?

Dritter Akt: Das *BBC*-Positionspapier:

Die folgenden Ausführungen entnahm ich einem Artikel von Gerlinde Frey-Vor, der unter dem Titel »*BBC* öffentlich-rechtlicher Auftrag gesichert. Die neue Royal Charter bis 2027« im Heft 2 von *Mediaperspektiven 2018* erschien. Er liest sich wie ein Reformprogramm auch für die deutschen öffentlich-rechtlichen Rundfunkanstalten.

Die Autorin beginnt mit einem Rückblick. Titel der vorherigen Positionspapiere. 1997: »Extending choice«, also Ausweitung der Auswahl. 2016: »Building Public Values«, also Ausbau des Gemeinwohls. Und für das Jahrzehnt von 2017-2027: »Britisch/Bold/Creative«, also auf Identität, Mut, Selbstbewusstsein und Kreativität setzend – gemeint ist dabei vor allem eine unverwechselbare Rolle in der britischen Gesellschaft zu spielen. In einem vorangestellten Credo beißt es bei Frey-Vor: »Das bedeutet nicht, dass die *BBC* niemals ein Programm machen sollte, dass der kommerzielle Sektor nicht auch herstellen könnte, aber es soll bedeuten, dass jedes *BBC*-Programm bestrebt ist, in seinem Genre das Beste zu sein, und dass jeder *BBC*-Kanal sich als Ganzes deutlich von seinen Konkurrenten unterscheidet.«

Die Autorin zitiert zwölf Ziele der *BBC*, darunter

– die Reaktivierung des Bildungsauftrages,

– eine Neuausrichtung für Minderheitenprogramme (viel mehr als bisher, viel differenzierter als bisher),

– eine Neuausrichtung bezogen auf die unterschiedlichen Nationen Großbritanniens (Schotten, Waliser, Engländer, Nord-Iren) und

– eine Regionalisierung, die besonders die abgelegenen Landstriche, Dörfer und Städte in den Fokus nimmt, für die sich kein Kommerzsender interessiert.

Das klingt ziemlich »bold« oder mutig oder selbstbewusst, oder auch britisch und kreativ.

Zum Stichwort »Transparenz« der Senderstrukturen heißt es: »In Zukunft werden die Namen aller festen und freien Mitarbeiter, die mehr als 175.000 Euro im Jahr verdienen, veröffentlicht.«

Zum Thema Gebührenfinanzierung hatte sich der Sender eine besondere Kampagne ausgedacht: »Neun Tage ohne.« Ein Aufruf an alle, die keine Gebühren mehr zahlen wollen, sich auf ein Experiment einzulassen. Man suche 70 Haushalte, alt, jung, groß, klein, arm, reich, auf dem Land, in den Stadtzentren. Der Deal: Neun Tage müssten sie ohne jeden BBC-Service auskommen, dafür erhielten sie 3,90 Pfund der Gebühren am Monatsende zurück. Tausende Meldungen gingen ein. Am Ende des »Experiments« gaben zwei Drittel der Haushalte an, den Versuch abgebrochen zu haben oder nach der Erfahrung der »Neun Tage ohne« lieber weiter mit der gebührenfinanzierten *BBC* leben zu wollen. Ein Gag natürlich, aber sehr britisch, bold and creative – und ein Diskussionsstoff im ganzen Land…

Vierter Akt: Das WEISSBUCH

Regierungsposition Pro-und-Contra der öffentlichen Anhörung, Gutachten, Gegenentwürfe und *BBC*-Vorstellungen werden anschließend im sogenannten WEISSBUCH zusammengefasst und ausgewertet. Dann geht es in die Verhandlungen mit der Kommission, die die Lizenz vergibt – oder auch nicht. Es steht immer die Existenz auf dem Spiel. Die *BBC* hat kein Ewigkeitsrecht per se – das Weiterbestehen muss von der Öffentlichkeit, der sie gehört, mehrheitlich gewollt, ja gefordert werden. Eckpunkte der Lizenz bis 2027:

»Radio 3 und 4 sollen verkauft werden.

In allen *BBC*-Programmen – mit Ausnahme der Nachrichten und einem Teil der Hintergrundinformationen – besteht die Möglichkeit für Zulieferungen durch unabhängige Produzenten.

Ab 2022 soll das Geschäftsmodell neu überprüft und bis 2027 verhandelt werden.«

Das ist die Zeit, die jetzt beginnt. Trotzdem feierte die BBC am 22. Oktober 2022 ihren 100. Geburtstag, konnte ihr Bildungsprogramm als neuen Schwerpunkt verkünden und den Kultur- und Theaterkanal 3 wieder ins analoge TV-Programm zurücknehmen. Also brechen mit dem Grundsatz, dass ein Programm, welches einmal eingestellt worden ist, nie wieder zurückkehrt. Die *BBC* kann das 2022, british, bold und creative.

Der *Spiegel* veröffentlichte aus Anlass des *BBC*-Jubiläums ein Interview mit der Medienhistorikerin Jean Seaton – mit einer bemerkenswerten Schlussfrage und Antwort:

Spiegel: »Wie würde das Königreich ohne die *BBC* in ihrer jetzigen Form aussehen?«

Seaton: »Wie Venezuela oder irgendein anderer Ort. Der Hang der Briten zu pragmatischer Erkenntnis wäre geschwächt, ihre Fähigkeit sich selbst über sich lustig zu machen eingeschränkt. Großbritannien würde auf tragische Weise kleiner werden.«

Finden wir irgendjemand, der dergleichen über den öffentlich-rechtlichen Rundfunk in Deutschland sagen würde? Und nicht nur irgendjemand, sondern Tausende, ja Millionen? Eine Öffentlichkeit, die für ein öffentlich-rechtliches Mediensystem aktiv zu werden bereit ist?

Das System Schlesinger

Wie wäre es mit einem Volksbegehren in Berlin und Brandenburg »Rundfunkfreiheit *RBB*«? Und mit einer vorherigen PUBLIC CONSULTATION, einer mehrwöchigen öffentlichen Anhörung, in der folgende Fragen gestellt werden würden:

– Wofür wird der RBB gebraucht?

– Welches Programm soll der RBB senden: morgens, mittags, nachmittags, zur Hauptsendezeit abends, später in der Nacht?

– Welche Publika soll der *RBB* erreichen?

– Aus welchem Personenkreis sollten die Kontrollgremien zusammengesetzt werden?

– Wie soll der *RBB* in Zukunft finanziert werden?

– Sollen die Gehälter der leitenden Angestellten eine Obergrenze haben – und wenn ja, wie wäre sie zu beziffern?

Der *ARD*-Vorsitzende und *WDR*-Intendant Tom Buhrow schlug Anfang November 2022 in einer Rede vor dem Hamburger Überseeclub eine »Große Reform« und einen »Runden Tisch« vor. Mittlerweile gibt es auch Vorschläge für einen Publikumsrat und einen Konvent.

Wie wäre es mit einer »Großen Reform« zunächst in jenem Landessender, der sich gewissermaßen als öffentlich-rechtliche Institution selbst abgeschafft hat?

Der *RBB* ist eine Ruine, die neu aufgebaut werden muss. Und diesen Neubau sollte die Öffentlichkeit aktiv mitgestalten. Nur so kann das »System Schlesinger« überwunden werden. Die Entlassung von einem Dutzend Personen verändert an der Struktur nichts, die ihre, über alle Werte des Verfassungsauftrags hinweg gehenden Erfinder, ausgebaut und verfestigt haben.

Denn machen wir uns nichts vor: Das System Schlesinger hat nicht die entlassene *RBB*-Intendantin Patricia Schlesinger erfunden. Das System Schlesinger enthält eine Entwicklungsgeschichte – und die gilt für alle öffentlich-rechtlichen Anstalten in Deutschland. Von den üblichen Abscheu- und Empörungs-Bekundungen der anderen *ARD*-Sender darf sich die Öffentlichkeit nicht täuschen lassen. Sie sind heuchlerisch, solange die *ARD* nicht insgesamt ihre Struktur auf dem Prüfstand stellt. Also, wie wäre es mit einem Volksbegehren und Volksentscheid in Berlin und Brandenburg?

Es gibt ein schönes Vorbild: das Volksbegehren Rundfunkfreiheit in Bayern 1972. Damals wollte die übermächtige CSU unter Franz Josef Strauß den *Bayrischen Rundfunk* teilprivatisieren und die Zahl der Rundfunkräte durch eine Übermacht von CSU-Abgeordneten aufstocken. Aber die Öffentlichkeit, das Publikum, schaute nicht tatenlos zu. Ein breites Bündnis aus SPD-Opposition, Gewerkschaften, Bürgergruppen tat sich zusammen, um ein Volksbegehren mit anschließendem Volksentscheid durchzusetzen, den das Parlament 1973 übernahm.

Damals war das ein parteipolitischer Kampf gegen einen versuchten parteipolitischen Beutezug – ein halbes Jahrhundert später wäre es eine zivilgesellschaftliche Aktion auf einer ganz anderen Ebene. Die »Öffentlichkeit«, für die dieses öffentlich-rechtliche System geschaffen wurde, darf nicht länger zusehen und passiv hinnehmen, wie Politik und marktfixierte Managerjournalisten ihr die mediale Grundversorgung an Information und Bildung einschränkt und teilweise entwendet, und die Sender, nicht nur der *RBB*, sich bis zur Unkenntlichkeit verändern. Also, eine öffentliche Anhörung und Beratung müssen klären, was die Öffentlichkeit will – an vielen »Runden Tischen«. In Berlin und Brandenburg könnte es anfangen.

In Berlin hat sich in der Vergangenheit gezeigt, dass Volksbegehren durchaus erfolgreich sein können. Es muss zum Thema aller werden bzw. der demokratischen Mehrheit, der Öffentlichkeit, der Nutzer.

Die frühere *WDR*-Fernsehfilm- und Kino-Chefin Barbara Buhl, mehr als dreißig Jahre im Sender tätig, hat in der *Zeit* 4/2021 gewissermaßen einen Hilferuf veröffentlicht: »Nur die Zuschauer können uns verändern. Ich glaube, wir können uns nicht selber helfen, ich glaube, man muss uns von Außen dazu zwingen.«

In einem ganzseitigen Interview-Gespräch beschreibt die Insiderin den derzeitigen Zustand des Programms und des Programmmachens:

»Mittlerweile bewegen wir uns in einem weitgehend formatierten Fernsehprogramm, in dem es sehr wenig Möglichkeiten gibt, Grenzen zu sprengen. Sei es in der Länge, in der Finanzierung oder in den Genres. Fast jeder Sendeplatz ist mit einem Profil versehen, das sich noch dazu zunehmend verengt, nämlich durch die Nachsteuerung von Erfolg und Misserfolg. Beides wird lediglich an der Quote bemessen. Redaktionen können kaum mehr autonom über die Realisierung von Programm entscheiden. Es wird in senderübergreifenden Gremien übers Programm abgestimmt, in denen wiederum die Quotenerwartung ein ständiges Argument ist.

Die Krux ist, dass man dadurch in dem Verständnis lebt, sich auf einem Markt zu befinden. Das ist aber nicht wahr. Wir sind ein öffentlich finanziertes Medium, das von der gesamten Gesellschaft finanziert wird. Diese Gesellschaft hat das Anrecht, das bestmögliche Programm geboten zu bekommen. Nur sie kann uns verändern, in dem sie Forderungen formuliert – und diese Forderungen müssten ständig formuliert werden … Über die Frage der Finanzierung hinaus geht es um etwas Größeres: um das Selbstverständnis der öffentlich-rechtlichen Sender.

Für mich ist das öffentlich-rechtliche Rundfunksystem Teil des Gemeinwohls – wie zum Beispiel das Gesundheitssystem, das nicht vorwiegend nach wirtschaftlichen Prinzipien organisiert werden darf, und dessen übergeordneten Wert für die Gesellschaft wir herausstellen müssen. […]

Deshalb denke ich, dass es Forderungen von Innen und Außen geben muss. Die Debatte sollte nicht um die Existenzberechtigung des öffentlich-rechtlichen Rundfunks gehen, sondern im Gegenteil, es müsste darum gehen, dass er wieder ganz zu sich kommt.«

Ich weiß, jetzt kommt die Frage: Und wenn es schief geht? Volksbegehren können auch scheitern. Aber was wäre die Alternative?

Die drohende Alternative ist folgendes Szenario, am 10. November 2022 veröffentlicht in der *FAZ* in einer Leserzuschrift von Stefan Leibold: »Die Umwandlung der Anstalten in GmbHs oder gGmbHs – mit der Möglichkeit der Insolvenz. Eine strikte Corporate Gouvernance dieser GmbHs, von A wie Aufsichtsrat bis Z wie Zusammenschluss.

Der Umstieg der Finanzierung vom Gebührenmodell zu einem Streamingmodell mit verschiedenen Unterhaltungspaketen (Krimis, Sport, Talkrunden, Politkabarett, Gameshows). Das Streamingmodell erlaubt Kooperationen mit privaten Anbietern und Werbung. In einer Übergangsphase die Befreiung der GmbHs von den Pensionslasten und Personalüberhängen und eine vorübergehende Steuerfinanzierung. Es gibt eine reine Steuerfinanzierung für einen reinen Nachrichtenkanal und wenige reine Kulturkanäle im Fernsehen und im Radio.«

Das ist die Alternative.

In Frankreich wird sie gerade umgesetzt. Ohne großes Aufsehen. Massenhafter Protest – sonst in Frankreich bei sogenannten »Regierungsreformen« üblich und auch wirkungsmächtig – blieb aus.

In Großbritannien stand gleiches auf der politischen Agenda. Die Öffentlichkeit hat es nicht zugelassen, Einspruch erhoben, Eingaben gemacht, 185.000-fach, eine Art Volksbegehren im Rahmen der Public Consultation. Es bleibt keine andere Möglichkeit.

Beispiel *RBB*. Was tut sich da, drei Monate nach dem Skandal? Was kommt von den verantwortlichen Politikern, den zuständigen Parlamenten, dem Sender selbst?

Vom *WDR* kam eine Übergangsintendantin, Jahresgehalt 295.000 Euro. Und der Hauptausschuss im Brandenburger Landtag ging im November 2022 mit dem üblichen Mantra an die Öffentlichkeit: »Die Affäre muss Konsequenzen haben. Die Vorfälle sind geeignet, das gesamte Mediensystem zu schädigen.«

Aha – und welche Konsequenzen sollten das nun sein?

»Der Berliner Senat und die Brandenburger Regierung müssen den Staatsvertrag für den Sender so nachschärfen, dass die Standards für Transparenz und die Einhaltung von Regeln (Compliance) deutlich verbessert, die Aufsichtsgremien substanziell gestärkt und die Vergütungsstruktur maßgeblich verbessert werden.«

Das ist alles: deutlich verbessert … substanziell gestärkt … maßgeblich verbessert … Und »Transparenz« und natürlich »Compliance« das Lieblingswort zeitgenössischen Unternehmertums.

Übers Programm kein Wort – und übers Programmmachen erst recht nicht. Und das alles ein Vierteljahr nach einem beispiellosen Skandal.

Dieser Floskel-Salat macht klar: Von selbst, das heißt durch die bisher mit der Sache Beauftragten, kommt keine Reform, die den *RBB* »wieder zu sich selbst« bringen würde. Und da der *RBB* mehr als ein »halber Ostsender« ist, komme ich noch einmal auf den Anfang dieser Chronologie zurück, die unterbliebene und mit Absicht unterlassene Reform des öffentlich-rechtlichen Systems in der Wendezeit.

Integration und Identität. Zum Zweiten

Wie hieß es im ARD-Jahrbuch 1991?

– Darstellung der Zusammengehörigkeit und des aufeinander Angewiesenseins,

– Analyse von und Auseinandersetzung mit Überdrussgefühlen und Verweigerungshaltungen,

– Förderung des gegenseitigen Verstehens durch die Bekämpfung von Zerrbildern, Klischees und neuen Feindbildern,

– Verständnis wecken für die jeweiligen Besonderheiten der Entwicklung in den beiden Teilen Deutschlands,

– Kenntnisnahme und Respektieren der jeweiligen Erfahrungen,

– Vertiefung der Kenntnis von Kultur und Geschichte der beiden deutschen Teilstaaten mit dem Ziel, erhalten gebliebene Gemeinsamkeiten sowie Ansätze für neue festzustellen.

Im Mai 2021 veröffentlichten MedienpolitikerInnen der LINKEN – die Landtagsabgeordneten André Blechschmidt/Thüringen, Stefan Gebhardt/Sachsen-Anhalt und Antje Feiks/Sachsen – ein Grundsatzpapier unter dem Titel »Für eine Reform des öffentlich-rechtlichen Rundfunks mit Blick auf Ostdeutschland«. Dort hieß es: »In der Zusammenschau der Medienlandschaft nimmt der öffentlich-rechtliche Rundfunk eine – durch das Grundgesetzt abgesicherte – Sonderstellung ein. Allerdings fließen in der Wahrnehmung der ostdeutschen Nutzerinnen und Nutzer private und öffentlich finanzierte Berichterstattung ineinander.

Die Allgegenwertigkeit westdeutscher Perspektiven ist dabei ein generelles Problem. Als Lenkung aus der Ferne wird beides verstanden: sowohl der private Zeitungsverlag in Hamburg oder Köln als auch der Nachbau West beim *MDR* oder beim *RBB*. Im Fall der öffentlich-rechtlichen Sendeanstalten kommt verschärft hinzu, dass die ostdeutschen Beitragszahler in ihren Augen die »Fernlenkung« auch noch selbst finanzieren. Ebenso sensibel wird reflektiert, dass die postulierte neutrale Berichterstattung mit den tatsächlichen westlastigen Sendeinhalten in Spannung steht.

Die Dominanz westdeutscher Entscheiderinnen und Entscheider zeigt sich beim Geld, bei den Themen und beim Personal. Von den insgesamt zwölf Sendern bei *ARD, ZDF, Deutschlandradio* und *Deutsche Welle* gibt es nur eine Intendantin ostdeutscher Herkunft.

Von 21 Programmdirektor/innen und Geschäftsführer/innen sind nur zwei ostdeutscher Herkunft.

Das sind weniger als zehn Prozent dieses Spitzenpersonals. Wenn man die Hauptredaktionsleiter und Redaktionsleiter einbezieht, wird man kaum über ein Prozent kommen.

Betrachtet man die Finanzströme, zeichnet sich folgendes Bild: Die Kosten aller *ARD*-Gemeinschaftsangebote liegen bei über 1.500 Millionen Euro. In den Osten geht davon ein Bruchteil. […] Das zeigt ein massives Ungleichgewicht. Ostdeutsche Beitragsgelder fließen so in überproportionalen Größenordnungen in den Westen ab.«

Das Papier geht auch besonders auf Tom Buhrow ein, der 2022 in seiner Rede in Hamburg die »Große Reform« als Ausweg aus der *ARD*-Misere vorgeschlagen hatte. »Tom Buhrow, Intendant des WDR, zudem Aufsichtsratsvorsitzender der Bavaria Film GmbH, Aufsichtsrat der *ARD*-Filmtochter Degeto, der *WDR* Mediagroup und der *ARD*-Rechteagentur SportA und stellvertretender Vorsitzender des Verwaltungsrates des *Deutschland-*

radios, stellte im März 2020 fest: ›Wenn man sich die Landkarte der Gemeinschaftseinrichtungen der ARD anschaut, sind wir in den ostdeutschen Bundesländern zu wenig vertreten und müssen dort präsenter sein. Der Verantwortung sind wir uns bewusst.‹ Ein halbes Jahr später übernahm Buhrow den *ARD*-Vorsitz – und macht aus diesem Verantwortungsbewusstsein: Nichts.«

Auch dieses Papier blieb Papier – wie so viele. Die Zeit ging darüber hinweg, ohne Resonanz. Ein gutes Jahr später flog das System Schlesinger auf.

So dreht sich die Geschichte im Kreis. Wo ist Herkules? Von woher könnte er kommen, um diesen Kreis zu durchbrechen? Wer mistet den Augiasstall aus? Und da wir keine Götter – und auch keine Halbgötter – mehr haben, kommt die Aufgabe auf die Vielen, die Gleichberechtigten in einer Demokratie zu – auf uns alle.

Die große, global agierende Medienpolitik- und Medienwirtschafts-Lobby kommt ihrem Ziel immer näher, die öffentlich-rechtliche Bastion zu schleifen. Wer das verhindern will, muss sich jetzt einmischen und handeln.

Diese Chronologie soll ein Anreiz zur Aktion sein. Demokratie muss immer wieder aufs Neue erkämpft werden – eine mediale Grundversorgung auch.

Ich danke Thorsten Schlüter aus Berlin und Hiddensee, den ich nicht kenne, für diesen Appell, veröffentlicht auf der Meinungsseite der *FAZ* vom 9. November 2021:

»Demokratie heißt Mitbestimmung und Teilnahme, und zwar nicht nur als Fußvolk. Fazit, am 9. November 2021: Die Revolution zu Ende bringen und eine Reform der Medien und eine paritätische Beteiligung des Ostens (natürlich auch des Westens, Nordens und Südens) in allen medialen und politischen Führungsebenen durchsetzen!«

* *Luc Jochimsen, Jahrgang 1936, in Nürnberg geboren, im Krieg aufgewachsen in Wien, Düsseldorf, Frankfurt am Main. Nach dem Abitur Studium der Soziologie, Politik und Philosophie, Promotion. 1975 Redakteurin des ARD-Magazins PANORAMA, 1985-1988 ARD-Korrespondentin in London, 1991-1993 Leiterin des Fernsehstudios. 1994-2001 Fernsehchefredakteurin des Hessischen Rundfunks. Seit der Pensionierung wieder freie Autorin. 2003 Theodor-Herzl-Dozentur zur Poetik des Journalismus an der Universität Wien.*

»Unterschätzen Sie nicht die Intelligenz der Zuschauer!«

*Von Michael Schmidt**

Verwaiste Studios, die Fenster in den Gebäuden dunkel, die Redaktionsräume abgeschlossen. Über dem weitläufigen Fernsehgelände in Berlin-Adlershof liegt eine unnatürliche Stille. Hier und da offene Müllcontainer, randvoll mit alten Büromöbeln, kaputten Technikteilen und irgendwelchem Abfall. Die Tür zum kleinen Pausencafé steht offen, dahinter gähnende Leere. Der letzte Tag des Jahres 1991 ist der letzte Tag des Deutschen Fernsehfunks.

Aber ganz am Ende ist das Fernsehen im Osten nicht. In ein, zwei Studios brennt noch Licht, auch im Sendekomplex von »aktuell«, der allabendlichen Nachrichtensendung. Countdown. Wir wollen uns mit den neuesten Nachrichten und mit Anstand von unserem Publikum verabschieden, eine normale Sendung abliefern. Dann klingelt ein Telefon im Cockpit, unserem redaktionellem Zentrum. Die Wache vom Haupteingang ist dran. Ein Kamerateam des *SFB* wolle zu uns und die letzten Momente einer Sendung, die früher mal »Aktuelle Kamera« hieß, dokumentieren, sagt der Mann.

Wir seien nicht interessiert, antworten wir, kein Bedarf an Westbesuch.

Wenig später ein erneuter Anruf. Die Leute vom *SFB* würden nicht lockerlassen. Sie hätten auch eine Drehgenehmigung von Herrn Mühlfenzl.

Höhnisches Gelächter im Cockpit, Mühlfenzl hat uns alle schon vor Wochen entlassen. Der kann uns mal. Ein eigener Kameramann filmt unsere letzte Schicht. Das soll genügen. Den Kollegen vom *SFB* trauen wir nicht über den Weg. Ihr Ansinnen riecht nach Häme und Genugtuung: Endlich ist sie weg, die Konkurrenz aus dem Osten …

Gut ein Jahr zuvor war das erste Programm des *DFF* abgeschaltet worden, nun soll endgültig Schluss sein mit einem eigenständigen Ost-Fernsehen, mit der »Einrichtung« wie es im Abwicklungsdeutsch heißt. Korrekt nennt sich der übriggebliebene Kanal »*DFF*-Länderkette«. Diese abstoßend-holprigen Bezeichnung hat Rudolf Mühlfenzl uns verpasst. Der CSU-Mann und ehemalige Chefredakteur des *Bayerischen Rundfunks* ist der Rundfunkbeauftragte der neuen Bundesländer und als solcher legt er Wert auf die Feststellung, er setze lediglich den Einigungsvertrag um, wenngleich strikt.

Das »Spätjournal« hat sich bereits am Vorabend vom Bildschirm verabschiedet, jetzt also sind auch alle anderen dran. Im Redaktionsflur hatte jemand einen trotzigen Gruß – für wen auch immer – an der Wand hinterlassen: »Power From The Eastside!«. – Das war das aufmüpfige Motto des Jugendsenders *DT64*. Nun ist die Eastside also ausgepowert. Jetzt beginnt die Westside Story.

Dem Drehbuch hatten am 20. September 1990 die Abgeordneten von Volkskammer und von Bundestag mit deutlicher Mehrheit ihre Zustimmung erteilt. Das Papier hieß »Vertrag über die Herstellung der deutschen Einheit«. Wer das Sagen bei den vorangegangenen Verhandlungen hatte, wer den Text des 900 Seiten starken Werkes letztlich diktierte und somit den Kurs der neuen deutschen Einheitlichkeit bestimmte, war von Anfang an klar.

Wolfgang Schäuble, der Verhandlungsführer der Westseite, machte daraus kein Geheimnis: »In den internen Unterhaltungen ließ ich die DDR-Partner nie im unklaren über meine Prioritäten. Meine stehende Rede war: Liebe Leute, es handelt sich um einen Beitritt der DDR zur Bundesrepublik, nicht um die umgekehrte Veranstaltung. Wir haben ein gutes Grundgesetz, das sich bewährt hat. Wir tun alles für euch. Ihr seid herzlich willkommen. Wir wollen nicht kaltschnäuzig über eure Wünsche und Interessen hinweggehen. Aber hier findet nicht die Vereinigung zweier gleicher Staaten statt. Wir fangen nicht ganz von vorn bei gleichberechtigten Ausgangspositionen an.«[1]

Die Galgenfrist für das DDR- bzw. Ostfernsehen endete am 31. Dezember 1991. Vorbei die Zeit des bunten politischen Chaos', des Experimentierens und der spannenden Ungewissheiten im Osten. Von nun an ging alles wieder seinen geordneten Gang. Nur eben mit völlig anderen Vorzeichen als im abgewirtschafteten Staatssozialismus. Bei der Umformung des Ostens nach dem Ebenbild des Westens wurden Ausnahmen nicht zugelassen. Auch und schon gar nicht im Bereich der Medien. Beispiel: Mecklenburg-Vorpommern.

NDR oder NORA – wohin geht Mecklenburg-Vorpommern?

Die Entscheidung darüber, wem sich das nordöstliche neue Bundesland anschließen sollte, hätte 1991 fast zu einer Regierungskrise geführt. CDU-Ministerpräsident Alfred Gomolka und seine christdemokratischen Abgeordneten präferierten das Modell *Nordostdeutsche Rundfunkanstalt* (NORA). Ihr Koalitionspartner FDP drängte auf einen Anschluss an den *Norddeutschen Rundfunk* (NDR). Das wollten auch die Sozialdemokraten, die PDS-Fraktion wusste mit NORA nichts anzufangen.

Aus seiner Sicht hatte Gomolka gute Gründe, dem *NDR* die kalte Schulter zu zeigen. Könnte doch *NORA* als neue Rundfunkanstalt gemeinsam mit Berlin und Brandenburg die Chance eines Neuanfangs bieten, wahrscheinlich auch mehr Sendeplätze für Mecklenburg-Vorpommern. Der *NDR* hingegen besaß eine fertige Struktur und ein fertiges Programmschema. Was bliebe für MV übrig? Die CDU befürchtete, dass das Bundesland im Nordosten in einem erweiterten NDR nur zehn Prozent Anteil am Programm hätte. Bei *NORA* – so das Kalkül – könnten die Karten für politische Einflussnahme neu gemischt werden. Denn wegen der Dominanz der SPD im Norden der alten Bundesrepublik hatte der *NDR* das Image, ein »Rotfunk« zu sein.

Erstaunlicherweise schreckte das die FDP in Schwerin nicht ab. Sie blieb stur. Etwas anderes als der *NDR* kam für die vier liberalen Landtagsabgeordneten und ihre beiden Minister nicht in Frage.

NDR-Intendant Jobst Plog hatte die mediale Zuneigung des kleinen Koalitionspartners in Schwerin frühzeitig erkannt und nach Kräften gefördert. Den passenden Mann für die heikle Mission, hinter den parlamentarischen Kulissen Stimmung für den *NDR* zu machen, hatte er auch parat – Martin Schumacher. Als FDP-Mitglied war Schumacher zwei Wahlperioden lang Landtagsabgeordneter in Schleswig-Holstein gewesen, danach Chef vom Dienst beim *NDR* in Kiel. (Von 1992 bis 2002 sollte er Leiter Öffentlichkeitsarbeit des *NDR* in Hamburg werden.) Zwanzig Jahre später, 2011, erinnerte er sich an diese Mission:

»›Kümmere dich um die Liberalen in Schwerin‹, lautete der Auftrag von Jobst Plog. […] Kontakte also zu den Liberalen, das war zunächst ein Heimspiel, denn da holte mich die eigene Vergangenheit ein: Neithart Neitzel, Staatssekretär im Sozialministerium, war ein knappes Jahrzehnt zuvor mein Kollege und Chef der Landtagsfraktion in Kiel gewesen. Andere Mitstreiter und Mitarbeiter in den neuen Schweriner Ministerien kannte ich aus der Ministerialbürokratie in Kiel, aus dem Hamburger Rathaus oder aus den Zeiten bei den Jungdemokraten. […] Das waren die ›Wessis‹, die sich für Mecklenburg-Vorpommern entschieden hatten und für den *NDR*. Sie bereiteten den Weg für die Spitzenliberalen im Lande. […]

Bereits am 13. April 1991 stimmte ein FDP-Parteitag in Güstrow mit großer Mehrheit für die Zusammenarbeit mit dem *NDR*, und wenige Wochen später konnte ich in der FDP-Landtagsfraktion meine eigene

Vorlage zum *NDR* begründen und anschließend sehr stolz und ziemlich gerührt das einstimmige Votum der Fraktion meinen Chefs präsentieren. [...]

Nächtliche Geheimtreffen in Büros in Hamburg und Schwerin, in Hotels und in Gästehäusern – wiederholbar wäre das alles heute nicht mehr. So etwas konnte nur in wenig gefestigten, weil neuen parlamentarischen Strukturen klappen, bei einer fröhlichen, leicht anarchistischen Grundhaltung einzelner Akteure und angesichts der Tatsache, dass Koalitionsdruck, Fraktionszwang und Kabinettsdisziplin noch Fremdwörter waren. Welch' ein Segen für den *NDR*!«[2]

Enger hätte die Nähe eines öffentlich-rechtlichen Rundfunks zu politischen Entscheidungsträgern nicht sein können.

Nicht unerwähnt bleiben darf allerdings die Tatsache, dass der Boden für die politische Wühlarbeit von Schumacher & Co. bereitet war. Schon zu DDR-Zeiten war der *NDR* im Nordosten ein guter Bekannter. Das Fernsehprogramm *N3* und das Radioprogramm von *NDR 2* waren beliebte Westsender, von denen die Mecklenburger wussten, was sie künftig zu erwarten hatten. Doch *NORA*, die neue Unbekannte? Da hielten es viele mit der alten plattdeutschen Regel: Wat de Buer nich kennt, dat frett he nich! – Was der Bauer nicht kennt, das frisst er nicht!

So überraschte es denn nicht, dass bei Straßenumfragen zwischen Schwerin und Greifswald die Angesprochenen mehrheitlich voll des Lobes für den *NDR* waren. Und wenn ihnen zudem von ausgeschwärmten *NDR*-

Promis ein Mikrofon samt Logo mit dem sympathischen Walross Antje unter die Nase gehalten wurde, dann erntete der *NDR* pure Zustimmung.

Was im Kleinen funktionierte, sicherte auch im Großen den Erfolg, wie der *Spiegel* Anfang 1992 berichtete. »Die Fernseh-Frauen Dagmar Berghoff und Sabine Christiansen waren da, auch andere TV-Prominente hatten sich auf den Weg von Hamburg nach Schwerin gemacht. Der Intendant und weitere Würdenträger des *Norddeutschen Rundfunks* (NDR) fuhren mit ihren Mercedes-Karossen vor, ein Journalistentross wurde von der NDR-Führung per Bus angekarrt. Die aufwendige Selbstpräsentation mit Ansprachen und Filmvorführungen war der Köder, den der Sender der drei SPD-regierten Länder Hamburg, Schleswig-Holstein und Niedersachsen letztes Frühjahr im Schweriner Schloss auslegte. Wider Erwarten biss die CDU/FDP-Koalition Mecklenburg-Vorpommerns an, zum Jahresbeginn dehnte der *NDR* sein Sendegebiet in das Nachbarland aus.«[3]

Was aber wollten die Beschäftigten des gerade erst im August 1990 gegründeten *DFF*-Landessenders Mecklenburg-Vorpommern? Wohin wollten die Journalisten, Kameraleute, Cutter, Maskenbildnerinnen, Beleuchter und Toningenieure?

Ihre Forderung war einhellig – schnellstens unter das Dach des *NDR*!

Eine Abordnung der Belegschaft machte sich auf zum Schweriner Schloss, dem Sitz des Landesparlaments, um dort für den *NDR* zu demonstrieren. Da war zum einen die um sich greifende landsmannschaftliche

Gefühligkeit – wir sind doch alle Norddeutsche, wir gehören zusammen. Zweitens hatten viele Mitarbeiter genug vom Adlershofer Zentralismus vergangener Jahre, vom Reinreden und Bevormunden aus Berlin. Dass es diesen Zentralismus seit Ende 1989 jedoch nicht mehr gab und es selbstverständlich auch der *NDR* seine Zentrale hatte, nämlich in Hamburg, wurde geflissentlich ausgeblendet. Vielmehr freute man sich, jahrelang vermisste Fernsehkollegen wieder zu treffen, vertraute Leute, die legal oder illegal in den Westen gegangen waren und beim *NDR* in ihrem Beruf weitergearbeitet hatten. Die schwärmten jetzt über ihren tollen Arbeitgeber – und ihre alten Bekannten vom einstigen Ostseestudio des DFF hörten staunend zu.

Falls es trotzdem noch einige stille Befürworter des Modells *NORA* gegeben haben sollte, wurde ihnen vom Intendanten des Senders Freies Berlin (SFB), Günther von Lojewski, dieser Zahn gezogen. Seine Vorstellungen ließen an Klarheit nichts zu wünschen übrig: Neuordnung der öffentlich-rechtlichen Rundfunklandschaft Ost? – Ja, unbedingt! Veränderungen im Westen? – Nicht nötig. Wozu auch?

»Immer wieder höre ich zum Beispiel die Forderung, das Funkhaus Berlin und der *DFF* müssten in einer Mehrländeranstalt gleichberechtigt mit dem *SFB* berücksichtigt werden. […] Noch ärger ist die gebetsmühlenhaft wiederholte Forderung, der *SFB* müsse ›abspecken‹. Ich frage: Warum? Hat die friedliche Revolution im Osten stattgefunden, um demokratisch legitimierte Einrichtungen im Westen abzuschaffen?«[4]

Als Aufforderung an Ost-Kollegen, beim Aufbau einer *neuen* Nordostdeutschen Rundfunkanstalt mitzuwirken, konnte das nicht verstanden werden. Letztlich gaben Ministerpräsident Alfred Gomolka und seine CDU klein bei. Mit dem 1. Januar 1992 trat Mecklenburg-Vorpommern als viertes Bundesland dem *NDR*-Staatsvertrag bei.

Karrieresprungbrett Ostdeutschland

Bereits Anfang 1991 – noch zu Zeiten des *DFF* – hatten alle Mitarbeiter der »Einrichtung« die »Dienstanweisung 08« des Rundfunkbeauftragten Mühlfenzl und einen mehrseitigen Fragebogen erhalten. Verlangt wurde nicht nur das Eingeständnis einer eventuellen Verbindung zum MfS. Auch Auskünfte zum Wehrdienst in der NVA, Mitgliedschaften und Funktionen in FDJ, SED oder anderen DDR-Blockparteien wurden gefordert. Am Schluss des Mühlfenzl-Schreibens stand die Drohung: »Nicht wahrheitsgemäße Angaben können zur fristlosen Kündigung führen.«

Wir rätselten damals, wer in den Genuss kommen würde, das alles lesen und auswerten zu dürfen. Datenschutz? Aber mal naiv angenommen, dass nur betriebsinterne Prüfer sich über unsere Fragebögen hermachen würden: Konnten die mit unseren Angaben überhaupt etwas anzufangen? Was wussten die denn über diese DDR, ihren Aufbau, die Funktion ihrer Institutionen? Besaßen sie auch nur den Hauch einer Ahnung? Hielten sie in ihrer Beschränktheit vielleicht einen SED-Parteigruppenorganisator für so bedeutend wie ein Politbüromitglied? Bewertete man Mitgliedschaft in der Nationaldemokratischen Partei Deutschlands (NDPD) so wie die in der westdeutschen neonazistischen NPD? War man gleich Mielke, wenn man seine gesetzlich vorgeschriebene Wehrpflicht im Wachregiment »Feliks Dzierzynski« abgeleistet hatte, dessen Kasernen jenseits des DFF-Geländes in Adlershof standen? Machte man sich bereits verdächtig, wenn man diese Soldaten auf der Straße gegrüßt oder ins Studio eingeladen hatte? War das ein Kündigungsgrund, wenn man es vergaß anzugeben? …

Rund 80 Prozent der Hörfunk- und Fernsehmitarbeiter aus Mecklenburg-Vorpommern wurden schließlich vom *NDR* übernommen. Vorausgegangen waren Personalgespräche in allen Gewerken. Besonders intensiv wurde mit den Redakteurinnen und Redakteuren gesprochen. Zusätzlich erging an alle Beschäftigten in Rostock, Schwerin, Neubrandenburg und Greifswald vom *NDR* eine neuerliche Aufforderung, sich der »Regelanfrage wegen möglicher Stasi-Mitarbeit an die Gauck-Behörde« zu stellen. Wir waren schon einmal »gegauckt« worden. Aber doppelt hält bekanntlich besser. Man weiß ja nie…

Auf die Idee, in diesem Kontext auch einmal in westdeutschen Rundfunkanstalten nachzufragen, inwieweit die Kollegen dort mit bundesdeutschen Nachrichtendiensten verwickelt oder gar verbandelt waren, kam man nicht. Zumindest sprach sie keiner an oder aus.

Dass dort ebenfalls etwas zu entdecken gewesen wäre, offenbarten später Veröffentlichungen wie etwa die des in Bayern lebenden Geheimdienstfachmanns Schmidt-Eenbohm. »Als 1990 die Debatte um die Informellen Mitarbeiter der Stasi begann, da wollte ich schon die Glosse schreiben ›Auch ich war ein IM!‹«[5], zitierte er den *NDR*-Redakteur Bernd Hesse, der sich 1997 outen sollte. Der Hamburger Journalist war allerdings nicht Inoffizieller Mitarbeiter des MfS gewesen, sondern für den Bundesnachrichtendienst (BND) tätig. Hesse war nicht der einzige, wie Erich Schmidt-Eenboom in seiner Ende der neunziger Jahre erschienenen Untersuchung »Undercover – Der BND und die deutschen Journalisten« verriet.

Die Aussicht auf einen Arbeitsplatz beim *NDR* führte in den Büros, auf den Fluren und vor allem in der Kantine des Ostseestudios Rostock zu erregten Diskussionen. Es wurde nicht nur heftig um wirkliche und vermeintliche Stasi-Spitzel in den Redaktionen oder die fachliche Eignung dieser und jener Kollegen für den *NDR* gestritten, sondern tagelang auch über Tipps, wie sich das eigene Körpergewicht reduzieren ließe. Und das möglichst schnell.

Auslöser für die bis dahin am Mittagstisch absolut unübliche Debatte war das Erscheinen des NDR-Betriebsarztes. Der entpuppte sich für die gut genährten Ost-Mitarbeiter als überraschendes Risiko. Hatte er doch ein gewichtiges Wörtchen bei der Einstellung der Ost-Kollegen mitzureden. Sehr genau schaute er sich die potenziellen Neuzugänge an. Brachte jemand zu viele Kilos auf die Waage, verfinsterte sich die Miene des Doktors. Bahnten sich da irgendwann irgendwelche gesundheitlichen Probleme an? Krankheitstage? Arbeitsausfall? Nein, daran hatte der *NDR* kein Interesse. So entdeckte plötzlich manch Studiokollege in der Kantine seine Liebe zu Obst und Gemüse und mühte sich hungernd, besonders gesund und fit auszusehen.

Wer Gesundheitscheck und Personalgespräch überstanden hatte, war aber trotzdem nicht auf der sicheren Seite. Denn alle Übernommenen wurden vom *NDR* nur auf Probe eingestellt. Das erste Arbeitsjahr stand unter Vorbehalt und bot keine Jobgarantie auf Dauer.

Hingegen verhießen die neuen ostdeutschen *ARD*-Anstalten für Fernsehmenschen aus dem Westen ungeahnte Karrieresprünge. Vor allem Journalisten kamen von drüben. Sie fühlten sich nicht nur angelockt von der Aussicht auf spannende Themen. Ihnen eröffneten sich unerwartet neue berufliche Perspektiven. Eben noch ein freier Autor, der in Hamburg oder Hannover auf Honorarbasis arbeitete, bot sich nun die Chance als gut dotierter festangestellter Redakteur in Rostock oder Schwerin zu reüssieren. Bis auf wenige Ausnahmen wurden wichtige Leitungspositionen dort mit Leuten aus dem Westen besetzt. 1993 hieß es:

»Ähnlich wie beim *NDR* geben auch in Mecklenburg-Vorpommern, das sich mit einem Landesfunkhaus innerhalb der Vier-Länderanstalt bescheiden musste, Altvordere aus den alten Bundesländern den Ton an. Der Schweriner Funkhauschef Gerd Schneider kommt aus Kiel (*NDR*), Fernsehchef Peter Gatter von ›Panorama‹

(*NDR*) und sein Hörfunkkollege Dietmar Riemer vom *Bayerischen Rundfunk*. Immerhin stammen von den 88 festangestellten Journalisten des Funkhauses 61 aus dem früheren DDR-Gebiet.«[6]

Die drei genannten Führungskader – Schneider, Gatter, Riemer – waren erfahrene Journalisten, die in den neuen Osten des *NDR* wollten. Das war durchaus zum Segen des Senders und zum Glück der Ost-Mitarbeiter.

Kein Vergleich zum *Mitteldeutschen Rundfunk* (MDR), der zum Abschiebeort für »schwarze« Führungskräfte wurde. Die Zeitschrift des Deutschen Journalistenverbandes sprach darüber 1993 mit dem ersten Intendanten des MDR, Udo Reiter, der sich ein wenig selbstkritisch über die Art des Auftritts von ihm und seinesgleichen im Osten äußerte.

»Zwar versucht Reiter, der zuvor beim *Bayerischen Rundfunk* als Hörfunkdirektor amtierte und der CSU-Medienkommission angehört, immer noch mit dem Hinweis auf Zeitnot die Besetzung der acht Direktorenstühle mit sieben Westdeutschen zu rechtfertigen. Aber er räumt auch ein: ›Wir kamen aus dem Westen, haben das Heft in die Hand genommen und nicht einmal groß gefragt, wie wollt ihr es denn, sondern unter Zeitdruck und Effizienzgesichtspunkten haben wir gesagt: So wird das gemacht, und ihr könnt jetzt das und das machen. Das hat auf viele sehr verletzend gewirkt.‹«[7]

Zu DDR-Zeiten gab es die sogenannten »Beschleuniger«. Das waren Instrukteure aus der oberen oder gar obersten Parteiebene, die immer dann auf den Plan traten, wenn in man dort der Auffassung war, dass man die Redaktion ideologisch auf Vordermann bringen und die Schäfchen an die Hand nehmen müsse, um sie auf den rechten Weg zu führen.

Diese Aufgabe hatten nun also die Spezialisten aus dem Westen übernommen.

Es kamen nicht nur Postenjäger. Manchen und manche trieb tatsächlich journalistische Neugier in den Osten. Eine Gesellschaft im Umbruch: welch weites Feld, was für eine Vielfalt an Themen! Kein Friedhof, wo alles abgezirkelt und abgegrast war. Wer noch Leidenschaft besaß und für den Beruf brannte, sah die Möglichkeiten und Herausforderungen in dem für Westdeutsche bislang unentdeckten Land.

Das führte jedoch auch zu Konflikten.

Eine junge Redakteurin aus Bayern kam nach Rostock und wurde vom Drehteam examiniert, was sie denn im Osten wolle. Beim Aufbau des Fernsehens in MV mithelfen, sagte sie reinen Herzens – und erntete höhnisches Grinsen. Ob sie überhaupt wisse, welche Sendungen früher hier im Ostseestudio produziert worden seien? Und ob ihr bekannt wäre, dass die meisten Kameraleute hier einen Studienabschluss mit Diplom hätten. Und die Mehrzahl der Ost-Journalisten verstünden ihr Handwerk durchaus – also was wolle sie hier aufbauen?

Die Anfangszeit des *NDR* im Nordosten offenbarte falsche Erwartungen auf beiden Seiten. Missionarischer Eifer prallte auf Abwehrhaltung, die aber auf jüngst gemachte Erfahrungen gründete. Überheblichkeit existierte wohl auf beiden Seiten. Die einen waren davon überzeugt, zu den überlegenen Guten zu gehören, schließlich hatte ihr System gesiegt. Die anderen verteidigten ihre Vergangenheit und fühlten sich fachlich überlegen. Journalist war plötzlich keine geschützte Berufsbezeichnung, weil sich jeder so nennen durfte, der drei Sätze zu Papier bringen konnte. Im Osten hatte jeder ein Hoch-, mindestens aber ein Fachschulstudium absolviert und sein Handwerk gründlich gelernt.

Für die Westimporte war Mecklenburg-Vorpommern unbekanntes Gelände, auf dem man sich leicht blamieren konnte. Allein mit der falschen Aussprache von Ortsnamen. Eine tückische Herausforderung vor allem für Moderatoren und Nachrichtensprecher. Es muss 1992 gewesen sein, als mir Ernst Röhl – ein DDR-bekannter Autor, berühmt und gefürchtet für seine Glossen und Satiren – von der Fahrt in seine mecklenburgische Heimatstadt Teterow berichtete. Aus dem Autoradio hatten Verkehrsmeldungen getönt, die ihn aufhorchen ließen. In der Nähe von »Teteeroff« sei Vorsicht geboten, es habe auf der Landstraße einen Unfall gegeben. *Teteeroff*? Röhl stutzte. Nie gehört. Was für ein Nest sollte das sein? Bis ihm hinter dem Lenkrad ein Licht aufging. Meinte der Ansager im Radio etwa sein geliebtes Heimatstädtchen Teterow?

In der ehemals sowjetisch besetzten Zone mussten sich Orte mit solchen Wendungen ohne Widerrede ihre Verhunzung gefallen lassen. Güstroff, Bützoff, Malchoff … Sogar vor einem Fluss hatten die Russen augenscheinlich nicht halt gemacht – die Warnoff bei

Warnemünde. Der NDR und die aus dem Westen gekommenen Kollegen erwiesen sich diesbezüglich als lernfähig. Es kursierte bald eine Liste in den Redaktionen, in der knifflige Ortsnamen und deren korrekte Aussprache aufgelistet waren. Unten auf dem Papier fanden sich Hinweise wie: »Die Kleinbahn von Bad Doberan nach Kühlungsborn ist *der* Molly, nicht *die* Molly.«

Leider auch falsch. Molli wird mit »i« geschrieben und nicht mit »y«. Aber das war akustisch nicht zu unterscheiden.

In der gesamten neuen ostdeutschen Rundfunklandschaft fanden 1992 rund 400 – also lediglich etwa zehn Prozent der in der DDR im Hörfunk und im Fernsehen festangestellten Journalisten – einen neuen Arbeitsplatz. Aber warum sollte es uns Journalisten auch anders ergehen als den Kalikumpeln an der Werra oder den Werftarbeitern in Rostock, Wismar und Stralsund?

Nachdem das Probejahr absolviert war, begannen einige nicht mehr ganz so junge Ost-Beschäftigte in Schwerin, Rostock, Neubrandenburg und Greifswald zu fragen, wie's denn mit der künftigen Rente wäre. Wie würden ihre Arbeitsjahre bei Hörfunk und Fernsehen in der DDR bewertet werden? Eine berechtigte Frage angesichts der Betriebsrente, die allen festangestellten NDR-Mitarbeitern zusteht.

Erste zaghafte Anfragen wurden abgewiesen. Viel lieber wurde anlässlich von Zusammenkünften bei Sekt und Schnittchen darauf verwiesen, wie schön es doch sei, dass Mecklenburg-Vorpommern nun zur großen *NDR*-Familie gehöre und die ehemaligen *DFF*-Kollegen sich endlich frei entfalten könnten. Beiläufig erfuhr man (und frau auch), dass die DDR-Berufsjahre im Radio oder Fernsehen leider nicht berücksichtigt werden würden, sie seien für eine künftige NDR-Betriebsrente ohne Bedeutung.

Nicht nur bei solchen Gelegenheiten blieb unerwähnt, was durch den Beitritt von Mecklenburg-Vorpommern zum Staatsvertrag der *NDR* gewonnen hatte. Sein Sendegebiet wurde deutlich erweitert, neue Beitragszahler waren hinzukommen. Durch die Mitgift aus dem Osten avancierte der *NDR* zur zweitgrößten Anstalt in der *ARD* nach dem WDR.

Zur Aussteuer aus dem Osten gehörte auch das hoch motivierte und gut qualifizierte Personal, das sich auf neue Herausforderungen freute. Kameraleute, Assistenten und Techniker verfügten zumeist über jahrelange Berufserfahrung, die Journalisten kannten alle Ecken ihres Bundeslandes. Es musste niemand eingearbeitet werden.

Mit allem Recht äußerte eben dieses Personal den Wunsch, wie die Kolleginnen und Kollegen in Hamburg, Kiel und Hannover anerkannt und behandelt zu werden. Die Berufsjahre im Osten sollten nicht einfach vergessen und abgehakt sein. Einige – zu denen auch ich gehörte – wagten den Gang zum Arbeitsgericht, unterstützt von der der Gewerkschaft. Wir wollten den vielgepriesenen Rechtsstaat auf die Probe stellen, es wenigstens versuchen.

Erst einmal mussten wir uns in Geduld üben. Die Bearbeitung der Klage zog sich über fast fünf Jahre hin.

Am Ende stand wider Erwarten ein Erfolg – ein vor dem Arbeitsgericht erstrittener Kompromiss zwischen Gewerkschaft und Öffentlich-Rechtlichem Sender, mit dem wir gut leben konnten. Ein Teil unserer Ost-Arbeitsjahre wurde anerkannt und sollte in die Berechnung der Betriebsrente einfließen. Viel wichtiger war das gute Gefühl, nicht mehr ein Redakteur, Toningenieur oder Cutter Zweiter Klasse zu sein.

Es wirkte zwar paradox und war doch folgerichtig, dass 2009 die ersten ostdeutschen Mitarbeiterinnen und Mitarbeiter entsprechend ihrer anteiligen Berufszeit Ost für ihre 25-jährige Betriebsangehörigkeit im *NDR* geehrt wurden. Nach dieser Lesart hätten sie bereits 1984 ihre Tätigkeit beim NDR aufgenommen. Ein richterlich verbürgter Vorgriff auf die deutsche Einheit?

Unsere Gewerkschaft hatte lange zuvor ihre Ost-Mitglieder auf Augenhöhe behandelt. 1972 in die DDR-Gewerkschaft Kunst eingetreten, erhielt ich von der IG Medien 1997 eine Urkunde mit bunter Anstecknadel per Post für meine 25-jährige Mitgliedschaft. Viel Geld hatte das nicht gekostet, aber die Geste zeugte immerhin von Respekt, sie würdigte meine Arbeitsbiografie.

Die Ostler – rätselhafte Landsleute von nebenan

Im *DFF*-Verbund war das Ostseestudio Rostock nach Berlin-Adlershof die größte Produktionsstätte für Fernsehsendungen aller Art. Das Rostocker Volkstheater besaß einen guten Ruf, seine Inszenierungen sorgten für

Aufsehen in der DDR. So verwundert es nicht, dass von der Ostseeküste pro Jahr allein drei Fernsehspiele und eine Theaterübernahme ins Programm aufgenommen wurden.

Zu den großen Fernsehproduktionen zählten auch Unterhaltungsshows wie die Sendung »Klock 8« aus der Fernseh-Hafenbar oder die Aufzeichnung des Schlagerfestivals der Ostseeländer. Von den Zuschauern gern eingeschaltet waren publizistische Angebote. »Waidmannsheil«, »Aus dem Logbuch der Seefahrt«, die Ratgeber-Sendungen »HAPS« (Haushaltsallerlei praktisch serviert) und das Gesundheitsmagazin »Visite« waren im Osten TV-Unikate. Gleiches galt für die Talkshow »Klönsnack«.

Insgesamt steuerte das Ostseestudio pro Jahr rund 105 Sendungen mit einer Sendezeit von achtzig Stunden für das *DFF*-Zentralprogramm bei. Dazu kamen noch etwa 135 Beiträge des Korrespondentenbüros Rostock der »Aktuellen Kamera«. Nur die wenigsten Beschäftigten dürften damals der naiven Erwartung aufgesessen sein, der *NDR* würde das alles und Eins zu Eins übernehmen. Jede Sendezeit ist endlich, und der *NDR* hatte schon vor dem Beitritt Mecklenburg-Vorpommerns zum Senderverbund ein fertiges Programmschema. Die festgeschriebenen Bekenntnisse im neuen Vier-Länder-Staatsvertrag waren gut und schön. Aber was der Neuling an Sendeminuten beanspruchte, mussten die alten Platzhirsche erst abtreten.

Nachdem der *NDR* in Mecklenburg-Vorpommern gut vier Wochen auf Sendung war, zog die regionale

Presse ein erstes Resümee. Positiv bewerteten die Zuschauer die Landesnachrichten im Fernsehen, das »Nordmagazin«, und das neue Hörfunkangebot von *NDR 1 Radio MV*. Insgesamt aber überwogen kritische Meinungen der Rezpienten.

In einem Drittel aller Leserbriefe an die Rostocker *Ostseezeitung* wurde eine Fortführung von DFF-Sendungen gewünscht. Oft verbunden mit der späten Erkenntnis: »Den Wert und die Bedeutung vieler Dinge erkennt man erst, wenn sie nicht mehr da sind.«[8] Da die Autorin des ganzseitigen Artikels verständlicherweise keine Lust hatte, in die Jammer-Ecke gestellt zu werden, versuchte sie die distanzierten Meinungen zum neuen *NDR*-Programm zu erklären: »Dies mit DDR-Nostalgie oder gar einem Bedürfnis nach Rückkehr ins alte System abtun zu wollen – wie schon hier und da geschehen –, scheint mehr als fraglich, da die meisten dieser Programmteile erst nach der Wende entstanden oder sich gemausert hatten. So wurde am häufigsten nach dem *Donnerstagsgespräch* verlangt. Mit einigem Abstand folgten dann *Prisma, Klönsnack* und das Frauenjournal ›ungeschminkt‹.«[9]

Den ostdeutschen Programmachern war seit dem Herbst 1989 das Kunststück gelungen – wahrscheinlich sollte man besser sagen: Es war eine Wiedergutmachung –, kritische, oft unkonventionelle und auf die Bedürfnisse des Publikums eingehende Sendungen zu produzieren. Heraus kam ein Programm, in dem sich die Leute mit ihren Fragen und Hoffnungen, Problemen und Enttäuschungen wiederfinden konnten. Ich erinnere mich an alkoholgeschwängerte Diskussionen in den 1980er Jahren in Wohnzimmern von Ostberliner Journalisten-Kollegen, in denen wir die hypothetische Frage erörterten, was denn passieren würde, wenn in der DDR plötzlich journalistisch alles möglich sei. Keine Abteilung Agitation im Zentralkomitee mehr, keine Anweisungen und Anrufe »von oben«, keine Forderung nach staatstragenden und Protokoll-Berichten. Wären wir überhaupt fähig zu einem anderen Journalismus als den bislang von uns verlangten? Oder würden wir jämmerlich versagen, wenn's anders wäre?

Wie sich zeigen sollte, stellte uns der sich rasend vollziehende Umbruch der Gesellschaft vor die Alternative: Entweder berichten wir endlich wirklich und wahrhaftig über das, was gerade geschieht – oder wir verschwinden von der Bildfläche. Die Ostdeutschen lechzten geradezu nach kritischem Journalismus. Und endlich, seit dem Herbst '89, wurde er in den eigenen Kanälen von Radio und im Fernsehen angeboten.

Bis das muntere mediale Experiment politisch nicht mehr gewollt war. Man ließ uns kein Jahr gewähren, dann war die Freiheit vorbei.

Die neuen öffentlich-rechtlichen Sender punkteten anfangs mit der regionalen Berichterstattung. Das war kein Kunststück, denn die seit 1990 etablierten *DFF*-Landessender hatten gute Vorarbeit geleistet und sich die Sympathien der Zuschauer erarbeitet. *MDR, NDR* und *ORB* fanden ein gut bestelltes Feld vor und konnten es weiter beackern. Hingegen wurden die zentralen Programme vom Publikum eher skeptisch bewertet. In der Primetime nach 20.15 Uhr fühlten sich deutlich weniger Zuschauer von den Sendungen angesprochen als zuvor in den Landesmagazinen.

Auch in der neu geordneten Rundfunklandschaft des *NDR* schien Programmverantwortliche die Frage zu quälen: Kann das Publikum im Westen mit den »Ost-Themen« überhaupt was anfangen? Mit den publizistischen Angeboten von dort, die erst in der Wendezeit entstanden waren. Mit DEFA-Spielfilmen oder gar welchen aus Osteuropa?

»Die Spezifik dieser Programmteile und die Bedürfnisse ostdeutscher Medienkonsumenten zu erkunden und zu nutzen, könnte langjährig eingefahrene Programmstrukturen aufbrechen. Wer sagt denn, dass nicht mal ganz anders ›gestrickte‹ Sendungen auch den Zuschauern in Niedersachsen, Schleswig-Holstein oder Hamburg gefallen«[10], lautete die vorsichtige rhetorische Frage der *Ostseezeitung*. Ein anderer Leserbriefautor wurde da deutlicher. An die Adresse der *NDR*-Oberen schrieb er: »Sie begehen letztlich konzeptionell den gleichen Fehler, den die Programmverantwortlichen der DDR machten: Sie unterschätzen die Intelligenz Ihres Publikums.«[11]

Ostdeutsche Zuschauer insgesamt fremdelten nach Abschaltung des *DFF* mit den Programmen der neuen öffentlich-rechtlichen Fernsehanstalten. Sie waren anderes gewohnt, hatten zwar nun mehr Sender, aber keine wirklichen Alternativen.

»Nach einer *dpa*-Umfrage beklagen viele in Sachsen, Sachsen-Anhalt und Thüringen, dass der *MDR* ihre

Bedürfnisse nicht wahrnimmt und im Vergleich zum aufgelösten *DFF* nicht mit diesem mithalten könne. Auch der *ORB* als kleinste Anstalt steht mit zu geringer eigenständiger Leistung in der Kritik.«[12]

Der Zusammenhang eines als lückenhaft und fremd empfundenen Programmangebots mit den seinerzeit durchweg westdeutsch geprägten Hierarchien in den neuen Sendeanstalten liegt auf der Hand. Die landauf, landab überwiegend mit Westimporten besetzten Chefposten waren eine der Ursachen, dass konsequent an den Bedürfnissen der Beitragszahler vorbeigesendet wurde. Schafften es ostdeutsche Themen tatsächlich mal in die Zentralprogramme von *ARD* und *ZDF*, erschöpfte sich die journalistische Verarbeitung oft im Bedienen von Klischees und Vorurteilen.

Altgedienten Ostjournalisten kam das einigermaßen bekannt vor. Wurde doch in DDR-Redaktionsbüros gern über die »von oben« gewünschte »ABC«-Berichterstattung gelästert, mit der medial der Westen charakterisiert, attackiert und entlarvt werden sollte: A wie Arbeitslosigkeit, B wie Berufsverbot und C wie Krise waren damals die permanent befeuerten Dauerbrenner in der ideologischen Auseinandersetzung mit der Bundesrepublik und dem kapitalistischen System.

Angekommen im freiheitlichen Mediensystem, bekamen es Autoren und Redakteure mit dem Wunsch von Herausgebern und Chefredakteuren zu tun. Die forderten auch subtil klare Kante und Eindeutigkeit, also Grobschlächtigkeit und Schwarz-Weiß-Malerei. Nur hießen die Schlagworte jetzt Nazis, Stasi und

Unrechtsregime DDR. Damit sollte der unerklärliche Osten Deutschlands hinreichend erklärt werden. Kaum meldete die Nachrichtenagentur *DPA* eine Kneipenschlägerei irgendwo in Vorpommern, fragten Fernsehredaktionen aus der Zentrale an, ob es sich nicht doch um einen Gewaltausbruch mit rechtsradikalem Hintergrund handeln könnte. Und wenn bei irgendeinem Unternehmensmanager dessen frühere Karriere als NVA-Offizier oder SED-Genosse ausgegraben wurde, konnte der Mann seine Tätigkeit im neuen Deutschland selbstverständlich nur dank umtriebiger alter Seilschaften ausüben … Ewiggestrige und unsterbliche Geheimbünde bedrohten die freiheitlich-demokratische Grundordnung allenthalben und mussten darum enttarnt und entlarvt werden.

Ach, was hatte manch westdeutscher Redaktionschef innerhalb seiner Arbeitswoche im Osten so alles durchzustehen! Um danach am Wochenende daheim westlich der Elbe bei einem guten Wein und am Kamin mit den Erlebnissen im Wilden Osten im trauten Freundeskreis für Schauder und bewunderndem Entsetzen sorgen.

Ohne die bestehenden Konflikte und Probleme im Osten Deutschlands kleinreden zu wollen, belegen Medienuntersuchungen, dass besonders in den großen westdeutschen Zeitungen und Zeitschriften »Ostdeutschland in der Presseberichterstattung tendenziell negativer betrachtet wird«[13], hieß es noch 2020 in einer Datenanalyse.

Symptomatisch der *Spiegel*-Aufmacher im August 2019: »So isser, der Ossi«.

Solch ein dort abgebildeter schwarz-rot-goldener Anglerhut zierte bekanntlich ein Jahr zuvor den Kopf eines Mannes, der am Rande einer Pegida-Demonstration in Dresden ein Kamerateam anpöbelte. Offenbar auf Krawall gebürstet, nicht der Hellsten einer und mit sächsischer Mundart – klar doch, ein Ossi wie aus dem Lehrbuch, der kurze Videoschnipsel lief im Internet viral. Der Sinn für Ironie – wie vom *Spiegel* angeblich beabsichtigt – kam Lesern im Osten schon bei der Titelseite abhanden. Zusätzlich stellte sich ein übler Nachgeschmack ein, als herauskam, dass der nationalbewusste Motzer beim Landeskriminalamt tätig war.

Bis heute scheitern im Westen Deutschlands herausgegebene Zeitungen und Zeitschriften daran, im Osten Leser zu finden. Nur acht Prozent der *Spiegel*-Leser kommen aus den ostdeutschen Ländern. Ein hausgemachtes Manko. Als Anfang des Jahres 2022 die Zustimmung zur Rechtsaußen-Partei AfD im Osten leicht bröckelte, atmete man in den Redaktionen einiger Medien hörbarbar auf. »Es schimmerte eine gewisse Erleichterung durch und vielleicht auch eine Hoffnung: Wenn die AfD verschwindet, müsste man sich vielleicht auch nicht mehr mit dem Osten befassen. Endlich Ruhe vor den Jammer-Ossis! Das Parteiensystem scheint sich sowieso wieder in alte bundesrepublikanische Bahnen zu lenken: Die AfD schwächelt, die Linke zerlegt sich selbst. Bald ist es wieder wie früher! Und was haben die Ostler eh noch zu jammern, wo sich der Osten doch dank Tesla und Infineon zum deutschen Windrad-Silicon-Valley wandelt?«[14], schrieb eine Autorin ostdeutscher Herkunft ironisch. Sie war in Beeskow bei Berlin in jenem Jahr zur Welt gekommen, als ich an der Karl-Marx-Universität in Leipzig Jounalistik zu studieren begonnen hatte.

Was wollen die verschrobenen Leute dort im Osten denn noch? Reichte es nicht, wenn diese komische Gemeindeschwester Agnes auf ihrem putzigen Schwalbe-Mokick – und ohne Helm! – jetzt sogar über unsere Bildschirme knatterte? Und wenn unser aller Peter, der Maffay, in einer Schlagershow zum tausendsten Mal den Ost-Song »Über sieben Brücken musst du gehn« runtersingt? Solln ihre Spreewaldgurken in sich reinstopfen, die Ostler, schön artig sein und sich über die deutsche Einheit freuen, die wir ihnen geschenkt haben. Das sagte man natürlich nicht. Aber die Gedanken sind frei. Auch in den Räumen von Intendanten, die mehr Gehalt beziehen als der Bundeskanzler.

Zwischen Ignoranz und Klischee

Seit Ausrufung der deutschen Einheit beanspruchen sogenannte Leitmedien im Westen Deutschlands die alleinige Deutungshoheit über das Geschehen und die Geschichte im Osten. Sobald allerdings die Themen vom üblichen Mainstream – wir erinnern uns: Nazis, Stasi, Unrechtsregime – abwichen, erlosch merklich das Interesse. Ausnahmen bestätigten auch hier die Regel.

Mitte der 1990er Jahre hatte ich die Gelegenheit, den Schriftsteller Helmut Sakowski zu besuchen. In der

DDR ein bekannter Mann, für seine Bücher und Fernsehfilme wurde er hoch geehrt. Sakowski galt als der »Erfinder der Fernsehromane«. Sein Film »Wege übers Land«, ausgestrahlt 1968 im *DFF*, wurde zum Straßenfeger. Ähnlich erfolgreich der 1976 produzierte Streifen »Daniel Druskat«. Wieder ein Mammutwerk in fünf Teilen, wieder überaus erfolgreich und wieder widmete sich der Autor dem Auf und Ab in der sozialistischen Landwirtschaft. Mit ungeschönten Konflikten und starken Charakteren, die sich in der Nachkriegszeit in ihrer dörflichen Gemeinschaft durchschlagen. Im Darstellerensemble die Crème de la Crème der ostdeutschen Schauspieler – Hilmar Thate, Angelica Domröse, Manfred Krug, Rolf Hoppe, Ursula Karusseit, Käthe Reichel und andere namhafte Mimen. Zwanzig Jahre nach der Ausstrahlung von »Druskat« erzählte mir Sakowski begeistert von seinem Plan, Leben und Arbeit seines Helden fortzuschreiben. Diesmal im real existierenden Kapitalismus – wo sonst.

Die Schauspieler von ehedem waren allesamt angetan und wollten unbedingt wieder mitspielen. Sakowski zeigte mir einen Brief von Manfred Krug, der es gar nicht abwarten konnte, dabei zu sein, um den ehemaligen LPG-Vorsitzenden in der neuen Zeit zu spielen. Die *ARD* hatte Interesse an dem Stoff signalisiert, das Drehbuch war fertig. Dann kam die erste Intervention. Ein Mehrteiler wäre für das Thema wohl zu umfänglich – könnte Sakowski das Thema nicht ebenso gut in einem 90-Minüter abhandeln? Und überhaupt – ist das nicht zu viel Osten? Hier gemäkelt und da gefragt …

Irgendwann hatte Sakowski die Nase voll, das Projekt war totoptimiert. Wer die Kämpfe in der ostdeutschen Landwirtschaft nach 1989, das Ringen um Grund und Boden und die teils kriminellen Praktiken bei der Privatisierung von Landwirtschaftlichen Produktionsgenossenschaften auch nur vom Hörensagen kennt, der ahnt, welche dramatischen Geschichten im gesamtdeutschen öffentlich-rechtlichen Fernsehen nicht erzählt wurden. Wie bemerkte doch Jahre zuvor ein kritischer Zuschauer: »Sie unterschätzen die Intelligenz Ihres Publikums.«

Manfred Krug ist seit 2016 tot, Sakowski verstarb 2005. Thate und Karrusseit sind nicht mehr, die meisten Schauspieler aus dem Druskat-Ensemble liegen unter der Erde, und Lutz Riemann, der auch mitspielen sollte, mein Freund und langjähriger NDR-Kollege, der Oberleutnant Zimmermann aus dem Polizeiruf 110, ist auch schon 82 …

Was für publizistische Themen und dramatische Stoffe wurden leichtfertig verschenkt oder gar nicht erst angefasst. Es ist ein Trauerspiel. Dabei konnte eine gegensätzliche Sicht auf Geschichte und Alltag in der DDR höchst anregende Sendungen hervorbringen, wie 1993 beim *NDR* in Mecklenburg-Vorpommern demonstriert wurde.

Zwei Redakteurinnen, beide klug und ausgestattet mit einiger Sachkenntnis, hatten einen Film über Schulkinder in der DDR gedreht. Die eine war im Osten aufgewachsen und hatte dort studiert, die andere hatte eine Westbiografie. Bei der Endfertigung des Films kam es zum heftigen Zusammenprall und Krach am Schneidetisch. Bis sich beide Journalistinnen zusammenrauften und auf einen Kompromiss einigten. Zu exakt denselben Bildern vom Fahnenappell Junger Pioniere an einer DDR-Schule sollten nacheinander zwei unterschiedliche Kommentare laufen.

Journalistin West: »Da gab es kein Wenn und Aber. Gezogen wurde am Einheitsstrang. Kinder, Patenbrigaden, Linientreue – Voraussetzungen für die pädagogische Arbeit.«

Journalistin Ost: »Erstmal war da die Gemeinschaft. Es wurde gesungen, viel gelacht. Ja, es gab auch politische Bildung. Sozialismus war einfach selbstverständlich.«[15]

Das Bestehen auf die eigene Sicht, verbunden mit einer Kompromissbereitschaft, führten zu einer intelligenten Entscheidung und einem sehenswerten Fernsehfilm. Im Übrigen demonstrierte der Konflikt, dass es keinen »objektiven« Journalismus gibt. Dieser Anspruch ist Unfug. Fließt doch in jeden journalistischen Beitrag neben – hoffentlich – faktenreichen Rechercheergebnissen die eigene Erfahrung des Journalisten ein. Erlebtes und Erlerntes, die Sozialisierung und bisweilen die jeweilige Gefühlslage und Tagesform führen mit die Feder beim Schreiben. Wenn es gut geht, haben Fernsehbeitrag oder Artikel einen unverwechselbaren Stil. Geht's schlecht, schütteln Leser oder Zuschauer den Kopf wegen eines ihnen unerträglichen Meinungsjournalismus'.

Eine verbreitete Unkenntnis über das, was im Osten passiert und der fehlende Drang, sich mit den Realitäten ergebnisoffen auseinanderzusetzen, hinterlassen ihre Spuren im *Öffentlich-Rechtlichen Rundfunk* bis heute und vermiesen dem Zuschauer Ost den Fernsehabend. Die sattsam bekannten Stereotype nerven. Auch wenn es nur Kleinigkeiten sind, die aufregen.

Ein Film der *ARD*-Reihe »Die Drei von der Müllabfuhr« behandelte zum Beispiel – in löblicher Absicht – das Thema Gleichberechtigung. In einer Sequenz will der Chef einen seiner Müllfahrer aufklären: »Frauen dürfen erst seit 1977 ohne die Erlaubnis ihres Ehemannes arbeiten gehen.«[16]

Stimmt – in dem Jahr wurde das Ehe- und Familienrecht reformiert. Allerdings nur in der alten, westdeutschen Bundesrepublik. Nebenan in der DDR war so ein Gesetz nicht nötig. Dort war die Vormundschaft der Männer Vergangenheit. Drehbuchautoren und Regisseur hatten von diesem Unterschied offenbar noch nie etwas gehört.

Die gleiche Unkenntnis war in einer Vorabend-Talksendung des *NDR* zu erleben, als die Moderatorin und ihre Gesprächspartnerin sich erinnerten, dass »wir Frauen« bis 1977 »nicht geschäftsfähig« waren. Auch in diesem munteren Gespräch war es keine Erwähnung wert, dass in der DDR und somit auch im heutigen *NDR*-Staatsvertragsland Mecklenburg-Vorpommern diese Art von Diskriminierung der Frauen nicht existierte. Ältere Zuschauer im Osten schütteln über derartige Unkenntnis den Kopf und zweifeln an der Glaubwürdigkeit. Und wer zahlt schon gern seinen monatlichen Rundfunkbeitrag, wenn er seinem Sender misstraut?

Ähnlich nachlässig wird ein anderes Frauenrecht besprochen – das Recht auf Abtreibung. In der Bundesrepublik Deutschland gilt nach wie vor der von patriarchalischem Geist durchdrungene Paragraf 218 des Strafgesetzbuches, der Schwangerschaftsabbrüche unter Strafe stellt. Die Paragrafen zu »Mord« und »Totschlag« finden sich übrigens gleich daneben. Zum Glück für die Frauen gibt es noch §218a StGB, der die Straflosigkeit eines Abbruchs regelt. Höchstens beiläufig und hinter vorgehaltener Hand wird mal eine Lösung à la DDR erklärt. Seit 1972 konnten Frauen in Ostdeutschland innerhalb von zwölf Wochen über den Abbruch ihrer Schwangerschaft entscheiden. Diskussionswürdige Erfahrungen, die Menschen im anderen deutschen Staat vor Jahrzehnten gemacht haben, geraten zunehmend in Vergessenheit. Die westdeutsche Historie wird zur allein gültigen.

Auch Fernsehprogramme spiegeln die in etablierten Politikkreisen vorherrschende Diskussionskultur wider. Deren westdeutsche Protagonisten sind auch nach mehr als drei Jahrzehnten deutscher Einheit von bemerkenswerter Begriffsstutzigkeit gekennzeichnet. So sorgte Bundesfinanzminister Christian Lindner im November 2022 mit einer erstaunlichen Einschätzung der Treuhandanstalt für Schlagzeilen auf den Wirtschaftsseiten großer Zeitungen: »Manche nutzen die Treuhandanstalt und die unabweisbar notwendige Transformation der ehemaligen DDR-Wirtschaft, um gewissermaßen eine Art ökonomische Dolchstoßlegende zu konstruieren und daraus politisches Kapital zu schlagen«[17], erklärte er vorwurfsvoll. Nun, Lindner war noch keine zwölf, als die Treuhandanstalt ein ganzes Land deindustrialisierte, Glücksrittern und Abenteurern aus dem Westen die Taschen füllten. Eine Dolchstoßlegende? Fürwahr – wenn man die Tätigkeit dieses Abrissunternehmens heute als segensreich und nützlich für die deutsche Einheit bezeichnet.

Und schon ist »unten« wieder ein Stückchen Vertrauen und Glaubwürdigkeit in »die da oben« geschwunden. Mit seiner Interpretation ignorierte der FDP-Politiker im Übrigen ein Forschungsprojekt, das von seinem (!) Ministerium finanziert wurde und dessen Bilanz gänzlich anders ausfällt: »Die Treuhandanstalt hat sich in Ostdeutschland tief ins kollektive Gedächtnis eingebrannt. [...] Von den ursprünglich rund vier Millionen Industriearbeitsplätzen blieben nur etwa 1,5 Millionen übrig.«[18] Projektleiter Dierk Hoffmann hält nichts davon, das Wirken der Treuhand in Ostdeutschland schönzureden: »Die Bilanz der Privatisierung der volkseigenen Wirtschaft ist niederschmetternd. Daran gibt es nichts zu deuteln.«[19]

Ein Bundesminister aber nennt auch im Öffentlich-Rechtlichen dies eine »Dolchstoßlegende«

Wer hat Einfluss darauf, dass ein ostdeutscher Blick auf Geschichte und Gegenwart dieser Republik endlich zur Normalität wird?

Trotz aller Mühe beim Suchen, wird sich dafür kaum jemand finden lassen. Weil sogar in den Chefetagen östlicher Bundesländer gebürtige Ostdeutsche wenig zu melden haben – weil es sie dort nicht gibt. Die Zahlen von 2020 sind ernüchternd: »Die Ostdeutschen kommen deutlich seltener in Führungspositionen als Westdeutsche. In den ostdeutschen Bundesländern besetzen sie gerade einmal 26 Prozent der Elitepositionen. [...] In den Bereichen Politik, Wirtschaft und Medien ging der Anteil ostdeutscher Spitzenkräfte sogar zurück. [...]

Der Blick auf die großen Regionalzeitungen im Osten wie die *Leipziger Volkszeitung* oder die *Mitteldeutsche Zeitung* zeigt ein eher durchwachsendes Bild. In den Chefredaktionen sank der Anteil Ostdeutscher von 62 Prozent (2016) auf 43 Prozent, während er in den Verlagsleitungen von 9 Prozent auf 20 Prozent anstieg.

Bei den drei öffentlich-rechtlichen Rundfunkanstalten, die ihr Sendegebiet in Ostdeutschland haben – das sind *MDR, RBB* und *NDR* – wächst der Anteil Ostdeutscher in der Führungsebene langsam, aber stabil an auf nunmehr 31 Prozent. Auf den Chefposten großer Medienkonzerne gibt es keine Ostdeutschen, immerhin aber zwei in den Chefredaktionen der größten überregionalen Printmedien. An der Spitze der öffentlich-rechtlichen Rundfunkanstalten gibt es nur eine Ostdeutsche, die Intendantin des *MDR*.«[20]

Auf der Ebene der Landesfunkhäuser sind die Posten paritätischer besetzt. Gerade wurde ein ostdeutscher Journalist neuer Direktor des *MDR*-Funkhauses Sachsen-Anhalt. Beim *NDR* in Mecklenburg-Vorpommern ist »Ost oder West?« schon seit Jahren nicht mehr die bestimmende Frage. Ausnahmen, die die Regel bestätigen. Insgesamt behauptet sich seit mehr als drei Jahrzehnten eine westdeutsche Dominanz.

Alles geht seinen gewohnten Gang. Die Führungskader West sind meist gut vernetzt, und sie haben eine feine Nase, wo gutes Geld zu verdienen ist, wo man was zu sagen hat und wo sich politische Weichen stellen lassen. Es sind nicht unbedingt Lehrer oder Schiffbauer, die es von Hamburg nach Vorpommern zieht. Es sind hervorragend dotierte Jobs in Justiz, Medien und Politik, die den Osten lukrativ machen. Ost oder West? – Das fragt nicht nur nach der geographischen Herkunft des Führungspersonals.

Eng verknüpft damit sind die kulturelle und politische Prägung, oft der berufliche Werdegang. Wer mit dem ausschließlichen Blick Richtung USA, Frankreich oder Großbritannien ausgebildet wurde, der kann mit Ansichten und Erfahrungen besonders von älteren Ostdeutschen nicht viel anfangen. Also prallen auch in Redaktionen unterschiedliche Lebenswelten aufeinander. Selten führen solche Kollisionen zu einem produktiven Ergebnis.

Politische Stanzen werden inzwischen anders und schicker verpackt, sind im Kern aber die alten geblieben. So kreiert die Klassifizierung der DDR als »Unrechtsstaat« gerade für Spielfilme und Fernsehserien einen Schauplatz mit nahezu unerschöpflichen Möglichkeiten. Auf dem kann man mit Fakten und historischen Wahrheiten noch lockerer umgehen als ohnehin im Fiktionalen üblich.

Ein Paradebeispiel ist die *ARD*-Serie »Die Toten von Marnow« aus dem Jahr 2021. Ein mehrteiliger Thriller, der in Ostdeutschland spielt. Morde werden aufgeklärt, deren Geschichte in die Zeit der DDR zurückreicht –

in ein Geflecht aus westlichen Pharmatests im Osten, immer noch aktiven Stasi-Seilschaften und andauernder Vertuschung. Besonders die Zuschauer in Mecklenburg-Vorpommern waren aufgeschreckt – der Krimi war augenscheinlich in ihrem Landstrich angesiedelt. War alles noch viel schlimmer, als man es uns schon erzählte? In was für einem Drecksland haben wir vierzig Jahre lang bloß gelebt? Und die Westdeutschen sagten sich: gottseidank, wir nicht.

Solche und ähnliche Fragen warf die krude gesponnene Geschichte auf, und vielleicht war das auch beabsichtigt.

Eine irre, boulevardeske Geilheit auf das Elend im Osten

Das *NDR*-Landesfunkhaus Mecklenburg-Vorpommern hat mit Spielfilmen, die im Ersten laufen, wenig bis gar nichts zu tun. Doch »Die Toten von Marnow« erregten die Gemüter ihrer Zuschauer derart, dass *NDR*-Journalisten in Schwerin sich an den Faktencheck machten und zum vermeintlichen Skandal rund um Medikamententests recherchierten.

»Der Skandal war gar keiner«, konnte der Sender am 17. März 2022 berichten. »Die Studien sind auch in der DDR nach damals international geltenden Standards durchgeführt worden.«[21]

Sogar die Landesbeauftragte für die Aufarbeitung der SED-Diktatur für Mecklenburg-Vorpommern, Anne Drescher, sah sich zu einer Klarstellung veranlasst.

Anders als im Film dargestellt habe die Staatssicherheit »im Zusammenhang mit den Medikamententests keinerlei Einfluss auf Auswahl oder Durchführung der klinischen Testphasen« gehabt. Auch eine Verschleierung von Verstößen hielt sie für unwahrscheinlich.[22]

Mit ihrem Beitrag führte der »kleine« *NDR* in Mecklenburg-Vorpommern die »große« ARD in entscheidenden Punkten vor. Zu vermuten ist, dass schockierende Bilder und Dialoge aus dem Fernsehkrimi besonders einem westdeutschen Publikum stärker im Gedächtnis haften bleiben als der sachliche Onlinetext. Wenn der denn überhaupt gelesen wurde. Die Serie ist im Übrigen unverändert in der Mediathek jederzeit zu sehen …

Eine andere Fernsehserie dürfte im Osten die Zuneigung der Zuschauer zum Öffentlich-Rechtlichen nicht unbedingt gestärkt haben. Auch in »Lauchhammer«, wieder von der *ARD*, reichte die mörderische Handlung zurück in die DDR. Im Unterschied zu »Marnow« gaben diesmal nicht gewendete Stasi-Typen die Schurken vom Dienst, sondern früher vermeintlich allmächtige lokale SED-Funktionäre. Schon die ersten Bilder verhießen Grusel: Ein gelb-brauner Filter vor der Kameralinse tauchte die Lausitzer Landschaft in morbides Licht. Monströse Braunkohlebagger hatten das Land weggefressen und eine Wüste hinterlassen. Dazu die mystisch anmutende, von Seelenschmerz gebrochene Stimme eines Erzählers im Off. Aha – so also sieht es heute aus im Beitrittsgebiet.

Die *Sächsische Zeitung*, die sich im Revier auskennt, war baff: »Derart keimig ist das Setting dieses reanimierten Ost-Klischee-Sortiments aus den Neunzigern, dass man nach jeder Folge den Drang verspürt, unter die Dusche zu springen.«[23]

Irgendwie erinnert die Szenerie an eine irdische Variante von »Outland – Planet der Verdammten«. Von einer ähnlichen Assoziation muss auch der *FAZ*-Autor Tom Müller beim Betrachten der Serie heimgesucht worden sein. Unter der Überschrift »Leben im Osten nur Freaks?« schrieb er: »Am Vorabend des 32. Jahrestages der Einheit fragten die ARD-›Tagesthemen‹ ziemlich hilflos: ›Warum ist die Unzufriedenheit in Ostdeutschland so groß?‹ Unabhängig davon, dass die Prozentsätze von Ostdeutschen in Führungspositionen im Osten, an Universitäten, in der Politik und Medienhäusern nach wie vor unterirdisch sind, also ein klares Repräsentationsvakuum besteht, hätte sich die ARD die Frage der ›Tagesthemen‹ auch selbst beantworten können. Ein aufmerksamer Blick in die eigene Mediathek hätte genügt.

Dort läuft gerade die Krimiserie ›Lauchhammer – Tod in der Lausitz‹. Die Serie spielt im real existierenden und titelgebenden Ort Lauchhammer, an der Abbruchkante des Lausitzer Braunkohle-Tagebaus. Der ermittelnde, ortsansässige Polizist Maik (sic!) muss zusammen mit einer frisch zugezogenen Ermittlerin den Mord an einer jungen Frau aufklären. Der Realismus, den die Serie auch durch die Verwendung des Ortsnamens behauptet, steht allerdings im Widerspruch zum grotesken Zerrbild, das die Serie vom Ort und seinen Bewohnern, mithin vom Osten, zeigt.

Das Drehbuch und das Setdesign sind von einer geradezu irren, boulevardesken Geilheit auf das Elend durchdrungen, dass sich einem die Nackenhaare aufstellen. Gerade Krimiserien aus öffentlich-rechtlicher Hand haben hier eine besondere Verantwortung. Das Genre erreicht Millionen Zuschauer und ist in der Wirkung, Vorstellungen von Regionen und Menschen zu prägen, wohl kaum übertroffen.«[24]

Der Film weidet sich geradezu an der von ihm inszenierten Kulisse und den darin umherirrenden Akteuren. »Die Menschen sind krank, korrupt, abhängig, gestört oder kriminell, dazu humorlos. Ihre Häuser sind heruntergekommen, verwahrlost oder wenn doch aufgeräumt, dann ausgestattet wie 1982 nach Vorbild des Berliner DDR-Museums, Möbel vom VEB Kombinat, Blümchentapete und viel billiger Plüsch.«[25]

Die realen Einwohner von Lauchhammer reagierten bemerkenswert gelassen auf die Gruselmär. Kintopp sei nun mal so. Und sollte das alles von irgendwem für bare Münze genommen werden – für den hat die Stadtverwaltung auf ihrem Videoportal einen kurzen eigenen Streifen ins Netz gestellt: »DAS ist unser Lauchhammer.«

Vermutlich werden die beiden (westdeutschen) Drehbuchautorinnen der Serie den kurzen Werbefilm nicht gesehen haben. Wozu auch? Weiß man doch, wie's im Osten aussieht. Ist alles in unserem Film zu sehen. Bilder lügen nicht. Diesem Irrglauben scheinen auch die Programmentscheider der ARD zu frönen.

FAZ-Autor Tom Müller versäumt es nicht, in seinem Verriss diesen Verantwortlichen die Frage zu stellen:

»Wie kann es sein, dass der öffentlich-rechtliche Rundfunk, dessen Vorteil ja ist, dass er regional organisiert ist und somit über besondere Vor-Ort-Expertise verfügen sollte, seinem eigenen Publikum, denn das sind die Lausitzer ja und die Ostdeutschen sowieso, mit so viel Desinteresse, Häme und faszinierter Ekelhaftigkeit begegnet?«[26]

Die ehrliche Antwort würde höchstwahrscheinlich simpel ausfallen: Weil man es mit denen in Dunkeldeutschland nun mal machen kann. Und wahrscheinlich freuen die sich sogar, den Kakao, durch den sie gezogen werden, hinterher noch schlürfen zu dürfen. – Hey, unsere Gegend ist im Fernsehen! Geil!

Die Dritten – unsere beliebten Heimatsender

Es empfiehlt sich, die öffentlich-rechtlichen Programmangebote differenziert zu betrachten. Da sind zum einen die zentralen Programme von *Das Erste* und *ZDF*. Für viele Beitragszahler mindestens genauso wichtig sind die Dritten Programme der ARD. Dort ist Heimat zu besichtigen. Je dichter Reportagen, Interviews und Berichte im Fernsehen an den Menschen dran sind, desto öfter – und länger! – schalten die Zuschauer ein. Und so erfreuen sich die Dritten Programme der ARD großer Beliebtheit. Der Zugriff auf das lineare Fernsehen, also das Einschalten des laufenden Programms, ist immer noch beachtlich. Der Marktanteil der sieben Dritten Programme lag

2018 bei 12,7 Prozent
2019 bei 13,3 Prozent
2020 bei 13,7 Prozent
2021 bei 13,7 Prozent[27]

Schon gibt es Fernsehabende, an denen die Quote fast so hoch ist wie im Zentralprogramm, im Ersten. Das löst beim *ARD*-Vorsitzenden nicht nur Freude aus. Möglichst hohe Einschaltquoten für alle Sendungen und Programme – ja, unbedingt. Aber ein Wettlauf im eigenen Haus um die größte Akzeptanz muss nicht sein.

Sämtliche regionalen öffentlich-rechtlichen Informationsmagazine erreichen höchste Zustimmungswerte. Da können die kommerziellen privaten Sender nicht mithalten, ihnen fehlt eine ständige regionale Präsenz, weil Studios und Korrespondentenbüros teuer sind und die meisten Regionen viel zu wenig werberelevantes Publikum aufzubieten haben.

Die Kehrseite dieses Alleinstellungsmerkmals öffentlich-rechtlicher Landesprogramme: es fehlt die Konkurrenz. Der landespolitisch interessierte Zuschauer kann nur wählen zwischen Einschalten und Ausschalten. Die Alternative des Umschaltens gibt es nicht. Ein potentieller Nährboden für das Gedeihen einer satten Selbstzufriedenheit in den Redaktionen. Schon jetzt beanstanden Kritiker an Sendungen in den Dritten eine Überbewertung des Landsmannschaftlichen bei gleichzeitiger Entpolitisierung von Inhalten. Da werde auch gern mal Marketingexperten die Planungshoheit für Sendekonzepte überlassen, heißt es sorgenvoll. »Im *HR* (*Hessischer Rundfunk – M. S.*) zum Beispiel sind die Marken schon im Titel landsmannschaftlich und landespolitisch aufgeladen: Hessen first. Hier kommt sozusagen alles aus Hessen, von Hessenreporter bis ›Hessen à la carte‹, vom Hessenquiz bis zur Hessenschau.«[28]

Die regionale Berichterstattung ist eine Stärke des öffentlich-rechtlichen Rundfunks. Nicht nur der *NDR* in Mecklenburg-Vorpommern hat sie kontinuierlich ausgebaut. Es gibt mehr Sendezeit, eine größere Aktualität und mittlerweile sehr unterschiedliche Programmangebote. Aus MV kommen heute weitaus mehr Sendeminuten als zu DDR-Zeiten. Sogar Plattdeutsch wird auf dem Bildschirm geschnackt. Ähnlich inflationär wie die Hessen ihre landsmannschaftliche Einzigartigkeit darstellen, praktiziert das auch der *NDR*. »Der *NDR* – das Beste am Norden« heißt die Botschaft aus Hamburg. Mit den Sendungen »Nordtour«, »Nordreportage«, »De Noorden up Platt« und mit Fernsehkoch Rainer Sass, der hundertprozentig weiß: »So isst der Norden« …

Von den Redaktionen in den Zentralen anfangs belächelt, trauen sich heute weder Senderchefs noch Politiker, die regionale Kompetenz der Öffentlich-Rechtlichen in Zweifel zu ziehen, geschweige denn auf sie zu verzichten. Selbst die Staatskanzlei aus Sachsen-Anhalt, die unablässig und lautstark weniger Geld für *ARD* und *ZDF* fordert, wird auffällig kleinlaut, sobald von den Landessendern die Rede ist.

ARD-Vorsitzender Tom Buhrow hat in seiner Hamburger Rede im November 2022 die Heuchelei der politischen Entscheidungsträger beschrieben: »Ich war in den letzten Jahren mehrfach in Sachsen-Anhalt im

Landtag. Auch, als es um die letzte Beitragserhöhung ging. Nirgendwo sonst war die Kritik an den öffentlich-rechtlichen Sendern so laut. Also habe ich die Abgeordneten gefragt: ›Sie wollen uns kleiner? Okay, wir sind ja reformbereit. Vor Ihnen steht ein Reformer. Sagen Sie mir also bitte: Welche Ihrer eigenen Landes-Radiowellen beim *Mitteldeutschen Rundfunk* möchten Sie streichen?‹ Antwort, und ich denke mir das nicht aus: ›Bei uns keine! Wir sind genau richtig aufgestellt.‹ Standortinteresse!

Stattdessen hatten die Abgeordneten einen anderen Vorschlag: Der *Saarländische Rundfunk* möge doch bitte abgeschafft und fusioniert werden. Sachsen-Anhalt habe schließlich zwei Millionen Einwohner, das Saarland nur eine Million.

Pech ist nur: Auch das Saarland hat eine besondere Geschichte und eigene Interessen. Erinnern Sie sich, wie die Reaktion war, als mein Intendanten-Kollege Kai Gniffke – der zukünftige *ARD*-Vorsitzende ab Januar – seinen Vorschlag für eine enge Kooperation zwischen *Saarländischem Rundfunk* und *Südwestrundfunk* gemacht hat? Zur Erinnerung: Kai Gniffke hatte vorgeschlagen, beide bleiben im Programm eigenständig. Aber jenseits des Programms werden Synergien gehoben: sehr enge Zusammenarbeit in der Verwaltung, der Produktion, in der Werbevermarktung. Aber sofort kam heftiger Gegenwind vom *Saarländischen Rundfunk* und von der Landesregierung des Saarlands.

Auch der Bremer Bürgermeister, Andreas Bovenschulte, hat gerade noch die Existenz einer eigenständigen Landesrundfunkanstalt in Bremen als ›nicht verhandelbar‹ bezeichnet.

Ich werfe denen das nicht vor – eine Landesregierung schaut auf den Standort, denn es geht ja immer auch um Arbeitsplätze. Und Medienstandorte waren immer schon attraktiv. Ich verstehe die Motivation der Landesregierungen. Aber das kann man der *ARD* nicht vorwerfen, denn da haben wir noch nicht mal etwas mitzureden.«[29]

Mord und Totschlag rund um die Uhr

Selbst in der Hand haben dürfte das öffentlich-rechtliche Fernsehen seine Programmplanung. Die verlangt selbst dem geneigten Zuschauer einiges ab. Egal zu welcher Tages- oder Nachtzeit – Fernsehkrimis überschwemmen sämtliche Programme. Schenkt man dem blutigen Treiben auf dem Bildschirm Glauben, geht es in der deutschen Provinz allemal gefährlicher zu als im Chicago der 1920er Jahre während der Prohibition. Nicht nur in Marnow und Lauchhammer liegen Leichen herum. Von Friesland bis zum Bodensee, von Usedom bis ins Erzgebirge – Fernseh-Deutschland ist einig Krimiland.

Damit das ewige Einerlei der kriminalistischen Plots nicht augenblicklich zu Gähn-Effekten auf den heimischen Fernsehsesseln führt, schicken *ARD* und *ZDF* ihre TV-Kommissare mittlerweile mit Vorliebe in exotische Drehorte: nach Lissabon, Zürich, Bozen, in die

Bretagne, nach Kroatien, Island, Venedig oder Istanbul. Auch wenn das die Geschichten nicht automatisch origineller macht – den Schauspielern sei die Arbeit im Ausland gegönnt. Noch garantieren Krimis gute Einschaltquoten. »Die Nutzung von Filmen und Serien folgt weiterhin einem klaren Trend: Krimis bleiben nicht nur das mit Abstand beliebteste fiktionale Genre der Deutschen, sie gewinnen sogar noch an Bedeutung. Mittlerweile machen sie 48 Prozent, also fast die Hälfte des Fiktionskonsums aus.«[30]

Das verwundert nicht. Was sollte sich der an Filmen und Serien interessierte Beitragszahler mangels Auswahl auch ansehen?

Bereits am Vorabend landet der entgegen anderslautenden Behauptungen immer noch lebendige Konsument des linearen Programms schnell in einer Krimiserie. Von der Primetime nach 20.15 Uhr ganz zu schweigen. Im *Westdeutschen Rundfunk* modelte man diese Not kurzerhand zu einer Tugend um und nennt die Abfolge von drei (!) Filmen der Reihe »Tatort« immer dienstags »Der lange Tatort-Abend«. Wie rührt der Sender doch so schön seine Werbetrommel? »Unsere NRW-Tatorte – ein spannendes Stück Fernsehheimat!«

Die Omnipräsenz von Fernsehkrimis ist auch dem Intendanten des ZDF nicht verborgen geblieben. Jüngst hat Norbert Himmler eine Kursänderung angekündigt: »Wenn wir auf ein jüngeres Publikum zugehen, dann nicht mit klassischen Krimis. Insofern wird es im *ZDF*-Kosmos perspektivisch weniger Krimis geben.«[31]

Es ist erstaunlich, dass sich von den Programmplanern lange Zeit niemand zu sorgen schien, die Zuschauer könnten bei häufiger Aufnahme der Wiederkäuer-Kost von Sättigung und Langeweile befallen werden. Die über das Publikum einstürzende Flut an Wiederholungen von Filmen aller Genres ist ungebrochen. Das ist einerseits nachvollziehbar – Wiederholungen sind preiswerter als Erstausstrahlungen, und qualitätsvolle Filme haben es bestimmt verdient, auch mehrmals zu laufen. Ob wieder verwertete Filme letztlich überhaupt eine nennenswerte Resonanz finden, ist in Zeiten von permanent verfügbaren Mediatheken aber fraglich.

Selbst einige öffentlich-rechtliche Anstalten scheint das Ausmaß von Wiederholungen zu stören. In einer Analyse hieß es 2019: »Natürlich möchten die Sender nicht jeder Sendung das Etikett ›Wiederholung‹ ankleben. Es gäbe kein gutes Bild, wenn so manches Senderprogramm sich als riesige Recyclingmaschine offenbarte. Manche Sender allerdings sind in ihren Auskünften ganz besonders zurückhaltend und geben überhaupt kein Jahr an, ob Produktion oder Erstsendung. HR, WDR und ZDF etwa vermerken in ihren Produktionsvorschauen keine Jahreszahlen. Arte, 3Sat und der BR sind dagegen auskunftsfreudiger.«[32] Es könne gut sein, dass es in absehbarer Zeit noch mehr Wiederholungen zu sehen gibt. Denn die *ARD* will viele Millionen Euro in Digitalisierung und crossmediale Produktionen stecken. Da mit einer Erhöhung der Rundfunkbeiträge eher nicht zu rechnen ist, wird das Geld vor allem vom linear ausgestrahlten Programm abgezwackt. Eine Folge dürften mehr Wiederholungen sein. *ARD* und *ZDF* erwarten, dass sich die Mediennutzung weiter rasant verändert. Schon heute – so eine aktuelle Statistik – schauen 1,3 Millionen Menschen bis 26 Jahre die *Tagesschau* über die Videoplattform *TikTok*. In wenigen Jahren werden Zuschauer, die am Abend den Fernseher einschalten und am laufenden linearen Programm hängen bleiben, in der Minderheit sein. Es ist anzunehmen, dass die Bedeutung von Programminhalten in Zeiten einer veränderten TV-Rezeption noch zunimmt.

Zu viel schale Kost offerieren *Das Erste* und *Das Zweite* auch bei Dokumentationen und Features. Rühmliche Ausnahme sind die Kultursender *ARTE* und *3Sat*. Beide Kanäle »strahlen nahezu doppelt so viele dokumentarische Sendungen aus wie alle *ARD*-Sender und das *ZDF* zusammen.«[33]

Kritiker beklagen einen Mangel an Themen, »die für ein öffentlich-rechtliche Selbstverständnis besonders wichtig sein sollten. [...] Nur etwa 7 Prozent der dokumentarischen Arbeiten behandeln gesellschaftspolitisch relevante Themen, nur etwa 3 Prozent befassen sich mit Wissenschaft und Technik – ein Armutszeugnis für Medien in einer Gesellschaft, die so sehr und in wachsendem Maße von den Ergebnissen von Wissenschaft und Technik abhängig ist.«[34]

Klar, das Senden von dokumentarischen Filmen ist nicht die Hauptaufgabe der Sender. Die Verdrängung solcher Angebote in späte Nischen jedoch ist symptomatisch und wirft aufs Neue die Frage auf, ob die Intelligenz des Publikums unterschätzt wird. Dabei ist die

Anzahl von gesendeten Dokumentarfilmen bemerkenswert. Leider kriegen die Zuschauer von diesem Angebot kaum etwas mit. »Die fehlende Wertschätzung für die Gattung drückt sich aus im fehlenden Engagement, den Zuschauern Zugänge zu eröffnen. Es wird halt versendet, das muss reichen. Die meisten Menschen wissen nicht einmal, dass im Fernsehen auch Dokumentarfilme laufen, und wenn sie es wissen, dann wissen sie nicht wo. Nur in ganz wenigen Fällen wird für Dokumentarfilme auch sendereigene Werbung geschaltet. [...] Es scheint überhaupt so, als gäbe es bei den Programmplanern etwa von *ARD/Das Erste* nicht ausreichend Expertise zu erkennen, wann ein Dokumentarfilm auch einmal zur ersten Primetime im Ersten ausgestrahlt werden könnte.«[35] So werden gehaltvolle Filme zu einer verschämt versteckten Alibiveranstaltung. Da hilft es auch nicht, wenn Programmverantwortliche auf die zeitunabhängigen Mediatheken verweisen. Ausschließlich für Mediatheken und Streamingangebote werden bis jetzt die wenigsten Filme produziert.

Journalismus in Zeiten von Krieg und Krise

Nach wie vor behaupten *ARD* und *ZDF* in der tagesaktuellen Berichterstattung ihre Vormachtstellung. Allein die »Tagesschau« um 20 Uhr – im Selbstverständnis der *ARD* immer noch das »Flaggschiff« des aktuell-politischen Fernsehjournalismus – wird allabendlich von rund zehn Millionen Menschen eingeschaltet. Die Leute wollen wissen, was in Deutschland und draußen in der Welt geschehen ist. Zweifellos erfahren sie viel in der Viertelstunde. Aber erfahren sie auch genug?

An den Universitäten Frankfurt am Main, Heidelberg und Mannheim wurde dieser Frage nachgegangen. Das Ergebnis hat es in sich. Die vorgelegte Studie »Vergessene Welten und blinde Flecken« ist ein Katalog der Unzulänglichkeiten in der wichtigsten deutschen Nachrichtensendung: »In der ersten Jahreshälfte 2022 wurde in der ›Tagesschau‹ über das britische Königshaus umfangreicher berichtet als über den globalen Hunger. Dem Sport wurde mehr Sendezeit eingeräumt als allen Staaten des Globalen Südens zusammen.«[36]

Die Zahlen sind der statistische Extrakt einer jahrelangen Auswertung tausender 20-Uhr-Ausgaben der *Tagesschau*. Sie legen beredt Zeugnis ab über tägliche Informationsdefizite: »Obwohl die Zahl der chronisch Hungernden im Jahr 2020 auf bis zu 811 Millionen Menschen anstieg, fand dies kaum einen medialen Widerhall. Von den im Jahr 2020 über 3.000 ausgestrahlten Beiträgen (ohne Sport und Wetter) in der Hauptsendung der ›Tagesschau‹ befassten sich lediglich 9 mit dem Thema Hunger (mit der Corona-Pandemie beschäftigten sich fast 1.300 Beiträge). […]

In der ersten Jahreshälfte 2022 setzte sich die Marginalisierung der Länder des Globalen Südens weiter fort und erreichte ein beispielloses Ausmaß, so dass man von einem umfangreichen Ignorieren dieser Staaten sprechen muss.

Der Einmarsch russischer Truppen im Februar in die Ukraine führte zu weitreichenden Auswirkungen auf zahlreichen Ebenen und hat dementsprechend in der ersten Jahreshälfte die Corona-Pandemie als dominierendes Thema in den Nachrichten abgelöst. Insgesamt beschäftigte sich die ›Tagesschau‹ in etwa 41 Prozent ihrer Bericht-Sendezeit mit dem Ukraine-Krieg und seinen Auswirkungen. Auf die Pandemie entfielen etwa 11 Prozent der Sendezeit aller Berichte (2020 waren es circa 45 Prozent und 2021 etwa 35 Prozent). […]

Von den 34 im ersten Halbjahr 2022 ausgestrahlten ARD-›Brennpunkt‹-Sondersendungen beschäftigten sich 29 mit dem Krieg in der Ukraine, aber keine einzige mit dem Thema Hunger.[37]

Die in den Nachrichtenredaktionen arbeitenden Reporter und Redakteure – nicht nur im *Ersten* – müssten die Zahlen aufschrecken. Werden die Zuschauer am Ende schlecht oder einseitig informiert?

In einer schriftlichen Stellungnahme zeigt sich die Chefredaktion von *ARD-aktuell* verständnisvoll und moderat: »Wir geben Ihnen recht, das in den vergangenen zweieinhalb Jahren die Themen Corona-Pandemie und seit Anfang 2022 auch der Krieg in der Ukraine die alles bestimmenden Themen waren. *ARD-aktuell* sieht dies aber auch als nachvollziehbar an.«[38]

Außerdem gäbe es nicht nur die 20-Uhr-Sendung, sondern täglich bis zu zwanzig Nachrichtensendungen im *Ersten*, plus die aktuellen Berichte bei *tagesschau.de*, auf *tagesschau24* und in den sozialen Netzwerken mit eigenen Berichten.

Diese Antwort an die Macher der Studie lässt sich demnach kurz zusammenfassen: keine Sorge, wir machen alles richtig.

Das Korrespondentennetz des *Ersten* ist national und international weit gespannt. Dank regionaler Präsenz der neun Landesrundfunk-Anstalten kann den Programmplanern im Inland kein Ereignis von Belang entgehen.

Die dreißigAuslandsstudios hingegen sind ungleich verteilt. So ist das *ARD*-Büro in Kenias Hauptstadt Nairobi für sage und schreibe 38 afrikanische Staaten zuständig. Von Mauretanien im Nordwesten bis Madagaskar im Südosten. Für die Korrespondenten allein geografisch eine nicht zu meisternde Herausforderung. Wie soll unter diesen Umständen eine kontinuierliche Berichterstattung zu einem sich entwickelnden Krisenherd oder einem tausende Kilometer entfernten Staat funktionieren?

Im Ergebnis wundern sich die Tagesschau-Gucker daheim, dass im fernen Mali russische Söldner der Wagner-Gruppe auftauchen, die von den Einheimischen in der Wüste mit russischen Fahnen begrüßt werden. Frankreich aber, langjähriger Partner und ehemaliges koloniales Mutterland, solle lieber das Weite suchen. Der Tagesschau-Konsument staunt. Wie konnte das mit den Russen bloß passieren? Man sitzt in der ersten Reihe und kriegt trotzdem nichts mit. Dumm gelaufen. Weil über Mali und andere Krisenregionen erst berichtet wird, wenn Granaten fliegen und Menschen sterben. Also wenn es zu spät ist.

Korrespondentenbüros im Ausland sind nicht billig. 57 Millionen Euro gibt die *ARD* jährlich dafür aus, davon 38 Millionen fürs Fernsehen. Aber vielleicht könnte sich ja die eine oder andere Referentenstelle auf den Intendanten-Fluren erübrigen – zugunsten eines neuen Studios im weiten Afrika. Zum Beispiel.

Glücklicherweise gibt es sehenswerte und hintergründige Filme über internationale Ereignisse – wie die über den Sturm rechtsextremer Trump-Anhänger auf das Capitol in Washington oder über die Menschenrechtssituation in Katar. Dennoch stand in den vergangenen Jahren die Auslandsberichterstattung in Nachrichtensendungen von *ARD* und *ZDF* nicht nur einmal im Fokus der Kritik.

Für Aufsehen sorgte Anfang 2008 der Rückzug des Nahost-Experten und langjährigen Fernseh-Korrespondenten Ulrich Tilgner aus dem *ZDF*-Büro Teheran. Die von der Heimatredaktion festgelegten Rahmenbedingungen seiner Arbeit empfand er als frustrierend. »Er fühle sich von deutschen Medien zunehmend eingeschränkt, vor allem bei der Berichterstattung aus Afghanistan«, schrieb die *Badische Zeitung*, die mit ihm sprach. »›Die massiven deutschen Interessen‹ dort hätten Auswirkungen auf die redaktionelle Unabhängigkeit der Sender. ›Die Optik verschiebt sich, man wird vorsichtig.‹ Die Einschätzung der Korrespondenten vor Ort spiele eine immer geringere Rolle, stattdessen würden Redaktionen zunehmend von Deutschland aus und in Absprache mit Politikern und Bundeswehr arbeiten. Er habe keine Lust, ›nur noch für Folklore zuständig‹

zu sein«[39], gab das Blatt den preisgekrönten Journalisten Ulrich Tilgner wider. Der wechselte zum Schweizer Fernsehen, weil er dort keine Eingriffe in seine journalistische Arbeit erleben musste.

Seit dem 24. Februar 2022 ist der Krieg Russlands gegen die Ukraine das alles beherrschende Thema in der aktuellen Berichterstattung. An jedem Tag bietet das Fernsehen eine kaum überschaubare Menge von Nachrichten, Interviews, Kommentaren und Talkshows an. Dabei ist das Bedürfnis der Zuschauer klar. Sie erwarten von den Öffentlich-Rechtlichen seriöse Informationen und eine glaubwürdige Einordnung der oft verwirrenden Nachrichten. Was haben uns *ARD* und *ZDF* über den Krieg zu sagen? Was erleben die Reporter an der Front? Was sagen Putin und Selenskyj?

Kaum weniger dringlich sind Fragen zur Innenpolitik. Beleuchten die Redaktionen die Erklärungen und das Handeln der etablierten Politik in Berlin und Brüssel mit der nötigen kritischen Distanz? Oder nehmen sie deren Positionen ein und machen sich mit ihnen gemein?

Es dürfte keinen Fernsehzuschauer geben, den die Bilder vom Kriegsgeschehen nicht entsetzen. Auf Dorfstraßen liegende tote ukrainische Zivilisten, von Todesangst gezeichnete Familien in Kellerräumen, die Ruinen zerstörter Wohnhäuser, die Explosionen eingeschlagener Granaten und Raketen. Nur ein paar Minuten, dann sind die Nachrichtensendungen vorbei. Doch längst hat sich in deutschen Wohnzimmern die Furcht festgesetzt, der Krieg könnte eskalieren. Dass es auch bei uns bald nicht mehr nur um genug Wärmeenergie für den Winter gehen könnte, sondern um Leben oder Tod. Verständlich, dass viele Menschen hierzulande die Frage beschäftigt, was muss und was kann getan werden, damit endlich Frieden ist?

Doch am nächsten Tag flimmern wieder die neuen gleichen Bilder vom Krieg über den Bildschirm und die neuen ewig gleichen Statements der Politiker in Berlin, Brüssel, Kiew und Moskau. Besonders in Ostdeutschland hat sich ein latentes Unbehagen breitgemacht. Plötzlich predigen ehemalige grüne Pazifisten einen aggressiven Kriegskurs, hektisch wird ein 100-Milliarden-Euro-Paket für die darbende Bundeswehr geschnürt, und der sonst gern zu politischen Fragen moralisierende Bundeswirtschaftsminister katzbuckelt vor dem Emir von Katar in freudiger Hoffnung auf eine Gaslieferung. Wahrlich – eine Zeitenwende. Und die wirft Fragen auf, die im Fernsehen und anderen, den politischen Diskurs bestimmenden Medien nur unzureichend beantwortet werden. Schlimmer noch – oft werden sie gar nicht erst gestellt:

➤ Warum ist es verpönt, sich für einen schnellen Waffenstillstand einzusetzen? Ist nicht jeder Tag in der Ukraine, an dem nicht geschossen wird und an dem keine Menschen sterben, besser als ein weiterer Tag Krieg mit Toten und Zerstörung?

➤ Sind immer größere und schwerere Waffen aus dem Westen für die Ukraine wirklich das beste Mittel, den russischen Angriffskrieg zu beenden?

➤ Warum sind deutsche Politiker und Journalisten so geschichtsvergessen und behaupten, der Krieg in der

Ukraine sei der erste Krieg in Zentraleuropa seit dem Zweiten Weltkrieg? Soll damit eine Singularität der russischen Verbrechen beschworen werden?

Zur Erinnerung: Im März 1999 begannen neunzehn NATO-Staaten mit der Bombardierung Jugoslawiens. Erstmals seit Ende des letzten Weltkrieges flog auch die bundesdeutsche Luftwaffe wieder scharfe Einsätze. Es war ein Angriff ohne UN-Mandat und der militärische Sündenfall. Begangen von einer Regierung aus SPD und Bündnis90/Die Grünen. Heute wollen beide Parteien nicht begreifen, dass Serbien seinen damaligen Angreifern nicht gehorcht und immer noch keine Sanktionen gegen Russland verhängt hat.

➤ So unentschuldbar der Überfall Russlands auch ist – darf man die Vorgeschichte des Konflikts deshalb völlig ausblenden?

➤ Nicht nur in Talkshows von Maybritt Illner über Anne Will bis Markus Lanz wird von Politikern sowie selbst ernannten und echten Experten betont, dass die Ukraine auch unsere Freiheit und Demokratie verteidige. Aber warum hat die ukrainische Regierung fast alle Oppositionsparteien – bis auf die Selenskyj-Treuen – verboten? Warum werden die Rechte der Gewerkschaften massiv beschnitten?

➤ Und warum wurden in Kiew Straßen, Plätze und U-Bahn-Stationen umbenannt, die Namen russischer Künstler und Schriftsteller trugen – Dostojewski, Tolstoi, Puschkin oder Bulgakow –, und stattdessen Wehrmachtkollaborateure und Antisemiten wie Stepan Bandera auf Denkmalsockel gestellt? (Bürgermeister

Klitschko sprach laut *mdr aktuell* am 25. August 2022 von 95 Umbenennungen allein in der Hauptstadt.)

➤ Welche Folgen für die Unterstützung Westeuropas hat die Tatsache, dass die Ukraine immer noch einer der korruptesten Staaten Europas ist? Im Oktober 2021 wurde der Name des ukrainischen Präsidenten in Zusammenhang mit zweifelhaften Offshore-Geschäften eines Oligarchen genannt. Was ist aus dieser Geschichte geworden? …

Es ist, als ob kritische Bemerkungen zur Innenpolitik der Ukraine den russischen Überfall relativieren würden. Um eine Diskussion dieser Fragen machen auch öffentlich-rechtliche Sender einen verschämt weiten Bogen. Bei einer nicht zu unterschätzenden Zahl von Zuschauern hat sich das Gefühl verfestigt, wer solche oder ähnliche Fragen stellt, sei nicht nur naiv, sondern ein »Putin-Versteher« und »Russen-Freund« und »verharmlose« die russische Aggression.

Auf dem Bildschirm oder in den Kommentarspalten großer Zeitungen und auf Onlineseiten überbieten sich Interviewpartner und Journalisten gegenseitig mit ihren Bekenntnissen zu noch mehr Waffen für die Ukraine. Und sollte wirklich mal Kritik am Kurs der Bundesregierung laut werden, dann geht die meist nur in eine Richtung: Warum werden nicht endlich Panzer und anderes schweres Kriegsgerät geschickt?

Talkshowgäste und Kommentatoren, die sich diesem Mainstream nicht anschließen, haben einen schweren Stand. Ihnen droht der mediale Pranger, mindestens ein empörtes Kopfschütteln. Die journalistische Tugend, zu berichten, was ist, statt zu berichten, was gerade opportun erscheint, ist nicht nur aus der Mode, sondern in Verruf geraten. Landolf Scherzer, ostdeutscher Journalist und Buchautor, durfte sich damit auseinandersetzen. Er hatte eine Reportage über seine Reise auf die Krim veröffentlicht. Das war für Kritiker Anlass, ihn zu einer Rechtfertigung zu nötigen. Scherzer ist kein Fernsehmann, seine Lageeinschätzung dürfte jedoch nicht nur für gedruckte Medien gelten. Auszüge aus einem Interview mit Scherzer mit der *Berliner Zeitung*:

»Frage: In einer Kritik wird Ihnen vorgeworfen, dass Sie schreiben, nach Darstellung des Kremls wurde die Krim durch Volksentscheid Russland zugeschlagen und nach Ansicht der Ukraine und der EU völkerrechtswidrig annektiert. Warum setzen Sie die Sicht der russischen Besatzer der ukrainischen und westlichen Kritik gleich?

Scherzer: Ich verstehe die Kritik nicht. Ich habe geschrieben, was die russische und was die westliche Lesart der Krim-Annexion ist. Ich habe in meinem Buch keinen einzigen Kommentar dazu abgegeben, sondern beschrieben, was ich erlebt und gehört habe. Ich habe Leute gefragt, wie sie abgestimmt haben, aber mich nie auf eine Seite geschlagen.

Frage: Aber funktioniert das noch in Kriegszeiten? Ist die Reportage, die ja immer nur einen Ausschnitt der Wirklichkeit beschreibt, die nicht kommentiert, nicht wertet, da noch die geeignete Form der Berichterstattung?

Scherzer: Die Frage ist: Wie sehr verkommt die Reportage zur ideologischen Bebilderung? Hat man schon ein Bild im Kopf, das man nur noch füllt? Oder ist man offen? Jeder Reporter hat eine Haltung, ist voreingenommen, schon allein durch die Auswahl, wen man befragt, wen man weglässt. Aber ich kann sagen: Ich habe auf meinen Reisen durch die Krim viele Leute gefragt, ob sie für eine russische oder ukrainische Krim sind. Eine einzige Frau hat mir gesagt: Ich bin gegen eine russische Krim. Und jetzt im Nachhinein von mir zu fordern, ich hätte es anders schreiben sollen, ist absurd. Das tötet die Reportage.«[40]

Es ist ein erstaunliches Phänomen festzustellen. Bis 1989 mussten wir DDR-Journalisten uns von Zeitungslesern und Fernsehzuschauern im eigenen Land heftigste Vorwürfe gefallen lassen – in Kneipengesprächen, Familienfeiern, Kirchgemeinden, Gewerkschaftsversammlungen. Unisono tönten auch die bundesdeutschen Berufskollegen über alle Kanäle und Zeitungen – wir würden nur die herrschende Meinung verbreiten, wären SED-Propagandisten, in Artikeln und Sendungen gebe es nicht den geringsten Hauch einer Kritik, schon gar nicht am politischen System, die Stilmittel von Nachricht und Kommentar würden hemmungslos vermischt … Das alles traf zu und gereichte uns nicht zur Ehre. Jetzt aber sehe ich die gleichen Muster, es gibt eine bedenkliche Analogie.

Wieder haben Leser und Zuschauer das Gefühl, die Journalisten sind zu dicht dran an den Mächtigen, sie hofieren widerspruchslos eine auf das Ausland gerichtete »wertebasierte« Politik, und ein Meinungsjournalismus folgt – vielleicht noch nicht einmal bewusst – vermeintlichen Vorgaben.

Zwischen der beherrschenden Meinung in den Medien und der vorherrschenden Meinung in der Bevölkerung klafft ein Riss. Immer mehr Menschen befürchten, dass Deutschland bereits viel zu tief im kriegerischen Schlamassel steckt.

Mitte Oktober 2022 fragte das Meinungsforschungsinstitut infratest dimap im Auftrag der *ARD*: »Sollte Deutschland die diplomatischen Anstrengungen im Ukrainekrieg verstärken, auch wenn das bedeuten würde, dass die Ukraine Kompromisse mit Russland eingehen muss?«

26 Prozent der Befragten antworteten: »Ja, auf jeden Fall.« Weitere 34 Prozent meinten: »Ja kann ich mir vorstellen.«[41]

Demzufolge will die überwiegende Mehrheit der Deutschen, dass verhandelt statt weiter getötet wird. Noch deutlicher fiel eine Umfrage von »#NDRfragt« im Februar 2023 in Mecklenburg-Vorpommern aus. Demnach geht »57 Prozent der Menschen im Nordosten … die Unterstützung der Ukraine mit Waffen zu weit«. (*Quelle:* ndr.de, *22.02.2023*)

Wenn die öffentlich-rechtlichen Fernsehsender die besorgten Fragen ihrer Beitragszahler geringschätzig wegwischen, riskieren sie einen sträflichen Vertrauensverlust. Das unzufriedene Grummeln in den Reihen des Publikums beim Betrachten der täglichen Fernsehnachrichten ist schon jetzt unüberhörbar. Und: »Deutliche Unterschiede zeigen sich bei der Frage nach der Glaubwürdigkeit der politischen Nachrichten in den öffentlich-rechtlichen Medien zwischen Ost- und Westdeutschen. Während 73 Prozent der Westdeutschen die Nachrichten generell für glaubwürdig halten, trifft dies für Ostdeutschland nur auf 58 Prozent der Befragten zu.« (*Quelle: Dominik Hirndorf und Jochen Roose: »Welchen Nachrichten kann man noch trauen?«, Umfrage der Konrad-Adenauer-Stiftung, Berlin, März 2023, Seite 10*)

Den Menschen in der Ukraine und den Flüchtlingen, die es nach Deutschland geschafft haben, gilt unsere volle Solidarität. Aber das heißt nicht, ihrem Präsidenten Selenskyj und seinen Falken in blinder Gefolgschaft ergeben zu sein.

Am 15. November 2022 erlitt diese servile Ergebenheit einen Knacks – nicht wegen der schofligen Behandlung des Bundespräsidenten durch Selenskyjs Statthalter in Berlin, nicht durch die Denunziation des deutschen Regierungschefs. Es war eine Lüge aus Kiew, die der US-Präsident als eine solche entlarvte.

»Tagesschau« und »heute journal« meldeten den Einschlag einer Rakete in einem polnischen Dorf unweit der Grenze zur Ukraine. Zwei Menschen wurden getötet. Berichte und Interviews mit Korrespondenten bewerteten das tragische Ereignis auffällig zurückhaltend und vermieden eine schnelle Schuldzuweisung. Der ukrainische Präsident hingegen hatte sofort die Schuldigen ausgemacht: »Russische Raketen haben Polen getroffen.« Und er erinnerte daran, dass Polen Mitglied der NATO sei.

Die öffentlich-rechtlichen Nachrichtensendungen taten gut daran, diese »Breaking News« mit größter Vorsicht zu behandeln – denn bald danach verdichteten sich Informationen, die Rakete könnte ein »Irrläufer« gewesen sein, abgefeuert von ukrainischen Streitkräften. Ungewöhnlich besonnen verhielten sich auch die polnische und die US-amerikanische Regierung. Geheimdienstinformationen, der abgehörte Funkverkehr und die berechnete Flugbahn bestätigten in den Tagen darauf, dass die Rakete nicht von der russischen Armee kam. Wolodymyr Selenskyj focht das nicht an. Er blieb bei seiner Behauptung und sprach von einer »erheblichen Eskalation«. Sein Außenminister verlangte die Einberufung eines NATO-Gipfels und meinte, wer von einer ukrainischen Rakete rede, hänge einer »Verschwörungstheorie« an und sei auf »russische Propaganda« reingefallen.

Auch deutsche Journalisten und Politiker wussten ihre Kriegsgeilheit – anders kann man das nicht nennen – kaum zu zügeln und forderten, endlich mit einer richtig großen NATO-Keule auf die Russen einzuhauen. Einer der ersten, der ohne Zögern dreinschlug, war der Chefredakteur der *Bild*: »Die russische Armee hat Polen bombardiert. […] Ob ein Versehen oder nicht – dies ist ein bewaffneter Angriff auf Nato-Territorium!«[42]

Weder von der Sprache noch vom Inhalt her ist so eine journalistische Entgleisung im öffentlich-rechtlichen Fernsehen erkennbar. Die Denkungsart aber, die dahinter steckt, hat den politischen Überbau dieser Gesellschaft bereits durchsetzt. Die Journalistin Sabine Rennefanz warnte: »In der Debatte um den Krieg geht es offenbar immer weniger um Fakten, Aufklärung, Information, sondern um eine extrem verstandene Solidarität, die zu Blindheit und gefährlicher Zündelei führt. Nach dem Motto: Warum sollte man sich den klaren Blick durch Sachkenntnis trüben lassen? […] Es scheint unter deutschen Experten fast so etwas wie einen Überbietungswettbewerb zu geben, wer schneller die Positionen der ukrainischen Regierung übernimmt. […] Das Agieren der Regierung in Kiew kann man noch mit dem Druck und den verschärften Luftangriffen Russlands erklären, aber warum müssen sich deutsche Parlamentarier, Medien und Experten zum Sprachrohr der ukrainischen Propaganda machen? Wollen sie auch einen Orden dafür, weil sie endlich mal auf der richtigen Seite stehen? Passiert ja nicht allzu häufig in der deutschen Geschichte.«[43] Es ist wie zu Zeiten des Jugoslawien-Krieges 1999, als »Medien mehrheitlich als ›vierte Waffengattung‹ agiert« hatten. (*Quelle: Sabine Schiffer: Krieg in der Ukraine: Wie begegnen Medien Kriegslügen?, in: Frankfurter Rundschau, 10.05.2023*) Wieder finden Medienmacher Gefallen am Gleichschritt mit den politisch Verantwortlichen von Heer, Marine, Luftwaffe.

Den fehlenden Abstand von Journalisten zum Gegenstand ihrer Berichterstattung und die Unfähigkeit von Politikern zur Analyse einer gefährlichen Situation derart klar zu benennen, ist selten geworden im bundesdeutschen Medienbetrieb. Auch im öffentlich-rechtlichen Fernsehen. Wieder sei an die mahnenden Worte eines Zuschauers erinnert, gerichtet an die Entscheidungsträger in den Sendern: »Sie unterschätzen die Intelligenz Ihres Publikums.«

Raus aus dem journalistischen Zynismus!

Anfang November 2016 durfte ich an einem Journalismus-Forum der Medienakademie von *ARD* und *ZDF* teilnehmen. Nicht nur für mich, sondern wahrscheinlich für viele der einhundert anwesenden Redakteure und Reporter bot die Veranstaltung unerwartete Aha-Effekte. Es ging um nicht weniger als um die Zukunft des Journalismus. Die Beschreibung des Ist-Zustands übernahm ein journalistisches Schwergewicht – Ulrik Haagerup, damals Chefredakteur von *Danmarks Radio* und einer der bekanntesten Journalisten Dänemarks.

Haagerup kam ohne Umschweife zur Sache: »Die Leute haben aufgehört, den Medien zu vertrauen. […] Wenn wir als ›Lügenpresse‹ bezeichnet werden, dann deshalb, weil wir zu oft in die Rolle der Aktivisten und Politiker geschlüpft sind. Wir müssen aber mit BEIDEN Augen auf die Welt blicken.«[44]

Rigoros stellte Haagerup die Arbeit unseres Berufsstandes in Frage. In dieser Zeit von »Raserei, Hektik und Geschwindigkeit« sei der Punkt gekommen, endlich anzuhalten, zu denken und langsamer zu sein. Eine zutreffende Situationsbeschreibung, gefolgt von einer ungewöhnliche Schlussfolgerung.

Haagerup war uns nicht unbekannt. Sein Buch »Constructive News« lag auf Deutsch vor und versprach schon im Untertitel, dass Klartext geredet werde: »Warum ›bad news‹ die Medien zerstören und wie Journalisten mit einem völlig neuen Ansatz wieder Menschen berühren.«[45] Haagerup bricht darin eine Lanze für den »konstruktiven Journalismus«. Er hatte Fernsehnachrichten nicht nur in Dänemark, sondern auch in Deutschland, Österreich und in der Schweiz analysiert. Sendungen, die üblicherweise randvoll waren mit internationalen Konflikten, politischen Unruhen, Terroranschlägen, Flüchtlingsströmen, Umweltkatastrophen. Neuerdings kamen noch ein furchtbarer Krieg, die Energiekrise und ein weltweit grassierender Virus hinzu. Tagaus, tagein durchweg negative Schlagzeilen. Würde nicht ab und zu der Fußball über den Bildschirm rollen, gäbe es rein gar nichts zum Durchatmen. Obwohl spätestens seit der WM in Katar nicht einmal mehr das sicher war. Haagerups Fazit deckt sich mit der Alltagserfahrung von Journalisten auch hierzulande: So viel ununterbrochen vermeldetes Elend erträgt auf Dauer niemand! Damit die Leute vor den Fernsehern nicht vollends depressiv werden, wenden sie sich ab und schalten aus.

Das ist die Quittung für einen »journalistischen Zynismus«, wie Haagerup und seine dänischen Kollegen diese Art von Berichterstattung nennen.

Dagegen setzen sie ihren »konstruktiven Journalismus«. »Constructive News« ist kein Synonym für einen schönfärberischen und staatstragenden Journalismus oder für eine »Aktuelle Kamera 2.0«. Probleme und Konflikte sollen nicht verschwiegen werden. Doch wie ein normales Menschenleben nicht eine bloße Aneinanderreihung von Unglück, Misserfolg, Elend und Leid ist, so sollten auch die Nachrichten in den Medien nicht ausschließlich mit »Bad News« gefüllt werden. Es sei an der Zeit, anders über den Zustand der Welt zu berichten: konstruktiv, mit einem positiven Ausblick.

Auch ein Fernsehbericht dieser Machart beginne stets mit einem Konflikt oder einem Problem. Aber er ende niemals mit diesem, so die Nachrichten-Reformer aus Dänemark. Dringend nötig sei ein Journalismus, der fragt, wie es weitergeht, der ein reales Lösungsbeispiel benennt. Und an die Skeptiker gerichtet: »Wir dürfen keine Angst haben, in den Informationen zu differenzieren, weil wir Zuschauer verlieren könnten.«[46]

Es gehe nicht um eine neue Art von Journalismus, sondern um eine neue Handschrift.

Der anwesende Chefredakteur von *ARD-aktuell* übte sich in Zurückhaltung. »Constructive News« wollen zeigen, wie man aus den Problemen rauskomme? Kai Gniffkes Einwand: »Da beginnen meine Zweifel. Da besteht die Gefahr der Parteinahme«[47]

Trotzdem sind zaghafte Ansätze für eine neue konstruktive Handschrift in deutschen öffentlich-rechtlichen Programmen zu finden. In der Radiosendung »Perspektiven« von *NDRinfo* und ab und zu in den »Tagesthemen« und im »heute journal«, z. B. in Berichten über gelungenen Umweltschutz oder neue technische Möglichkeiten zur Energieeinsparung.

Wir sollten auf die Zuschauer zugehen und ihnen auch positive Nachrichten zumuten, meint Ulrik Haagerup: »Vielleicht könnten wir uns darauf einigen, dass guter Journalismus auch inspirierend sein und Geschichten über Chancen und Erfolge erzählen kann. Geschichten, die zeigen, dass die Welt nicht nur verrückt, bösartig und gefährlich ist, sondern auch voller Möglichkeiten, Hoffnung und Freude. Geschichten, die zeigen, dass es Menschen gibt, die neue Dinge wagen, weil sie noch von einem besseren Morgen träumen. Vielleicht können wir die gängigen Kriterien für den Nachrichtenwert eines Inhalts erweitern: um Constructive News. Und zwar im Sinne Albert Einsteins, der einst sagte: ›Probleme kann man niemals mit derselben Denkweise lösen, durch die sie entstanden sind.‹«[48]

Immer noch gibt es die Schere im Kopf

Es war irgendwann im Jahr 1980, als mir am frühen Morgen mein Berliner Wohnungsnachbar über den Weg lief. Er arbeitete als Regisseur beim *DFF* und zeichnete für diverse große Unterhaltungsshows und Inszenierungen der Fernsehdramatik verantwortlich. Wo er gerade herkomme? Aus dem Sender, dort habe er sich die ganze Nacht am Schneidetisch um die Ohren schlagen müssen. Holterdiepolter sollte er eine halbstündige und bereits aufgezeichnete Sendung umschneiden – das moderierte Porträt der bekannten Sängerin Veronika Fischer. Seit Tagen lag der Beitrag zur Ausstrahlung bereit. Plötzlich änderte sich jedoch die »politische Lage«: Franz Bartsch, der Keyboarder in Fischers Band, war nach einem Auftritt in Westberlin nicht in die DDR zurückgekehrt. Nun sollte er in der DDR auch aus der öffentlichen Wahrnehmung verschwinden. Als ob es ihn nie gegeben hätte.

Der Musiker Bartsch sollte, so die Aufgabe, in dem filmischen Porträt über Veronika Fischer auf keinen Fall in Naheinstellungen zu sehen sein, allerhöchstens in einer totalen Totalen. Political Correctness à la DDR. Ironie der Geschichte: Ein Jahr später ging auch Veronika Fischer in den Westen. Von da an waren sie und ihre Lieder im Osten tabu. Nun gut – abgehakt. Die Zeiten angewiesener Retusche in seriösen Fernsehsendern sind glücklicherweise vorbei. Dachte ich.

Im Oktober 2022 wurde über die Verleihung des Preises *Opus Klassik* an den Pianisten Igor Levit berichtet. Die Laudatio hielt Danger Dan, ein Deutschrapper, der aus seiner antifaschistischen Haltung kein Hehl macht. So auch nicht bei dieser Veranstaltung: »Abschließen möchte ich diese Laudatio, einfach um Igor eine Freude zu machen, mit einer Nachricht an alle Antisemiten, Rassisten, Antifeministen und AfD-Sympathisanten vor den Fernsehgeräten: Ihr seid Vollidioten. Guten Abend.« (zit. auf *netzpolitik.org* am 11. Oktober 2022)

Das *ZDF* hatte mit dieser klaren Haltung offenbar ein Problem. Für die Mediathek-Fassung wurden die »AfD-Sympathisanten« rausgeschnitten. Hauptsache, nicht anecken, bloß keine »Wählerbeleidigung«.

Später wurde eingeräumt, »unter Zeitdruck ist ein Fehler passiert«. (auch zit. auf *netzpolitik.org* am 11. Oktober 2022)

Im *MDR* scheint man sich mit dem »Nachbessern« von Sendungen ebenfalls auszukennen. Jedenfalls ist das die Erfahrung von Peter-Michael Diestel. Der Rechtsanwalt – letzter DDR-Innenminister, bekennender Konservativer und gern auch als wortgewaltiges Sprachrohr für die Interessen der Ostdeutschen unterwegs – wurde im September 2019 in die Talkshow »Riverboat Leipzig« eingeladen. Den Auftritt auf so einer Bühne ließ sich Diestel natürlich nicht entgehen, er liebt so was. In den Tagen nach der Sendung klingelte bei Diestel das Telefon noch öfter als sonst. »Du warst gar nicht wie angekündigt bei *Riverboat*, bist du krank? Wir können dich in der Aufzeichnung in der Mediathek nicht finden.«

Nein, Diestel war gesund und munter und hatte in der Talkrunde hart vom Leder gezogen. Für die amtierende Verteidigungsministerin Annegret Kramp-Karrenbauer zum Beispiel hatte er nur Hohn und Spott übrig. Die Frau, »die noch nie einen Schuss gehört hat«, hatte er sie genannt.

Nichts davon war in der Mediathek zu sehen und zu hören. Diestel fand im Riverboat einfach nicht mehr statt. Irgendjemand meinte augenscheinlich, dem Mann den Mund verbieten zu müssen. Wenn dies schon nicht live möglich gewesen war, dann eben danach. Politische Einflussnahme oder vorauseilender Gehorsam im *MDR*? Egal – die Angelegenheit musste ein Nachspiel haben. Anwalt Diestel war in seinem Element. Auf die geharnischte Nachfrage an den Sender kam von dort eine kleinlaute Reaktion – offenbar sei ein subalterner Kollege »zu weit gegangen«. Dafür entschuldigten sich nun der *MDR* und der interviewende Moderator. Diestel nannte es »peinlich«, dass die Intendanz die Verantwortung für die bearbeitete Sendung seinem Eindruck nach auf einen Kollegen ganz unten in der Hierarchie abgeschoben hatte. Viel wahrscheinlicher sei, dass seine Kritik am Zustand der deutschen Einheit und am Handeln der Politiker dem MDR nicht in den Kram passte, so Diestel auf meine Nachfrage: »Eine derart primitive Zensur samt anschließender Lüge, die das rechtfertigen sollte, habe ich noch nie erlebt.«

Die ursprüngliche Fassung der Sendung *Riverboat* wurde nach Diestels Intervention wieder hergestellt.

Wolfgang Berghofer erging es im Februar 2022 ähnlich. Der ehemalige Dresdner OB war anlässlich seines 80. Geburtstag in die gleiche Sendung eingeladen worden. Er kam auch auf die Anschläge in der Ostsee auf Nord Stream 1 und 2 zu sprechen und verwies auf den Pulitzer-Preisträger Sermour Hersh, der eine unmittelbare Mitverantwortung der USA festgestellt haben wollte. Sofort fuhr ihm der Moderator in die Parade, das sei überhaupt nicht bewiesen und kolportierte die unverändert offiziell verbreitete Lesart, dass man noch immer nichts wisse.

Der Widerspruch kam eine Spur zu hastig, eine Spur zu unhöflich, eine Spur zu apodiktisch. Wenn mancher Talkgast dummes, aber unpolitisches Zeug redet, muss er nicht fürchten, dass ihm derart über den Mund gefahren wird. Es trifft augenscheinlich nur Gäste, die eine eigene Meinung äußern, die nicht regierungs- und damit senderkonform ist.

Kritik am öffentlich-rechtlichen Rundfunk ist umfassend, und sie ist unbedingt nötig. Die über Jahre angestauten Reformen müssen endlich verwirklicht werden.

Etwas anderes sind Bestrebungen, *ARD* und *ZDF* ein für alle Mal den Garaus zu machen. Das hat Tradition. Führenden Politikern der CDU und anderen Konservativen war der öffentlich-rechtliche Rundfunk immer schon ein Dorn im Auge. Erinnert sei an Bundeskanzler Konrad Adenauer, der Anfang der 1960er Jahre das sich neu etablierende Fernsehen politisch unter seine Fittiche zwingen wollte. Die Bonner Einflussnahme auf den ersten öffentlich-rechtlichen Fernsehsender war wegen dessen dezentraler Organisation begrenzt.

Adenauer wollte sich damit nicht abfinden. Das sei »absurd« und eine »Last der Alliierten«. Er bastelte an einer »Deutschland-Fernsehen GmbH«, zu 51 Prozent finanziert vom Bund, zu 49 Prozent von den Ländern. Ein lupenreines Staatsfernsehen am Gängelband der Politik. Zum Glück scheiterte das »Adenauer-Fernsehen« vor dem Bundesverfassungsgericht. In seinem Urteil schrieb es zugleich die Staatsferne des Fernsehens fest. Für die Demokratie ein klarer Sieg – obwohl der Kanzler schmollte, das Urteil sei »falsch«.

Zwei Jahrzehnte später wollte es ein CDU-Kanzler geschickter anstellen. 1982 übernahm Helmut Kohl die Regierungsgeschäfte und rief die »geistig-moralische Wende« aus. Nach kurzer Zeit brachte er Gesetze für ein privates Fernsehen auf den Weg. Das duale Rundfunksystem war geboren. Allerdings hatte sich Kohl verkalkuliert – die neuen privaten Sender *Sat. 1* und *RTL* hatten in ihren Programmen für politisch konservative Berichte kaum etwas übrig. Sie bevorzugten es, dem Fernsehvolk anfangs lieber kommerzielle Billig-Unterhaltung á la Made in U.S.A. zu bieten. Das war einträglicher.

Und heute? Die Attacken auf den öffentlich-rechtlichen Rundfunk halten nicht nur an, sie sind massiver denn je. Der CDU-Parteitag 2022 fordert, dass die Sender nur »die Grundversorgung der Bevölkerung mit Information, Bildung, Beratung und Kultur sicherstellen« müssten. Ohne »Verschlankung«[49] funktioniere das natürlich nicht. Partei- und Fraktionschef Friedrich Merz: »Dazu braucht es aber nicht zwei konkurrierende Fernsehanstalten.«[50]

Schützenhilfe kommt vom Liberalen Wolfgang Kubicki. Wie nicht anders zu erwarten, ist er als Prediger des freien Marktes auf Mission und rät dringend: »*ARD* und *ZDF* gehören größtenteils privatisiert.«[51] Reformeifer, der sich einer Abrissbirne bedient.

Übertroffen werden Christdemokraten und Liberale nur von der *AfD*. »Die Zwangsfinanzierung des öffentlichen Rundfunks ist umgehend abzuschaffen und in ein Bezahlfernsehen umzuwandeln«, heißt es in ihrem Parteiprogramm.[52] Was praktisch nichts anderes bedeutet als eine völlige Privatisierung.

So wie die Dinge stehen, scheint noch eine vierte Gruppe emsig an der Beseitigung der öffentlich-rechtlichen Sender zu arbeiten. Deren Tun wie deren Nichtstun ist mindestens genauso ernst zu nehmen wie die Angriffe der politischen Frontleute. Gemeint sind gehobene Führungskräfte des Typus Patricia Schlesinger, die durch ihr Auftreten und ihr Selbstverständnis das gesamte Konstrukt des öffentlich-rechtlichen Fernsehens unterhöhlen und zum Einsturz zu bringen drohen. Schon kracht es gehörig im Gebälk.

Der Name der zurückgetretenen Intendantin des *Rundfunks Berlin Brandenburg* (RBB) und turnusmäßigen *ARD*-Vorsitzenden ist zum traurigen Synonym für die Zustände in der *ARD* und im *ZDF* geworden. CDU-Chef Friedrich Merz konnte seine klammheimliche Vorfreude auf einen bevorstehenden Abgang der Sender kaum verhehlen, als er schrieb: »Die Schlesinger-Affäre hat das Potenzial, dem öffentlich-rechtlichen Rundfunk in Deutschland endgültig die Legitimationsgrundlage und öffentliche Akzeptanz zu entziehen.«[53]

Merz und die Seinen rieben sich die Hände. Nie zuvor hatte man es ihnen so leicht gemacht. Nie zuvor hat man ausgerechnet den Blättern aus dem Springer-Konzern (!) – vom *Business Insider* bis *BILD* – einen solchen Gefallen getan und ihnen das Fressen auf goldenem Tablett quasi frei Haus serviert. Die Beschenkten bedankten sich mit voyeuristischen Artikeln über die extravaganten Ausgaben der Intendantin für die Bewirtung »lieber Gäste« auf *RBB*-Kosten daheim, über Massagesitze im Dienstwagen und über die edle Büroausstattung auf der Chefin-Etage.

Bei so viel Populismus verblassten die Millionen Euro schweren Gehälter deutscher DAX-Vorstände.

Man darf getrost davon ausgehen, dass der angeprangerte Luxus im Vergleich zu den Verwöhn-Standards in den Vorständen großer Konzerne lächerlich bescheiden ausfällt. Nur gibt es einen entscheidenden Unterschied: Dort wird ein Häppchen vom Profit verprasst – hier das monatliche Beitragsgeld der Zuschauer verjubelt. Schon wittern die privat-kommerziellen Fernsehkanäle und die Zeitungsverleger mit ihren TV-Sparten Morgenluft. Allein die *ARD* zählt täglich etwa 23 Millionen Konsumenten – was für ein gewinnbringendes Marktpotenzial wären sie, wenn endlich das Ende der Öffentlich-Rechtlichen eingeläutet wäre …

Redakteure, Autoren, Kameraleute, Techniker und Bühnenarbeiter sind über die Selbstbedienungsmentalität im *RBB* nicht weniger empört als die Zuschauer. Was machen die Öffentlich-Rechtlichen mit den Beiträgen? Wenn die Intendantin des *RBB* auf großem Fuße residiert – wie sieht's bei den anderen Sendern aus? Werden die Chefs von niemandem kontrolliert?

Wochenlang lag die *ARD* im Kreuzfeuer von Medien und Politikern – und lieferte dafür selbst ununterbrochen neue Munition. Das Ausmaß des Versagens illustrieren die Eurosummen, die im *RBB* elegant abgezweigt wurden. So wurde das Jahresgehalt der Intendantin 2021 auf 303.000 € angehoben – und gleichzeitig am Programm und bei den Honoraren Freier Autoren Kürzungen vorgenommen. Das sind vor allem diejenigen Kollegen, die recherchieren, zum Drehen rausfahren und sich anhören müssen: Ihr kommt doch bestimmt mit weniger Recherchetagen aus? Wenn ihr sowieso dort die Reportage dreht, bringt bitte aus dem Nachbarort noch eine Filmnachricht mit! Ach ja – die *Tagesschau* braucht einen O-Ton vom Minister. Und nicht vergessen, den Text für die Online-Redaktion schreiben!

Eine Losung aus DDR-Tagen scheint ihre Neuauflage zu erleben: Weniger produzieren mehr!

Das einzige, was in diesem Umfeld prächtig gedeiht, ist journalistisches Mittelmaß. Kreative Autoren, die neugierig sind, die sich auseinandersetzen und die Widersprüche der Gesellschaft beleuchten wollen, bleiben lieber weg. Nachdenken braucht Zeit – die nicht bezahlt wird.

Zu einem regelrechten Aufruhr im Hause *RBB* kam es, als publik wurde, dass Patricia Schlesinger für das Erreichen von Einsparzielen obendrein auch noch Boni erhalten habe. 20.000 € im Jahr 2021. Die Anleitung für die Aufstockung der Bezüge lieferte die Unternehmensberatung Kienbaum. Vermutlich waren die cleveren Tipps nicht zum Nulltarif zu haben – aber die Rechnung wurde sicherlich nicht aus der Privatschatulle von Frau Schlesinger beglichen, sondern mit dem Geld ahnungsloser Beitragszahler.

Die »Leistungszuschläge« für Sparziele, Stellenstreichungen und Programmabbau blieben im *RBB* weithin unbekannt. Nach dem Prinzip »Kassieren und Klappe halten!« machte man ein Stockwerk tiefer stillschweigend mit. Den Direktorinnen und Direktoren wurde eine Gehaltserhöhung auf monatlich 17.708 € gegönnt. Die Programmacher im *RBB* gingen hingegen leer aus. Man stelle sich vor: Während die Redaktion vom Politmagazin »Kontraste« emsig recherchiert, um die Ungereimtheiten der bundesdeutschen Gesellschaft aufzudecken, brüten ein paar Etagen weiter oben privatwirtschaftliche Optimierer und Intendanz darüber, ebendiesen Journalisten die Mittel zu kürzen. Eine bizarre Konstellation.

Wenn der Führung eines Senders allem Anschein nach die Antenne für die Stimmungslage und die Probleme an der redaktionellen Basis abhandengekommen ist, fällt es schwer zu glauben, genau diese Führung könnte ein sonderlich ausgeprägtes Interesse an einem kritischen innenpolitischen Journalismus haben – an Reportagen und Berichten über Dumpinglöhne, die Misere mit den Tafeln, die Kinderarmut oder über die Gründe für die angespannte Gemütslage der Leute im Osten Deutschlands. Da fühlt man sich wohler, bei einem Presseball nah bei den Mächtigen zu sein und mit der Frau Staatssekretärin oder dem Herrn Bankvorstand an der Bar Smalltalk zu betreiben.

Die Auswirkungen der Causa Schlesinger auf das Fernsehpublikum sind gravierend – ist ein Fisch wirklich noch genießbar, der angefangen hat, am Kopf zu stinken?

Angezweifelt wird die Glaubwürdigkeit – eines der höchsten Güter des Journalismus. Mag sein, dass die monatlichen 18,36 € Rundfunkbeitrag für eine bestens versorgte Führungskraft nur ein Klacks ist. Normal- und Geringverdiener rechnen anders. Besonders diesen Menschen gegenüber ist Demut angebracht. Sind sie es doch, die nicht nur das Fernsehprogramm ermöglichen, sondern auch – bis jetzt jedenfalls – die Spitzengehälter.

Man darf gespannt sein auf die kommenden Beitragsfestsetzungsverfahren. Nicht nur die CDU Sachsen-Anhalts wird die Öffentlich-Rechtlichen dann finanziell in die Zange nehmen.

Auszubaden haben das alles die Beschäftigten. Es sind Autoren und Redakteure, Aufnahmeleiter und Tonassistenten, Regisseure und Beleuchter, die die Grundwerte des öffentlich-rechtlichen Fernsehens unverdrossen hochhalten. Sie hatten und haben erheblichen Anteil an der kritischen Aufarbeitung des Versagens ihrer Führungskräfte. An deren Lernfähigkeit hingegen muss weiterhin gezweifelt werden.

Die handelnden Personen haben gewechselt, der Griff in die Kasse ist geblieben. Die *RBB*-Interimsintendantin Katrin Vernau verkündete Mitte November 2022, dass in den kommenden zwei Jahren beim *RBB* 42 Millionen Euro eingespart werden müssen. Gleichzeitig wurde bekannt, dass ihr Jahresgehalt 295.000 € beträgt plus monatlich 1000 € Mietzuschuss. Trotz des postulierten Zwangs, den Gürtel enger zu schnallen, zeigt sich der *RBB* auch seinen Altkadern gegenüber spendabel. Der frühere Chefredakteur Singelnstein ist zwar in Rente gegangen, darf sich aber dank eines Beratervertrages, eines opulenten Ruhegeldes und der gesetzlichen Rente jeden Monat über 15.000 € auf dem Konto freuen. Allerdings zeigte sich der Landesrechnungshof darüber nicht erfreut. Die Auszahlung des Beraterhonorars wurde einstweilen gestoppt.

Wie lautete doch ein Werbespruch von *ARD* und *ZDF*? Vielen Dank für Ihre Gebühren …

Eine Intendantin ist keine Alleinherrscherin. Wer also segnet an einem Tag die Boni und üppigen Gehälter ab und hebt am anderen Tag die Hand für einschneidende Sparmaßnahmen? Wer winkt das alles durch? Wer findet es in Ordnung, wenn Intendanten mehr verdienen als Ministerpräsidenten oder der Bundeskanzler?

Alle öffentlich-rechtlichen *ARD*-Anstalten haben zwei Aufsichtsgremien, und ohne die läuft nichts. Die Geschäftsführung wird überwacht vom Verwaltungsrat. Der befindet auch über die Besetzung herausgehobener Posten. Wie zu erleben war, hat dieses Gremium beim *RBB* kläglich versagt. Kungelei statt kritischer Kontrolle, lautete das Motto.

Als Sprachrohr der Zuschauer sollen die Rundfunkräte fungieren. Sie beraten den Intendanten, entscheiden über den Wirtschaftsplan und besprechen Programmbeschwerden. Auf keinen Fall dürfen sich die Mitglieder des Gremiums als Lobbyisten ihrer Organisation verstehen, sie sind für die Allgemeinheit da.

In jedem *NDR*-Staatsvertragsland arbeitet ein Rundfunkrat. Zusammen bilden sie den Gesamt-Rundfunkrat. Der *NDR* ist sich sicher: »Über die 58 Mitglieder im Rundfunkrat wird die Bandbreite des gesellschaftlichen Lebens in Norddeutschland gespiegelt.«[54]

Ist das wirklich so?

Die elf Mitglieder des Landesrundfunkrates Mecklenburg-Vorpommern wurden von folgenden Organisationen entsandt:

– Bauernverband
– Nordkirche
– Landessportbund
– Haus- und Grundeigentümer-Verband
– zwei Delegierte vom SPD-Landesverband
– Deutscher Beamtenbund und Tarifunion
– Vereinigung Opfer des Stalinismus
– Vereinigung der Unternehmensverbände
– Caritas
– Heimatverband

Seit Beginn der neuen Wahlperiode im Juni 2022 gehöre auch ich diesem Gremium an, delegiert vom Heimatverband. Ungeachtet der Tatsache, dass die Mitglieder engagiert ihre ehrenamtliche Aufgabe wahrnehmen, bin ich mir sicher, dass die Auswahl der vertretenen Organisationen wenig repräsentativ ist für die Menschen in Mecklenburg-Vorpommern. Wo sind die Migranten? Was ist mit der jüngeren Generation? Wo sind Schwule und Lesben? Gibt es in MV nur Sozialdemokraten?

Das sind Fragen, denen sich die Landesregierung stellen müsste. Denn sie hat die Zusammensetzung des Gremiums zu prüfen und lässt nötigenfalls eine Korrektur durch den Landtag beschließen. Sendungen im *Ersten* nehmen liebend gern Unternehmen, Parteien und Organisationen ins Visier, die mit Vielfalt und Diversität nicht viel anfangen können. Aber in den eigenen Rundfunkräten ist es damit auch nicht weit her. Einmal mehr steht Glaubwürdigkeit auf dem Spiel. Darum sollten die Sender von den Landesregierungen nachdrücklich Verbesserungen einfordern. Besonders ernüchternd: »Mit einem Durchschnittsalter von 57,8 Jahren sind alle untersuchten Gremien stark überaltert. Fast die Hälfte aller 542 Rundfunkratsmitglieder ist älter als 60 Jahre. Auf jede Person unter 40 kommen durchschnittlich mehr als zwei, die älter sind als 70. Stimmen von Menschen, die jünger sind als 35, fehlen in vielen Gremien komplett.«[55]

Junge Menschen sind in der Mehrzahl keine Fans des laufenden TV-Programms. Aber garantiert haben sie einiges zur Digitalisierung, zur Mediathek oder zum öffentlich-rechtlichen Auftritt in *social media* zu sagen. Warum wird leichtfertig auf eine frische Expertise verzichtet? Lieber nehmen es Programmacher ideenlos hin, wenn der Marktanteil der Öffentlich-Rechtlichen bei Jugendlichen weiter sinkt.

Arbeit im Rundfunkrat ist Arbeit im Ehrenamt – eine Art gehobener Freizeitbeschäftigung, die viel Zeit beansprucht. Wer sich einbringen will, hat zu tun. Angesichts umfänglicher Beschlussvorlagen und langer Zahlenkolonnen ist eine Meinungsbildung auf die Schnelle nicht machbar. Vielleicht deshalb der hohe Anteil von Rentnern unter den Mitgliedern.

Ohne die Gremien ist eine gründliche Reform des öffentlich-rechtlichen Fernsehens undenkbar. Ihre Mitglieder müssen bereit sein, gegenüber Intendanzen und Direktoren die Rolle eines Motors und Antreibers zu übernehmen. Wer aber nicht nur mitreden, sondern mitbestimmen will, braucht Kompetenz. Für Ehrenamtler ist das eine anstrengende Aufgabe. Sie sollen qualifizierte

Entscheidungen treffen, ohne deren Tragweite immer genau abschätzen zu können. 2023 wird der Medienstaatsvertrag aller Voraussicht nach erneuert werden. Schon jetzt scheint sicher, dass einiges an Mehrarbeit auf die Gremien zukommt. Sind sie dafür gewappnet? Durchschauen sie das faszinierend-unübersichtliche Konstrukt eines öffentlich-rechtlichen Senders?

Stärker als bisher sollen Rundfunkräte über eine wirtschaftliche und sparsame Haushaltsführung wachen. Es deutet sich an, dass sie auch in Programmfragen mehr zu melden haben, dass sie Qualitätsrichtlinien erlassen. Das hört sich eher nach Vollzeitjob an als nach Ehrenamt. Und nach Reformbedarf für die Gremien. Immer noch stammen die Strukturen der Aufsichts- und Kontrollgremien aus den 1950er Jahren. Aus einer Zeit mit Röhrenfernsehern, einem einzigen Programm und einer Fernsehgebühr von 5 DM monatlich, bei einer überschaubaren Zahl von Zuschauern.

Ein Rundfunkrat ist keine Versammlung nur von Experten aus Recht, Ökonomie und Publizistik. Es sind zumeist Generalisten, denen die Zukunft des Öffentlich-Rechtlichen am Herzen liegt. Und die häufig schneller als gedacht auf dem harten Boden der Tatsachen landen. Einer, der sich über zwanzig Jahre in verschiedenen Gremien engagierte, war am Ende desillusioniert: »Die *ARD* ist in vielen Bereichen intransparent, sie ist kritik- und beratungsresistent, ihr fehlt mitunter die kritische Selbstreflexion. Zu oft zieht sie sich, gerade im Informationsbereich, auf ihr vermeintliches Unfehlbarkeitsdogma zurück, das selbst die Katholische

Kirche inzwischen abgeschafft hat. Hier liegt der Hund begraben. Ich habe es in all der Zeit nur zweimal erlebt, dass *ARD*-Verantwortliche selbstkritisch Nabelschau hielten«[56], zitiert die *Süddeutschee Zeitung* das ehemalige Mitglied eines Rundfunkrats, Dieter Pienkny.

Selbstzufriedenheit auf der obersten Führungsebene ist eine der größten Hürden auf dem Weg zu einem reformierten Fernsehen. Es ist deshalb höchste Zeit für eine Demokratisierung der öffentlich-rechtlichen Medien. Ein kleiner Schritt in diese Richtung: Die Sitzungen des *NDR*-Rundfunkrates sind jetzt öffentlich. Wer sich informieren möchte, kann online dabei sein.

Schon wird laut über Zuschauerräte nachgedacht und über neue Formen der Mitbestimmung in den Sendern. Feste und Freie (!) Mitarbeiter sollten bei relevanten Entscheidungen zum Programm und zu Kosten ein Mitspracherecht haben.

Vertreter der Personalräte nehmen bereits an Rundfunkratssitzungen teil. Sie dürfen zuhören – zu entscheiden haben sie nichts. Rederecht steht ihnen nur nach Aufforderung zu.

Bevor gleich Zeter und Mordio gerufen wird – ja, dafür müssten womöglich Gesetze geändert werden. Aber die sind nicht gottgegeben, sondern Menschenwerk und ergo reformierbar. Die nicht nur beim *RBB* herrschende Führungskultur, die den Geist des späten 20. Jahrhunderts atmet, muss überwunden werden – ist abzulösen von flachen Hierarchien, transparenten Leitungsentscheidungen und mehr Mitbestimmung. Mit ein paar kecken Schlagworten ist das nicht getan. Wer neuerdings »agile Führung« sagt, traut sich nicht unbedingt an alte Hierarchien ran. Und ein »Content Manager« ist nicht automatisch ein besserer Planungsredakteur.

Erste Anzeichen nähren die leise Hoffnung, dass die skandalösen Vorgänge im *RBB* von den Öffentlich-Rechtlichen als ein ernstzunehmender Warnschuss aufgommen wurden. *NDR*-Intendant Joachim Knuth jedenfalls kündigte jüngst einen »starken, fast gigantischen Transformationsprozess in der *ARD*« an. Seinem eigenen Haus, der Vier-Länder-Anstalt *NDR*, verordnete er eine »umfassende Klimaanalyse«.

Damit beauftragt wurden sechs Expertinnen und Experten von außerhalb. Sie sollten »eine umfassende Studie zur Unternehmenskultur von Programm, Produktion und Verwaltung – also allen Arbeitsbereichen des Senders« durchführen. Anhand von Befragungen von 1.055 (!) Mitarbeitenden und Mitgliedern von Aufsichtsgremien untersuchten sie die vorherrschende Stimmungslage und legten nach einem halben Jahr Arbeit im März 2023 ihren Befund vor. Mag bis dahin manch einer der höheren Chefs auf eine Diagnose gehofft haben, die dem *NDR* allenfalls kleinere Klimaschwankungen attestiert, wurde er nun eines Besseren belehrt. Der vorgelegte Bericht konstatiert nicht mehr und nicht weniger als eine formidable Klimakrise im *NDR*. Der »Klimabericht« listet in schonungsloser Offenheit kritikwürdige Zustände in Studios, Redaktionen und Abteilungen auf.

Besonders für die Intendanz und andere Führungskräfte liest sich das wenig schmeichelhaft:

- »Der *NDR* ist ein behördlich organisiertes Rundfunkunternehmen. Im Laufe der Jahrzehnte hat sich eine immense Binnenkomplexität mit starren Strukturen, bürokratischen Prozessen und vielen Regeln entwickelt. Die Mitarbeitenden verzweifeln oft daran.«
- »Viele Führungskräfte des *NDR* sind mit der Wucht der Veränderungen überfordert und häufig nicht in der Lage, die Wandlungsprozesse wirksam zu managen. [...] Es gibt gute Führung nicht wegen der Strukturen beim *NDR*, sondern erstaunlicherweise trotzdem.«
- »Viele Mitarbeitende haben kein Vertrauen in die Geschäftsleitung. Sie vermissen Orientierung und klare Entscheidungen hinsichtlich der strategischen Ausrichtung des *NDR*. Die Kommunikation der Geschäftsleitung wird häufig als ›Einbahnstraße‹ beschrieben. Statt ›Ask me anything‹ wünschen sich viele ›Ask us anything‹ – mehr Kontakt und echtes Zuhören von oben nach unten.«

Offenbar hatte keiner der befragten Beschäftigten ein Blatt vor den Mund genommen. Es scheint, als haben sie vielmehr nur darauf gewartet, endlich ihre Meinung zur Arbeitssituation im *NDR* loswerden zu können:

- »Es gibt kein echtes Zuhören. Die Intendanz meint zwar, sie würde zuhören, weil sie in Schulungen gelernt hat, wie wichtig das ist. Aber das ist nicht echt. Rhetorisch brillant, aber nicht echt.«
- »Die oberste Führung sendet, ohne zu empfangen.«
- »Ich habe den Eindruck, dass diese Leute sich des Ernstes der Lage nicht bewusst sind. Ich habe den Ein-

druck, dass niemand von denen das Große und Ganze im Blick hat.«

- »Der *NDR* ist ein lahmer Tanker. Veränderungen passieren entweder homöopathisch oder als Showveranstaltung.«
- »Die Stimmung bei *ARD-aktuell* war noch nie so schlecht. Die Kluft zwischen der Chefredaktion und dem gesamten Rest der Redaktion ist gewaltig.«
- »Hier wird alles *top-down* entschieden. Es ist klar, wer hier die Ansagen macht. Die Hausführung hat die Leute eingelullt. Wir haben ermüdende, mäandernde Prozesse. Die Effizienz ist unterirdisch.«

Der »Klimabericht« dürfte für das Selbstverständnis des *NDR* eine Zäsur sein. Und nicht nur für diesen Sender, sondern für den öffentlich-rechtlichen Rundfunk insgesamt. Ich wage nämlich die Behauptung, dass es in den anderen Sendeanstalten zwischen Leipzig, Mainz und München nicht viel anders aussieht. Auch dort sollte die fast 100 Seiten lange Bestandsaufnahme Pflichtlektüre sein *(https://www.ndr.de/der_ndr/unternehmen/klimabericht120.pdf)*.

Dass der *NDR* den Mumm hatte, mit dem Bericht an die Öffentlichkeit zu gehen, verdient Anerkennung. Und was nun?

Die Zeit drängt. Denn schon 2022 sorgte der *NDR* wochenlang für negative Schlagzeilen. »Politische Filter« in Kiel und »Korruption« im Landesfunkhaus Hamburg lauteten die Vorwürfe. Redakteure und Autoren beschwerten sich über ein »Klima der Angst«, Anschuldigungen und interne Protestschreiben wurden an Zeitungen und Bundespolitiker durchgereicht und von der Öffentlichkeit begierig aufgesogen. Die Springer-Presse konnte sich gar nicht einkriegen vor Freude. Erst Schlesinger beim *RBB*, nun der *NDR* – die *ARD* ein einziger Sündenpfuhl.

Ging es beim *RBB* »nur« ums Geld, so ging es jetzt ans Eingemachte – an die journalistische Ethik. Drei Redakteure und eine Redakteurin wurden vom Intendanten mit der internen Aufarbeitung beauftragt, um die Vorwürfe zu prüfen. Die auch vom Rundfunkrat mit Spannung erwarteten Berichte sorgten nur für leichte Entwarnung. Glaubhafte Anzeichen für »politische Filter« im Kieler Landesfunkhaus konnten nicht gefunden werden, ebenso wenig Belege für Vetternwirtschaft oder Korruption in Hamburg. Soweit die eine, die positive Hälfte der Wahrheit.

Der andere Befund ist in höchstem Grad besorgniserregend. Es wurden Hamburger *NDR*-Journalisten zitiert, die von einem »autoritären« Führungsstil der Funkhausdirektorin sprachen, über ein »Durchregieren wie in einem Fürstentum« und ein »toxisches« Redaktionsklima.

Das Fazit der Prüfer: »Es bedarf eines teamorientierten Wandels in der Führungskultur.«

Auffällig deckungsgleich war die Schlussfolgerung der beiden in Kiel eingesetzten Redakteure: »Der *NDR* braucht einen Kulturwandel im Führungsverständnis, weg von streng hierarchischen Prinzipien, hin zu mehr Transparenz und gemeinschaftlicher Diskussion.«

Die Prüfberichte fanden die volle Zustimmung des Intendanten und der Gremien.

Die Aufarbeitung der kritischen Zustände dauert an.

Es scheint, als sei der Weg zu mehr Mitbestimmung und Demokratie innerhalb des öffentlich-rechtlichen Fernsehens gerade erst beschritten. Damit ist nicht gemeint, dass die Redaktionen sich zu beliebigen Debattierklubs wandeln mit 08/15-Arbeitszeiten und entspannter Work-Life-Balance. Chefredakteure und Redaktionsleiter müssen auch in Zukunft das letzte – und auch energische! – Wort haben können. Entscheidend ist vielmehr, was dem vorausgegangen ist.

Vor allem die Belegschaften der Sender verlangen eine zügige Veränderung von Strukturen und Arbeitsweisen. Sie sind ungeduldig und drücken aufs Tempo. Und dann meldete sich unvermutet der *ARD*-Vorsitzende Tom Buhrow zu Wort.

In seiner Rede vor dem Hamburger Übersee-Club zeichnete er als Privatperson ein detailgetreues und kenntnisreiches Bild der aktuellen Diskussion über die Zukunft des öffentlich-rechtlichen Rundfunks in Deutschland. Die Sender, die Politik, das Publikum – nie war es schwerer, deren Interessen unter einen Hut zu bringen.

Leider gelang es Buhrow schon im dritten Satz seiner Ausführungen, grundlegende Zweifel an der Ehrlichkeit und der Ernsthaftigkeit aller bisherigen Diskussionen zu säen: »Denn ich werde etwas tun, was in der medienpolitischen Debatte absolut unüblich ist: Ich werde einfach sagen, was ich denke.«[57]

In so einem Klima soll die Reform des Öffentlich-Rechtlichen gedeihen? Wo niemand von den Entscheidern *sagt*, was er *denkt*?

Wen wundert da der Reformstau bei *ARD* und *ZDF*.

Beunruhigend defensiv ist Buhrows »erste Frage, die wir uns stellen müssen: Will Deutschland weiter parallel zwei bundesweite, lineare Fernsehsender? Wenn nicht: Was heißt das?«[58] Hätte der Intendant des *WDR* und diensthabende Vorsitzende der *ARD* stattdessen nicht besser fragen müssen, wie das Nebeneinander von linearen und digitalen Angeboten beider Sender in zehn Jahren aussehen könnte? (Im Übrigen: Wer ist »Deutschland«?)

Kann sein, dass diese Frage die Wirtschaftselite im Übersee-Club weniger interessiert hätte. Dafür wahrscheinlich umso mehr die Arbeitenden bei *ARD* und *ZDF*. Sie hätten es bestimmt begrüßt, wenn sie von Buhrows Aufruf zur »tabulosen Richtungsdebatte« nicht erst durch die *FAZ* und andere Blätter erfahren hätten.

Bisher schwingen Politiker und Intendanten ihre Reden zur Reform der öffentlich-rechtlichen Sender vor allem über deren Köpfe hinweg. Die rund 30.000 Festangestellten und Freien Mitarbeiter stehen überwiegend am Rand und beobachten mehr oder weniger verstört den Schlagabtausch da oben. Dabei sind sie ein starkes Bataillon, das Buhrow & Co. in den Kampf für den Erhalt von *ARD* und *ZDF* führen sollten.

Hatten doch auch die Verfasser des *NDR*-»Klimaberichts« den Sender-Verantwortlichen ins Stammbuch geschrieben: »Wir haben kompetente, engagierte, erfahrene und leidenschaftliche Mitarbeiter*innen getroffen. Ihre Energie ist der Treibstoff für die Veränderungen. Es braucht jetzt Führungskräfte, die furchtlos entscheiden. Die Mitarbeitenden rufen ihnen zu: Tut es. Wir wollen handeln.«

»Wer diese Mitarbeitenden fragt, was das Narrativ der *ARD* sein könnte, der bekommt Antworten. Eine lautet: Die Öffentlich-Rechtlichen sollten die versorgen, die sich den Zugang zu Paywalls und bezahlten Newslettern nicht mehr leisten können, und verhindern, dass die informierte Gesellschaft an der Wohlstandslinie zerfällt.«[59] Das schrieb sich ein Redakteur des *NDR* von der Seele. Björn Staschen dürfte nicht der einzige sein, dessen Geduldsfaden kurz vor dem Zerreißen ist.

Wann endlich holen sich die Senderchefs solche Leute aus den eigenen Häusern in den Ring zur Verstärkung? Oder haben sie Angst, weil Redakteure und andere es wagen, offen und öffentlich die Grundfragen zu stellen?

Ja, »die da oben« scheinen Angst zu haben. Angst vor einem Zuviel an Mitbestimmung im eigenen Haus? Angst dem Risiko des eigenen Scheiterns? Angst vor dem Unbekannten? Zumindest mit den Medienpolitikern in den Bundesländern befinden sie sich da in trauter Eintracht. Auch die sind nur allzu gern gefangen in ihrer Blase. Da fühlen sie sich wohl, da kennen sie sich aus.

Anders ist eine der jüngsten Entscheidungen der Rundfunkkommission – sie versteht sich als Vermittlungsinstanz und Gesprächsforum für eine abgestimmte Medienpolitik – nicht zu erklären. Ein »Zukunftsrat« für *ARD* und *ZDF* wurde von ihr gebildet. Artig ausgesucht nach klassischer bundesdeutscher Polit-Farbenlehre. Von den acht Mitgliedern haben jeweils vier das Ticket von SPD und CDU.

Und damit eine der einflussreichsten Berufsgruppen Deutschlands auch in diesem Gremium nicht benachteiligte wird: drei von ihnen sind Juristen.

Sie sollen nun die Reform des öffentlich-rechtlichen Rundfunks anschieben, sollen ihn »neu aufstellen«.

Engagierte Medienschaffende reagierten auf die Installierung des »Zukunftsrats« mit fundamentaler Kritik. So schrieb der Deutsche Kulturrat: »Die Grundidee dazu kam, wie kann es anders sein, unabgestimmt aus der Reihe der *ARD*-Intendanten. Die Idee wurde dankbar von den Medienpolitikern der Länder aufgenommen, die mit der Besetzung dieses Rates, selbstverständlich ohne Einbindung von Kultur- und Medienverbänden, ihre Macht über den eigentlich staatsfernen ÖRR, vergrößern konnten. Nicht Netflix und Co. sind die Totengräber des ÖRR, es sind die Intendanten selbst.« (*zit. aus der Zeitschrift* Politik und Kultur *04/2023*)

Für die Beschäftigten in den Sendern ist die Besetzung des »Zukunftsrats« einmal mehr eine »verpasste Chance«. Die in ihrem Namen sprechende Arbeitsgemeinschaft der öffentlich-rechtlichen Redakteursausschüsse (AGRA) fordert in deutlichen Worten eine Einbeziehung der Programmmacher.

Ja, der Niedergang des öffentlich-rechtlichen Fernsehens ist aufzuhalten. Aber nur, wenn die Verantwortlichen in Politik und Sendern Veränderung nicht nur als technische, als digitale und finanzielle Herausforderung begreifen.

»Die Krise des öffentlich-rechtlichen Rundfunks ist vor allem eine Kulturkrise, in der alte Hierarchien an ihrer Macht festhalten. Sie blockieren Veränderung, und damit gefährden sie inzwischen auch die innere Rundfunkfreiheit. Anstatt ›Revolution‹ zu rufen, kann gerne jede Geschäftsleitung schon jetzt ansetzen, wenn sie wirklich verändern möchte: Sie sollte die Mitsprache der Mitarbeitenden stärken.«[60]

Es ist gut, dass wir das öffentlich-rechtliche Fernsehen haben. Davon bin ich überzeugt. Schlecht ist sein derzeitiger Zustand. Mit dem Verabreichen von ein paar Reförmchen in homöopathischen Dosen ist dem nicht beizukommen. Wer zudem meint, die Behandlung allein der politischen Elite dieser Republik überlassen zu können, irrt gewaltig. Aus deren Reihen kennen sich viel zu viele nur mit dem Amputieren aus oder liebäugeln gar mit Einschläfern.

Also, liebe Intendanten und Direktoren, fragt endlich die vielen klugen Programmacher von *ARD* und *ZDF*. Und sollten auch die nicht weiterwissen – ein paar von den Ehemaligen aus dem Ostfernsehen, die sich erinnern, wie man Veränderungen auch real durchsetzt, gibt es noch …

* *Michael Schmidt, Jahrgang 1954, aufgewachsen in Schwerin. Studierte nach der NVA Journalistik in Leipzig, danach Redaktion »Umschau« beim DFF, ab 1982 »Aktuelle Kamera«. Von 1989 bis 1991 Moderator von »AK zwo« bzw. »Spätjournal«. Seit 1992 beim NDR*

Mecklenburg-Vorpommern, später Redaktionsleiter »Nordmagazin« und Chefreporter. Seit Ende 2019 Rentner, aber noch aktiv als Journalist und Buchautor, 2022 vom Heimatverband MV in den NDR-Rundfunkrat delegiert.

Anmerkungen

1 Wolfgang Schäuble »Der Vertrag – wie ich die deutsche Einheit verhandelte«, DVA 1991, S. 131
2 Martin Schumacher: »Langes Ringen um das neue Staatsvertragsland«, *www.ndr.de*, 8. Dezember 2011
3 »Verlust der Knautschzone«, *Der Spiegel*, 3/1992, 12. Januar 1992
4 Günther von Lojewski, »Politik aus erster Hand ...«, Zeitung *B.Z.*, 21. Mai 1991
5 Erich Schmidt-Eenboom »Undercover – Der BND und die deutschen Journalisten«, Verlag Kiepenheuer & Witsch 1998, S. 292
6 Zeitschrift *journalist* 4/1993, S. 20
7 Ebenda
8 »Das Land und sein Sender – Leser aus Mecklenburg-Vorpommern äußern sich zum Norddeutschen Rundfunk«, in: *Ostseezeitung* vom 3. Februar 1992, S. 15
9 Ebenda
10 Ebenda
11 Leserbrief von Ingo Lämmel, a. a. O.
12 Ebenda
13 Peter Stawowy, Datenanalyse Ostdeutschland in der Presse, »MDR Medien 360G«, 1. Oktober 2020, *www.mdr.de*
14 Sabine Rennefanz »AfD in der Krise – Verstumme, Ossi!«, in: *Spiegelonline*, 24. Juni 2022
15 NDR-Fernsehen, Sendereihe Hanseblick – »Sitzenbleiber« am 1. Mai 1993
16 »Die Drei von der Müllabfuhr – (K)eine saubere Sache«, Das Erste am 21. Oktober 2022, 20.15 Uhr
17 »Lindner nennt Treuhand Symbol für enttäuschte Hoffnungen«, zit. auf *www.zeit.de*, 14. November 2022

18 Institut für Zeitgeschichte München-Berlin, »Fünf Fragen an Dierk Hoffmann«, auf: *www.ifz-muenchen.de*
19 Video-Interview mit Prof. Dr. Dierk Hoffmann, Institut für Zeitgeschichte, auf: *www.bundesfinanzministerium.de*, 1. Juli 2020
20 Michael Schönherr »Ostdeutsche Eliten: Der Weg ›nach oben‹ führt über den Westen«, 8. Juni 2022, *www.mdr.de*
21 »Testen im Osten – die westlichen Pharmatests in der DDR«, auf: *www.ndr.de*, 17. März 2021
22 Ebenda
23 »Alles so schön schrecklich ostig hier«, in: *Sächsische Zeitung* vom 13. Oktober 2022
24 Tom Müller: »Leben im Osten nur Freaks?«, *Frankfurter Allgemeine Zeitung*, 5. Oktober 2022, *https://zeitung.faz.net/faz/medien/2022-10-05/leben-im-osten-nur-freaks/811187.html*
25 Ebenda
26 Ebenda
27 »Nutzungsgewohnheiten und Reichweiten im Jahr 2021 – Tendenzen im Zuschauerverhalten«, aus: *Media Perspektiven* 3/2022, S. 99
28 »Analyse dokumentarischer Sendungen in den öffentlich-rechtlichen Sendern«, aus: Fritz Wolf: »Deutschland – Doku-Land«, auf: *https://media02.culturebase.org/data/docs-ag-dok/D-Doku-Land-web.pdf*, S. 17
29 Tom Buhrow: »Wir müssen die große Reform wagen«, in: FAZ vom 2. November 2022
30 »Nutzungsgewohnheiten und Reichweiten im Jahr 2021 – Tendenzen im Zuschauerverhalten«, aus: *Media Perspektiven* 3/2022, S. 96
31 »Norbert Himmler: Es wird weniger Krimis geben«, aus »Planet Interview«, 15. November 2022, auf: *https://www.planet-interview.de/interviews/norbert-himmler/52906/*
32 »Analyse dokumentarischer Sendungen in den öffentlich-rechtlichen Sendern«, aus: Fritz Wolf »Deutschland – Doku-Land«, a. a. O., S. 25
33 a. a. O., S. 38
34 Ebenda
35 a. a. O., S. 37
36 Ladislaus Ludescher: »Das Verschwinden der 85 Prozent«, *European Journalism Observatory*, 17. August 2022
37 Ebenda
38 Stellungnahme von *ARD-aktuell* zur Studie von Ladislaus Ludescher, Mail des 1. Chefredakteurs vom 9. August 2022

39 »Tilgner fühlt sich eingeschränkt – *ZDF*-Korrespondent gibt die Leitung des Iran-Büros auf«, in: *Badische Zeitung* vom 30. Januar 2008

40 Landolf Scherzer: »Sie sind ein gutbürgerlicher Mensch, was machen Sie hier?«, in: *Berliner Zeitung* vom 25. Oktober 2022

41 »Der aktuelle ARD-Deutschland-Trend zu Corona, dem Ukraine-Krieg sowie der Sonntagsfrage zur Parteienbeliebtheit«, in: *Tagesschau* vom 14. Oktober 2022

42 »Kommentar vom Bild-Chefredakteur – Putin spielt mit dem Weltkrieg«, *www.bild.de*, 15. November 2022

43 »Sorry, ich habe den Dritten Weltkrieg ausgerufen«, Kolumne von Sabine Rennefanz, *www.spiegelonline.de*, 17. November 2022

44 Ulrik Haagerup, Vortrag auf dem Journalismus-Forum der Medienakademie von *ARD* und *ZDF*, 7. November 2016, Mitschrift von Michael Schmidt

45 Ulrik Haagerup »Constructive News«, Edition Oberauer, Salzburg 2015

46 Ulrik Haagerup, Vortrag auf dem Journalismus-Forum der Medienakademie von *ARD* und *ZDF*, 7. November 2016, Mitschrift von Michael Schmidt

47 Kai Gniffke, 1. Chefredakteur *ARD-aktuell*, Diskussionsbeitrag auf dem »Journalismus-Forum« der Medienakademie von *ARD* und *ZDF*, 7. November 2016, Mitschrift von Michael Schmidt

48 Ulrik Haagerup »Constructive News«, Edition Oberauer, Salzburg 2015, S. 42

49 Beide Zitate aus: 35. CDU-Parteitag 2022, »Beschluss C 119 Öffentlich-rechtlicher Rundfunk«

50 Friedrich Merz in: *Badische Neueste Nachrichten* vom 13. August 2022

51 »ARD und ZDF gehören größtenteils privatisiert«, Gastbeitrag von Wolfgang Kubicki und Frank Schäffler, *www.welt.de*, 27. Oktober 2022

52 AfD »Grundsatzprogramm für Deutschland«, Bundesparteitag 2016, S. 48

53 Friedrich Merz in: *Badische Neueste Nachrichten* vom 13. August 2022

54 Aufgaben des Rundfunkrates, siehe: *www.ndr.de*

55 »Welche Gesellschaft soll das abbilden? Mangelnde Vielfalt in Rundfunkräten und was dagegen hilft«, auf: *https://neuemedienmacher.de/zahlen-fakten/rundfunkraete/*, Herausgeber: Neue deutsche Medienmacher*innen, August 2022

56 Leserbrief von Dieter Pienkny in der *Süddeutschen Zeitung* vom 4./5./6. Juni 2022
57 Tom Buhrow: »Wir müssen die große Reform wagen, jetzt«, *www.faz.de*, 2. November 2022
58 Ebenda
59 Björn Staschen: »Wir sind die Revolution«, in: *Süddeutsche Zeitung* vom 23. November 2022
60 Ebenda

edition ost im Verlag Das Neue Berlin –
eine Marke der Eulenspiegel Verlagsgruppe

ISBN 978-3-360-02808-2

Umschlaggestaltung: Buchgut, Berlin
Fotos (S. 6): Robert Allertz
Satz: edition ost
Druck und Bindung: buchdruckerei.de, Berlin

www.eulenspiegel.com